KHMER MYTHOLOGY
SECRETS OF ANGKOR
앙코르와트

Khmer Mythology : Secrets of Angkor
by Vittorio Roveda

Copyright ⓒ River Books, 1997
Korean Translation Copyright ⓒ MUNHAKDONGNE Publishing Corp., 2006

This Korean edition is published by arrangement with River Books.
All rights reserved.

이 책의 한국어판 저작권은 River Books사와
독점 계약한 (주)문학동네에 있습니다.
저작권법에 의하여 한국 내에서 보호를 받는 저작물이므로
무단 전재 및 무단 복제를 금합니다.

이 도서의 국립중앙도서관 출판시도서목록(CIP)은
e-CIP 홈페이지(http://www.nl.go.kr/cip.php)에서 이용하실 수 있습니다.
(CIP제어번호: CIP2006002300)

KHMER MYTHOLOGY
SECRETS OF ANGKOR

앙코르와트

비토리오 로베다 지음 | 윤길순 옮김

문학동네

비슈누, 프라사트 크라반

| 머리말 |

8세기부터 13세기까지 이름 모를 예술가들이 조각한 크메르 부조를 처음 본 순간부터 나는 그 복잡함이 빚어내는 예술성에 압도되어 그것을 더 연구해보기로 했다. 이 책은 그러한 부조들이 지니고 있는 의미를 밝히려는 시도이며, 크메르 부조로 되살아난 신화와 전설을 개괄하고 있는 첫 책이기도 하다. 처음부터 나는 이 부조들이 중세 캄보디아의 복잡한 문화적 구조를 통찰할 수 있게 해주는 기호와 상징, 이미지로 구성되어 있는 것을 보고 깜짝 놀랐다. 크메르인의 손에서 변형된 힌두 신화들과 그들이 고대 인도의 서사시에서 고른 사건들, 그리고 그들이 묘사하고 있는 다양한 인물의 성격은 모두 크메르인이 세계를 어떻게 인식했는지 잘 보여준다.

나를 매혹시키는 또 한 가지 요소는 이 나라 도상들이 보여주는 자율성과 독자성이다. 크메르 도상은 인도 문화의 영향을 받았지만 자신만의 독특한 예술 언어를 창조해냈다. 이 나라 부조는 다른 문명의 부조와도 뚜렷이 구분되는 '크메르적 독창성'을 지니고 있다. 동시대의 인도나 중동, 유럽의 부조 가운데 어느 것도 바푸온 사원의 이야기 부조가 보여주는 익살과 해학, 앙코르와트의 '우유의 바다 휘젓기'와 '역사 속 행렬'의 추상적 명징성, 랑카 전투의 화려한 역동성을 따라올 만한 것이 없다.

그런데 유감스럽게도 불교 도상을 연구하는 데 아주 중요한 쿨렌 지역의 몇몇 사원 부조와 반티아이 치마르 사원의 부조는 자세히 연구할 수 없었다. 이에 대해서는 정치적 상황이 이 지역의 자유로운 탐사를 허락할 때까지 기다려야 할 것이다. 게다가 전성기의 크메르 제국은 지금보다 훨씬 광대했고, 따라서 타이와 라오스에도 연구해야 할 부조가 남아 있지만, 이 책을 위해서는 나의 연구 작업을 캄보디아에 있는 부조에만 한정시켜야 했다.

또 한 가지 문제는 삽화였는데, 사진의 질이 고르지 않다. 사진의 아름다움이 가장 중요하게 고려되는 좀더 일반적인 책과 달리, 이 책에서는 흑백 사진이나 초점이 잘 맞지 않는 사진이라도 아주 색다른 신화를 보여주는 흥미롭고 진기한 도상의 경우에는 포함시켰다. 이런 부족한 점에 대해서는 독자들의 용서를 구하며, 이 책을 통해 많은 독자들이 크메르 부조에 나타난 매혹적인 신화들을 즐기고 연구할 수 있기를 바란다.

1997년 런던에서
비토리오 로베다

KHMER MYTHOLOGY

차례

머리말 5

들어가며 9

크메르 신화와 전설 47
　라마의 전설 52
　크리슈나 신화 70
　시바 신화 81
　인드라 신화 86
　다른 힌두 신화들 88
　불교 신화 96
　역사상의 사건들 107
　신화를 소재로 한 것들 118

이야기 부조가 있는 위치에 따른 색인 127
　바콩 130
　반티아이 스레이 132
　바푸온 145
　프놈 치소르 154
　앙코르와트 158
　반티아이 삼레 194
　톰마논과 차우 사이 테보다 200
　바욘 202
　프리아 칸과 타 프롬 232
　반티아이 치마르 234
　코끼리 테라스와 문둥이 왕 테라스 237
　반티아이 크데이 240
　타 네이 243
　니악 포안 245
　프리아 괄릴라이 247
　프리아 피투 252
　와트 노코르 256
　바티의 타 프롬 260

참고 문헌 263
크메르 용어와 신화에 나오는 주요 인물에 대한 설명 271
찾아보기 277

들어가며

지리

오늘날의 캄보디아는 서쪽으로는 태국, 북쪽으로는 라오스, 남쪽과 남동쪽으로는 베트남, 서쪽으로는 타이 만(灣)과 국경을 접하고 있다. 하지만 크메르 제국의 전성기에는 앙코르를 중심으로 그 범위가 훨씬 커서, 서쪽으로는 미얀마까지 그리고 저 위쪽으로는 태국 북동부와 라오스의 일부 지역까지 모두 크메르 제국의 영토였다.

캄보디아라는 이름은 프랑스어 캉보주(Cambodge)의 영어식 표기이며, 이는 둘 다 캄부자(Kambuja)를 서양식으로 발음한 것이다.

캄보디아인 또는 크메르인으로 불리는 이곳 주민은 오스트로네시아 어족에 속해 있는 크메르어를 쓴다. 오늘날의 수도는 시엠 리압 지방에 있는 고대 수도 앙코르에서 남쪽으로 320킬로미터쯤 떨어진 곳에 위치한 프놈펜이다. 영토는 18만 1035제곱킬로미터에 이르는데, 이는 베트남의 절반보다 조금 넓은 크기이다.

캄보디아는 산지로 둘러싸여 있는데, 서쪽에는 카르다몸 산맥과 코끼리 산맥이 있고, 당렉 산맥은 태국과의 현재 국경을 따라 동서로 달리고 있으며, 동쪽으로는 베트남 산맥들이 있다.

가운데 지역은 낮게 펼쳐진 충적 평야이며, 캄보디아인 대다수는 이곳에 살고 있다. 캄보디아는 두 가지 지형학적 특징을 가지고 있는데, 그것은 메콩 강과 톤레 삽(거대한 호

1 동남아시아 대륙의 지도(왕립지리학회)

수)이다. 어떤 지점에서는 폭이 5킬로미터나 되는 메콩 강은 티베트에서 흘러나와 캄보디아를 315킬로미터나 가로질러 흐른다. 톤레 삽은 길이가 140킬로미터나 되는 거대한 호수이며, 이것의 한 지류인 톤레 삽 강을 거쳐 프놈펜에서 메콩 강과 이어진다. 이 강의 보기 드문 특징은 히말라야에서 눈이 녹는 계절(7~10월)이 되면 메콩 강의 수량이 엄청나게 불어, 이것이 델타 지역에서 모래보다 곱고 찰흙보다 거친 침적토에 가로막혀 역류한다는 것이다. 이렇게 강물이 흘러넘치면 그 영향으로 톤레 삽 강이 역류해 거대한 호수로 흘러 들어가, 톤레 삽의 수량이 두 배 이상 불어나면서 이것이 천연 저수지가 된다.

캄보디아의 날씨는 두 가지 계절풍에 의해 조절되며, 이것이 농촌 생활의 주기를 결정한다. 북동쪽에서 불어오는 계절풍(11~3월)은 차갑고 건조하고, 남서쪽에서 불어오는 계절풍(5~10월)은 많은 비와 강한 바람을 몰고 온다.

발견

크메르 문명은 19세기 이전에는 서양에 거의 알려지지 않았다. 하지만 중국의 여행자들은 7세기부터 캄보디아의 사원에 대해 기록하고 있다. 그 기록들 가운데 가장 유명한 것은 중국 사절단의 일원으로 1296년부터 1297년까지 캄보디아를 방문한 주달관(周達觀)이 쓴 것인데, 그는 당시 크메르인의 생활과 관습, 예식에 대한 아주 매혹적인 기록을 남겼다.

그로부터 3세기 후 유럽인 선교사들이 캄보디아에 버려진 도시들이 있다고 짧게 언급하긴 했지만, 정글에 있는 사원이 처음으로 '세상에 모습을 드러낸 것'은 1861년 탐사 중에 앙코르와트를 발견한 프랑스 동식물학자 앙리 무오 덕분이었다. 그의 짧은 기록을 보면 크메르 사원 가운데 가장 인상적이었던 사원 앞에서 느낀 감정이 그대로 드러나 있다. "이 사원을 보면 상상할 수 없을 정도로 완전히 압도당하는 듯한 느낌을 받는다. 이것을 보면 감탄사가 절로 나오고 경외심에 그만 입을 다물게 된다." 그의 설명은 낭만적인 분위기로 가득 차 있었지만 정확했고, 그림까지 곁들여져 있었으며, 1864년에 영어로 출판되었다. 그리고 얼마 뒤, 독일 지리학자 아돌프 바스티안과 스코틀랜드 사진가 존 톰슨이 캄보디아를 방문했는데, 존 톰슨의 사진집 출판을 계기로 크메르 건축은 서구 학자들의 관심을 끌게 되었다.

단장 두아르 드 라그레(1823~1868)와 부단장 프랜시스 가르니에(1839~1873)가 이끈 프랑스 답사단은 과학적인 답사 계획을 마치고 그 연구 결과를 모아 『인도차이나 답사 여행』을 펴냈는데, 이것은 오늘날의 라오스까지 포함한 앙코르 바깥 지역까지 다루었다. 루이 들라포르트가 그린 그림들은 상상력이 약간 가미된 것이었는데, 당시 볼 수 있었던 모습 그대로를 그린 것이 아니라 폐허가 된 사원을 재건된 형태로 그렸기 때문이었다.

그 뒤 이곳을 찾은 프랑스인 가운데 에티엔 아이모니에(1844~1929)는 캄보디아 유적의 목록을 만들고 거기 새겨진 것들을 해석하기 시작했다. 뤼네 드 라종키에르는 그의 작업을 이어받아, 1901년에서 1911년 사이에 목록을 출판했다.

1988년 프랑스인들은 극동 지역에 있는 나라의 역사와 언어, 고고학을 연구하기 위해 프랑스 극동 학교(EFEO)를 설립했고, 시엠 리압에 앙코르 유적 보존위원회를 설치했다. 프랑스 학자들은 크메르 문화를 이해하기 위해 엄청난 노력을 기울였고, 그들의 연구 결과는 지금까지도 모든 현대 연구의 기초로 남아 있다. 그러나 프랑스 극동 학교의 역할은 크메르루즈가 캄보디아 정권을 잡으면서 막을 내렸다.

그리고 1989년부터 캄보디아에서 활동하고 있는 유네스코가 현재까지는 국제 원조(주로 일본이 원조하고 있다)와 크메르 문화에 대한 연구 작업에서 과학, 기술, 교육과 관련된 부문을 총괄하고 있다. 유네스코는 '캄보디아 과거'의 미래를 보호하기 위한 노력의 일환으로 앙코르와트 지역을 세계문화유산으로 지정했다.

과거에 비해 훨씬 평화로운 요즘은 국제적인 연구자 집단과 유네스코가 캄보디아 학자들과 함께 활발히 연구 작업을 벌이며 크메르 문명에 대한 지식을 심화시키고 있다. 1989년에는 프놈펜 대학 예술학부가 크메르 유적의 연구와 보존을 위한 인력 양성 계획을 세우기 시작했다.

역사

크메르 문명에 대한 우리의 지식은 무엇보다도 먼저 수많은 크메르 왕들이 그들의 종교, 정치적 업적을 알리기 위해 돌(기념비)에 새긴 비문을 통해 얻을 수 있는 정보에 기초하고 있다. 둘째로, 여행자와 외교 사절단들이 쓴 옛 중국 문서에는, 이야기 속에 여기저기 흩어져 있기는 해도 크메르인에 대해 상세히 설명되어 있다. 이 지역 역사에서 독특한 위치를 차지하고 있는 이 뛰어난 문명의 모습을 마지막으로 완성시켜주는 것은 고고학적 증거들이다.

기원후 몇 세기가 지나면서 캄보디아는 동남아시아의 다른 나라들과 마찬가지로 중국과 인도 무역로의 중간 기착지로 떠올랐다. 따라서 '인도화' 과정이 쉽게 일어날 수 있었던 것은 놀라운 일이 아니었다. 이는 곧 인도 문화가 동남아시아 전역에 확산되었음을 의미하며, 캄보디아에서는 기원전 2~3세기쯤 타이 만을 향해 있던 '푸난 국(國)'(캄보디아 남부)에서 시작되었을 것이다. 그리고 이는 북부 인도의 거대한 제국들보다 주로 인도 남부의 왕국들과의 무역을 통해 서서히 일어났다. 그러나 크메르의 지배계급은 그들의 관습과 전통을 버리지 않았고 그들에게 필요한 것만 골라 받아들였다. 힌두교와 불교, 산스크리트어가 그랬는데, 특히 그들은 이렇게 도입된 산스크리트 문자 체계를 통해 처음으로 비문을 새기게 되었다.

기원후 첫 천 년이 끝나갈 즈음, 일부 권력자들은 주요 궁전에 재판소를 세우고 신성한 건물을 올리고 충실한 추종자들을 길러내고 병력을 전략적으로 배치해 아랫사람들이 그들의 우월한 지위를 받아들이도록 했다. 이리하여 그들은 대부분 확정된 국경 없이도 수도가 있는 작은 정치 조직체 또는 '국가'를 세웠다. 그리고 이렇게 중앙집권화된 정치·사회 조직체는 관개와 무역, 전쟁을 관장하고 지배자의 위상을 높이는 데 이용되었을 것이다.

크메르 제국의 역사는 몇 세기에 이르는데, 이는 역사적으로 두 시기로 구분된다. 하나는 기원후 1세기경부터 8세기에 이르는 앙코르 이전 시기로, 이때 처음으로 푸난과 첸라 같은 정치 조직체가 나타났다. 다른 하나는 9세기에서 15세기에 이르는 앙코르 시대로, 이때 푸난과 첸라가 통일되어 앙코르 문명이 시작되었으며, 경제가 대륙 경제로 전환되면서 해상 무역의 중심지였던 옛 푸난은 불리한 처지에 빠지게 되었다. 이 시기는 사회와 문화, 예술이 가장 발달한 시기이기도 했다. 예술에서는 인도의 영향이 줄어들고 크메르 양식이 나타나기 시작했으며, 여기서 살펴보게 될 부조들은 모두 이 시기(802~1431)에 지은 사원에 있는 것들이다.

비문

앙코르 제국이 있던 지역에서는 산스크리트어와 고대 크메르어로 조각된 많은 비문을 발견할 수 있어 캄보디아의 역사를 재구성해볼 수 있다. 지금까지 발견된 비문은 1200개 정도인데, 이들은 대부분 석판에 새겨져 있다. 엘리트 집단의 언어였던 산스크리트어로 새긴 비문들은 왕의 공적과 치세에 대해 말하고, 그들이 바친 사원을 열거하고 있다. 여기서 보통 사람들과 일상생활에 대한 정보는 거의 찾아보기 어렵다. 크메르어로 쓰인 비문은 대부분 특정 인물의 재산 목록이나 토지와 가축에 대한 소유권, 노예 명부, 사원의 재산 목록 따위이다. 그러나 사원의 이른바 '도서관'을 채우고 있었을 종려나무 잎에 쓴 사본 같은 것은 남아 있지 않다.

비문을 통해 이 사회가 아주 잘 조직된 사회였다는 것을 알 수 있는데, 주요 인물들은 모두 왕이 하사한 일정 직위나 계급을 가리키는 명칭을 가지고 있었으나 이것이 대물림된 것 같지는 않다. 카스트 제도라는 개념은 브라만에게만 의미가 있었던 듯하며, 시골 사람들은 사원의 교권을 중심으로 치밀하게 조직되어 있었던 듯하다. 노예들은 이웃 나라들과 특히 산에 사는 '야만적인' 부족에서 잡아왔고, 사고팔 수 있었다.

앙코르 제국의 왕들

앙코르 시대에는 모두 28명의 왕이 있었으나(19쪽 표 참조), 이 책의 성격상 여기서는 좀더 중요한 왕 몇 명만 언급하고자 한다.

불안정한 시대를 거쳐 802년에 푸난 국과 첸라 국을 통일한 것은 자야바르만 2세(802~835 재위)였다. 그는 이때 스스로 천하를 다스리는 왕인 차크라바르틴의 자리에 올라 데바라자(神王) 숭배를 강화함으로써, 확고한 종교적 토대 위에 자신의 왕권을 세웠다. 자야바르만 2세는 첸라 국으로 돌아오기 전에 몇 년 동안 '자바'(오늘날의 자바는 아니겠지만)에서 지낸 듯하며, 30년 남짓 앙코르 제국을 다스리면서 캄보디아 전체는 아니라도 톤레 삽까지 자신의 지배권을 주장하고 나섰다.

자야바르만 2세는 처음에는 수도를 인드라푸라(그것이 어딘지는 알려지지 않았다)에 정했으나, 나중에는 북쪽의 하리하랄라야(롤루오스)로 옮겼다가 다시 쿨렌 산(마헨드라파르바타)으로 옮기고, 그곳에 크메르 예술양식으로 지은 최초의 '사원-산'(롱 첸)을 지었다. 이는 왕실의 링가(시바 신의 존재를 상징하는 남근상)를 모셔두기 위한 것으로, 모양은 계단식 피라미드와 비슷하다. 하지만 자야바르만 2세는 결국 거대한 호수 북쪽에 형성된 충적 평야에 있는 롤루오스 지역의 하리하랄라야로 되돌아갔다.

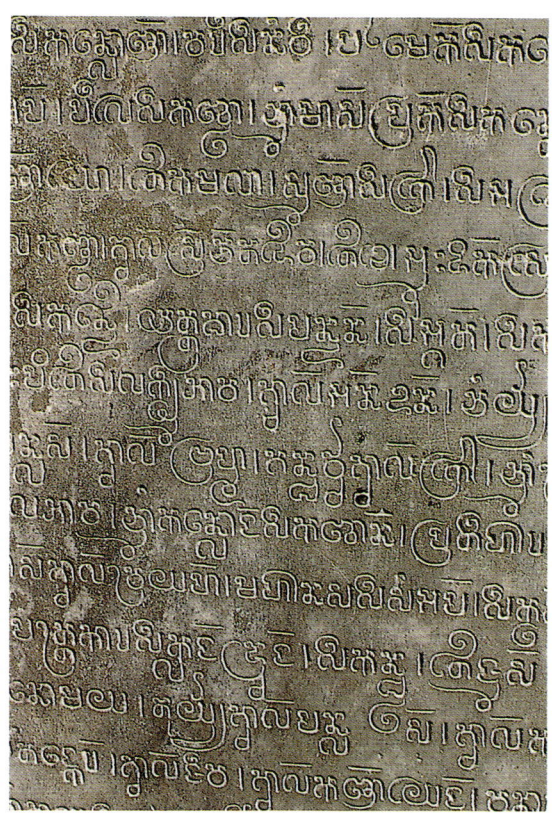

2 롤레이 사원에 있는 산스크리트어 비문, 9세기 말

    그의 후계자들 중 특히 주목할 만한 왕은 둘인데, 먼저 인드라바르만 1세(877~889)는 대대적인 건설 계획을 추진하기 시작해 이후 왕들의 본보기가 되었다. 그는 롤루오스 지역에 거대한 바라이(저수지) 인드라타타카를 만들게 했을 뿐 아니라 프리아 코 사원을 지어 조상들의 영령에 바치고, 바콩 사원을 지어 왕실의 링가를 모셨다.

    그다음 후계자는 야소바르만 1세(889~900년경)인데, 그는 처음으로 앙코르 지역에 수도를 정했다. 앙코르(Angkor)라는 말은 산스크리트어의 '나가라(nagara)'에서 왔으며, 신성한 도시를 뜻한다. 그러나 오늘날 이 말은 거대한 유적군과 동 바라이(가로 7×세로 1.8킬로미터에 이른다)를 가리키는 이름이 되었다. 앙코르는 그후 몇 세기 동안이나 동남아시아에서 가장 크고 중요한 정치 조직체 또는 '국가'였다.

앙코르에서 야소바르만 1세는 기하학적으로 도시의 중심에 있다고 여겨진 프놈 바켕 산 위에 자신의 사원-산을 지었다. 그는 또 이 지역에 있는 다른 산에도 사원을 짓게 했는데, 그것이 바로 프놈 크롬과 프놈 복이며, 롤루오스에 있는 인드라타타카 바라이 한가운데에는 롤레이 사원을 짓게 해 조상에게 바쳤다.

야소바르만 1세 이후 수도를 잠시 코 케르로 옮겼다가(921~944) 다시 앙코르 지역(처음에는 프레 룹)으로 복귀한 후로, 이곳은 4세기 이상 크메르 왕들의 안정된 수도가 되었다. 야소바르만 1세 이후에는 몇 명의 중요한 왕들이 뒤를 이었는데, 그 가운데 가장 유명한 것은 자야바르만 4세(928~942)이다. 그는 이미 자야바르만 2세가 신성한 곳으로 여긴 라오스에 왓 푸 사원을 지어 시바 신에게 바쳤다. 라젠드라바르만(944~968)이 다스리는 동안에도 몇 가지 인상적인 건축물이 더 건설되었는데, 박세이 참크롱, 동 메본, 프레 룹, 아름다운 바라이 스라 스랑이 그것이다. 그는 정치적으로는 당시 캄보디아의 여러 '왕국'을 그의 관할 아래 있는 지방으로 전환시켰다. 자야바르만 5세(968~1001)가 다스리는 동안에는 반티아이 스레이 사원이 완성되었다.

앙코르는 크메르의 주요 통치자인 수리아바르만 1세(1002~1050)의 긴 치세 기간에 담으로 둘러싸인 왕궁인 타 카오 사원과 작은 피미아나카스 사원-산과 같은 많은 건축물로 풍부해졌다. 그는 서 바라이를 파는 일도 추진했으며, 캄보디아 북부 당렉 산의 절벽에 프리아 비히아르라는 거대한 사원을 짓게 했고, 남쪽에는 프놈 치소르와 와트 엑 같은 사원을 짓게 했다. 수리아바르만 1세는 시바 신을 신봉했지만 불교에도 호의를 보여 앙코르에 있는 지역 사원에 기부를 하기도 했다. 그의 사후 이름은 독특하게도 '니르바나파다'였다. 그때는 이것이 불교적인 의미만을 내포하지는 않았을지도 모르지만.

그의 후계자 우다야딧야바르만 2세(1050~1066)는 바푸온이라는 거대한 사원-산을 지었는데, 이를 둘러싸고 있는 두번째 담의 고푸라(정교하게 꾸민 문 또는 별관)들은 여러 가지 이야기를 조각한 멋진 부조들로 장식되어 있다. 고푸라의 양식은 코 케르의 남동쪽에 지은 프라사트 산 케브에 있는 것들과 아주 비슷하다. 우다야딧야바르만 2세는 서 메본 사원을 짓고, 바라이 한가운데에 커다란 청동 비슈누 상을 세운 것으로도 알려져 있다.

수리아바르만 2세(1113~1150)는 그 못지않게 중요한 여러 왕의 뒤를 이어 16세에 왕

3 수리아바르만 2세, 앙코르와트, 세번째 담의 회랑, 남서쪽 날개

위에 올랐다. 그는 무사 왕이 되어, 크메르 제국의 가장 중요한 왕 가운데 하나가 되었으며, 크메르 예술의 가장 위대한 걸작이자 그의 권력의 상징인 앙코르와트 사원을 지었다. 그가 시바 신을 섬기지 않고 비슈누 신을 섬겼다는 것은 이 사원의 유명한 부조 조각이 비슈누와 크리슈나, 라마의 신화에 초점을 맞춘 이야기를 선호하고 있는 것에서도 알 수 있다. 이 밖에도 그가 다스리는 동안 수도에는 프리아 피투, 프리아 팔릴라이, 차우 사이 테보다, 톰마논, 반타이 삼레와 같은 주요 사원들이 건설되었고, 지방에 지은 사원으로는 캄퐁 스바이의 프리아 칸과 벵 미알리아, 피마이(불교도였던 자야바르만 6세가 짓기 시작한, 태국 북동쪽의 사원) 등이 있었다.

그러나 수리아바르만 2세가 죽은 뒤 다시 질서가 문란해지고 왕권이 약해졌다. 1177년에 습격한 참 족은 약탈을 일삼으며 이 목조 도시를 완전히 파괴해, 크메르인은 극심한 전쟁의 참상을 겪었다. 그러나 이것은 크메르인들이 견뎌야 했던 많은 전쟁 가운데 하나였을 뿐이다. 크메르인은 그후에도 여러 차례 참 족의 습격을 받았고, 나중에는 시암 족(오늘날의 태국)의 공격도 받았다. 따라서 부조에 전투 장면이 자주 나오는 것이 놀라운 일은 아니다.

하지만 1181년에는 새로운 왕조의 왕이 다시 질서를 잡았으니, 그가 바로 막강한 자야바르만 7세(1181~1219)였다. 그는 예전의 수도를 재건하고(1200년경), 왕도인 앙코르 톰도 재건했다. 바욘 사원을 중심으로 펼쳐지는 앙코르 톰은 11킬로미터에 이르는 성벽으로 둘러싸여 있고, 성벽에는 다섯 개의 거대한 성문이 있었다. 자야바르만 7세는 대승불교의 열렬한 신봉자였고, 따라서 바욘 사원을 계획하면서 만다라라는 탄트라의 개념을 토대로 삼았을지도 모른다. 그의 통치 기간에는 이전 시대를 통틀었을 때보다 더 많은 건축물이 건설되기 시작했는데, 몇 가지만 거론하자면 반티아이 크마르, 타 프롬, 프리아 칸, 반티아이 크데이, 니악 포안 사원과 코끼리 테라스와 '문둥이 왕' 테라스, 프리아 팔릴라이, 자야타타카 바라이, 그 기능이 아직 확인되지 않은 102개의 '병원', 일련의 휴게소, 순례자들이 쉬면서 기도할 수 있는 작은 석조 사원들을 들 수 있다.

자야바르만 7세는 열렬한 불교 신자였고, 자신의 신앙을 확고히 드러내기 위해 할 수 있는 일은 모두 했던 것으로 알려져 있다. 그러나 프리아 칸이나 바욘 사원 같은 곳에서도 알 수 있듯이 그는 힌두교에 대해서도 넓은 아량을 베풀었다. 바욘 사원은 사실 중앙에 있는 불상을 서쪽으로는 비슈누 신상들이, 북쪽으로는 시바 신상들이, 그리고 남쪽으로는 크메르 왕들을 추모하기 위한 사당들이 둘러싸고 있는 만신전이다.

자야바르만 7세는 치수 사업과 도로, 다리, 학교, 병원 같은 놀랄 만한 하부 구조를 바탕으로 크메르 제국의 영토를 크게 넓혔다. 그리하여 크메르 제국의 영토는 미얀마의 파간과 라오스의 비엔티안, 말레이반도의 일부로까지 확장되었다. 자야바르만 7세가 언제 죽었는지는 알려지지 않았으나, 1220년 참파에 대한 크메르 제국의 영향력이 종식된 걸 보면 아마 그때 사망했을 것이다.

그의 하나뿐인 후계자는 자야바르만 8세였다. 그는 오랫동안 제국을 다스리면서 시바신을 최고신으로 섬기는 시바 파 힌두교를 다시 들여왔으며, 이는 (프리아 팔릴라이라는 상좌부 불교 사원을 제외하고는) 모든 대승불교의 불상들을 파괴하는 결과를 가져왔다. 그러나 그가 자야바르만 7세가 시작한 건축물 가운데 많은 것을 완성했을 가능성도 있다.

그가 다스리던 1283년에 몽골 족이 캄보디아를 침입했으나, 크게 파괴되지는 않았다. 중국 여행가 주달관이 캄보디아를 방문하여 이 나라의 부와 관습에 놀라 그 유명한 기록을 남긴 것이 이 시기, 그러니까 1296년에서 1297년 사이였다.

자야바르만 8세가 죽은 뒤에도 앙코르 제국은 수십 년 동안 화려한 제국의 면모를 잃지 않았으나 사회 정치적으로 점차 활기를 잃어갔으며, 이는 주변국인 아유타야의 세력이 커지고 참파가 동쪽으로 영토를 확장한 것과 맞물려 15세기 중엽 크메르 제국의 급속한 쇠락과 멸망을 촉진했다.

앙코르 왕의 통치 시기와 사원의 건축

위년	왕	건축물	수도
2	자야바르만 2세	쿨렌	인드라푸라, 하리하랄라야, 아마렌드라푸라, 쿨렌
5	자야바르만 3세		하리하랄라야
7	인드라바르만 1세	프리아 코, 인드라타타카(바라이), 바콩	
9	야소바르만 1세	동 바라이(야소바라타타카), 롤레이, 바켕, 프놈 크롬, 프놈 복	야소다라푸라=첫번째 앙코르
0	하르샤바르만 1세	P. 크라반, 박세이 참크롱	
2	이샤나바르만 2세		
3	자야바르만 4세	코 케르, 와트 푸(라오스)	코 케르
2	하르샤바르만 2세		
4	라젠드라바르만	동 메본, 프레 룹, 스라 스랑, 반티아이 스레이	야소다라푸라
8	자야바르만 5세	반티아이 스레이(완성), 타 케오(착수), 북 클리앙	
01	우다야딧야바르만 1세		
02	자야비라바르만		
02	수리아바르만 1세	타 케오, 서 바라이(시작), 왕궁, 피미아나카스, 남 클리앙, 프리아 비히아르, 프놈 치소르	두번째 앙코르
50	우다야딧야바르만 2세	바푸온	
66	하르샤바르만 3세		
80	자야바르만 6세	피마이(태국)	
07	다라닌드라바르만 1세		
3	수리아바르만 2세	앙코르와트, 벵 미알리아, 캄퐁 스바이의 프리아 칸, 차우 사이 테보다, 톰마논, 반티아이 삼레, 프리아 팔릴라이	
50	다라닌드라바르만 2세		
50	야소바르만 2세		
66	트리부바나디티아 바르만		
81	자야바르만 7세	타 프롬, 프리아 칸, 자야타타카, 니악 포안, 타 솜, 바욘, 반티아이 크데이, 스라 스랑·코끼리·문둥이 왕의 테라스, 앙코르 톰의 주요 문, 휴게소와 100개가 넘는 병원, 반티아이 크마르	세번째 앙코르, 앙코르 톰
19	인드라바르만 2세		
43	자야바르만 8세	자야바르만 7세가 짓기 시작한 많은 유적들을 완성시키고, 대승불교의 불상들을 훼손한 것으로 추정됨. 망갈라르타(앙코르의 마지막 석조 사원)	
06	인드라바르만 3세		
299	슈린드라바르만		
9	슈린드라자야바르만		
27	자야바르만-파라메슈바라		
27	앙코르 시대가 끝남		
2	결국 시암 족에게 정복당함		

크메르 제국은 1431년쯤 수도 앙코르를 포기했으나, 16세기에 왕 앙 찬 1세(1516~1566)와 그의 아들 파라마라자 1세(1566~1576)가 이 지역을 재점령해 잠시 앙코르를 다시 한 번 왕국의 수도로 삼았다. 이 기간에 그들은 아유타야 양식의 영향을 강하게 받았을 뿐 아니라 중국적인 요소도 도입한 장인들에게 원래 도안을 토대로 앙코르와트의 북동쪽 사분면에 있는 부조를 완성하도록 했다. 그가 불교를 믿는 왕이었는데도 불구하고 부조에 비슈누 신을 섬기는 내용이 들어 있는 것은 아마 위대한 선왕들에 대한 존경심과 왕권의 영속성을 강조하고 신이 악한 세력보다 우위에 있다는 것을 강조하기 위해서였을 것이다. 이와 같은 일은 앙코르와트가 주요 사원으로 탈바꿈한 뒤 불교 교리를 표현하게 되었을 때도 일어났다.

예를 들어 프리아 피투의 10번 사당이나 네 개의 박공벽에 붓다의 삶을 그린 조각들이 새겨져 있는 와트 노코르(캄퐁 참)에서 볼 수 있듯, 앙코르의 건축물을 개조해 불교 사원으로 탈바꿈시킨 것은 아마 이 시기일 것이다. 16세기에는 거대한 불상들이 여럿 세워졌는데, 프놈 바켕과 바푸온에서는 사원의 돌을 재활용했고, 프놈 쿨렌에서는 바위에 직접 불상을 조각했다.

지역 신앙과 애니미즘

대다수 크메르인에게는 오래된 정령숭배와 조상숭배가 일상의 종교였다. 그들의 의식은 개인이나 공동체에 국한된 것이었기에 공식적인 종교의식보다 훨씬 조촐하게 치러졌을 것이다. 이런 가정을 뒷받침해주는 증거는 없지만, 오늘날 동남아시아와 특히 캄보디아에서 볼 수 있는 의식들과 비교해보면 별 무리가 없다는 것을 알 수 있다.

오늘날의 지니(아랍 신화에서 인간을 이롭게 하기도 하고 해를 끼치기도 하며 사람이나 짐승으로 변신하기도 하는, 천사와 악마보다 아래 수준의 초자연적인 정령 — 옮긴이)와 이 지역의 강력한 자연의 정령인 '니악 타'는 공식 종교와 잘 통합되어 있다. 상좌부 불교의 한 형태를 신에 대한 믿음과 결합시키고 데바타(신)를 니악 타(정령)보다 우위에 두는 것도 오늘날의 관습이다. 니악 타는 동네 또는 마을의 조상신으로 정의할 수 있으며, 그것이 깃든 언덕과 산, 나무 등과 관련이 있다. 니악 타는 아주 강력한 힘을 지니고 있으며, 마을 공동체에는 저마다의 니악 타, 즉 조상신이 있어, 마을 사람들은 의식을 통해 자기들을 지켜달라고 빈다. 따라서 그들은 미얀마의 나트처럼 마을의 수호신이 된다.

그러나 이런 지역 토착신에 대해서는 거의 알려진 바가 없는데, 이는 종교적인 문제를 다룬 비문들이 모두 힌두교의 신들에 대해서만 이야기하고 있는데다 대중들에게는 거의 알려져 있지 않았던 신들의 언어인 산스크리트어로 되어 있기 때문일 것이다.

조상숭배

사람들 사이에 널리 퍼진 이런 조상숭배는 인도의 전통이 확산되면서 캄보디아에 들어왔다.

그러나 초기에는 브라만과 중요한 군인, 관료의 집안에서만 사당을 짓고 조상을 숭배했다. 브라만은 조정에서 아주 중요한 역할을 했으며, 인도에서보다 그 위상이 높았던 그들은 왕의 정신적 스승이자 상담자로서 국가의 안녕에 반드시 필요한 거대한 종교의식을 주재했다. 따라서 그들이 조상신을 모신 사당을 지은 것이 늘라운 일은 아니며, 이 가운데 가장 좋은 예가 반티아이 스레이이다.

이런 조상숭배의 기본 개념은 고위 관리나 성직자가 왕의 총애를 받으면 그런 혜택이 자손에게도 돌아갈 수 있도록 자기가 좋아하는 신, 아마도 그들의 조상신과 관계 있는 신에게 사당이나 사원을 지어 바치거나 보수해 바치는 것이다. 그러면 이에 탄복한 집안의 시조가 그에게 상을 내려 혜택이 그의 가족에게도 돌아가게 할 것이고, 다시 그 보답으로 그가 시조를 도와 신들이 영원히 사당에 남아 있어달라고 빌게 되는 것이다.

종교

인도 종교의 기본 원리, 그중에서도 특히 시바 신에 대한 숭배를 받아들인 크메르인은 그것을 크게 변화시키지 않았는데, 이는 아마 이에 완전히 동화되지 않았기 때문일 것이다. 마찬가지로 앙코르 시대에 주로 대승불교의 형태로 받아들여진 불교 역시 여러 분파로 갈라지지 않았다.

힌두교

힌두교의 삼위일체를 이루고 있는 신 브라흐마와 시바, 비슈누는 앙코르의 중요한 숭배 형태가 된 종교적 신앙을 낳았다. 그중 가장 먼저 생기고 가장 중요한 위치를 차지한 것은 시바 파였으나, 11세기에는 잠시 그 자리를 비슈누 파가 차지했다.

시바 파

캄보디아에서 5세기부터 시작된 시바 신 숭배가 계속 확산된 것은, 시바 파가 지역 민간 신앙을 흡수한 민중 종교가 되었기 때문일 것이다(Bhattacharya, 1961). 시바 신은 바데슈바라라는 이름으로 숭배되었는데, 왕은 밤에 신성한 산으로 올라가 인신공양을 하면서 그에게 공물을 바쳐야 했다(주달관은 앙코르에 사는 중국인들에게서 이런 소문을 들었다고 기록한다).

비문을 보면 시바 파에는 두 개의 종파가 있었는데, 하나는 7세기에 생긴 파수파타 파였고 또 하나는 9세기에 생긴 샤이바 파였다. 시바의 신봉자들은 카스트 제도를 장려하지 않고 그들의 신에 대한 헌신(박티)을 요구했으며, '브라만'이라는 일반 명칭은 모든 신도에게 적용할 수 있었던 것 같다. 시바 파는 요가 수행을 강조했는데, 흥미롭게도 주달관은 시바를 섬기는 고행자들과 도교의 대가들의 태도와 사고방식을 혼동했다.

시바는 앙코르 시대 이전에는 주로 링가의 형태로 표상되었다. 하지만 앙코르 시대에는 이전에는 드물었던 인격화된 표상이 자주 나타나게 되었다. 그중 가장 인기 있는 것은 그의 배우자 우마(파르바티, 데비, 그리고 아주 흉포한 형상의 두르가로도 알려져 있다)를 왼쪽 다리에 앉힌 형상인데(그림 56), 때로 둘은 황소 난디를 타고 있기도 하다. 시바는 인도의 전통에 따라 흔히 삼지창이나 고행자의 묵주를 들고 있다. 프리아 피투에 있는 것처럼 그가 '명상'을 하고 있는 형상이나 춤을 추고 있는 형상(나타케슈바라, 그림 127)도 앙코르의 도상에서는 중요한 역할을 했다. 그러나 남녀 양성을 지닌 시바, 즉 아르다나리

4 춤추는 시바, 반티아이 스레이

슈바라에 대한 숭배는 드물었다. 인도 신화에서는 시바가 아주 포학하고 잔인한 파괴의 신으로 나오지만, 크메르인은 시바를 아주 자비로운 신으로 여겼다.

크메르인은 시바의 배우자도 숭배했다. 흔히 전형적인 머리 모양(키리타-무쿠타)에 팔이 네 개 달린 마히사수라-마르디니의 모습으로 표현되는 그녀는 반타아이 삼레에 조각된 부조에서는 사자 위에 올라선 채 물소로 변한 악마와 싸우고 있고, 반타아이 스레이(그림 125)에서는 팔이 여덟 개 달린 모습을 하고 있다.

링가

남근을 상징하는 링가는 다산과 풍요의 신인 시바의 주요 속성 가운데 하나였다. 이전에는 개인적인 숭배의 대상이었던 링가는 자야바르만 2세가 데바라자(神王)로 격상되면서 종교적 숭배의 대상이 되었다. 그리고 그때부터 왕국의 번영은 왕실의 링가와 밀접한 관계가 있는 것으로 여겨졌다.

기적을 일으키는 최초의 링가는 도시 중심에 있는 신성한 산에서 의식이 거행될 때 시

5 앙코르 유적 보관소의 정원에 있는 링가들, 시엠 리압

6 가루다를 탄 비슈누, 프라사트 크라반 (사진 : M. 프리먼)

바가 브라만을 통해 왕조의 첫 왕에게 준 것으로 여겨졌다. 왕은 시바와 마찬가지로 우주론적 규모의 자율적인 속성을 지니고 있었으며, 사람들이 왕에게 복종하는 것은 힌두교의 지배적 개념인 박티(헌신)라는 종교적 교감이 포함된 경의의 표시였다. 이런 헌신은, 왕의 정신적인 성취가 왕국의 여러 지역을 하나로 통합시키는 요소가 되었다는 것을 인정하는 것이기도 했다.

비슈누 파

비문에서도 알 수 있듯이 비슈누 신에 대한 숭배는 캄보디아에서 판차라트라 교의 형태로 알려져 있다(Bhattacharya, 1961). 비슈누 신을 신봉하는 사람들은 10세기 말까지 모두 바이슈나바, 판차라트라, 바가바타 또는 사트바타라는 이름으로 불렸으며, 야소바르만 1세(889~910)는 그들에게 프라사트 콤납에 있는 아슈라마(수도를 하는 곳)를 바쳤다. 판차라트라 교는 하루 다섯 번의 일상적 의식과 비슈누의 다섯 가지 요소와 네 가지 화신(비우하)에 대한 개념을 받아들였고, 여기서 비슈누는 정통 교리에서 요구하는 자연적 속성이 아니라 초자연적 속성을 지니고 있다. 비슈누는 절대적인 브라만 푸루소타마(절대적인 존재, 신)와 동일시되며, 그로부터 삼위일체를 이루는 세 신이 나왔다. 그는 우주의 창조와 유지, 소멸의 원인이며, 유일무이한 초월적 존재로서 우주에 내재해 있다. 그는 일반적으로 네 손에 차크라(원반 모양의 무기)와 소라, 곤봉, 연꽃을 들고 있는 모습으로 그려져 있다. 그러나 예외적으로 프놈 다에서처럼 팔이 여덟 개 있는 모습으로 그려지기도 하다.

비슈누의 아바타(화신) 가운데 (나가 아난타 위에 있는) 아난타사이인은 바켕과 프라사트 트라피앙 룬(11세기)에 있는 비문이 말해주듯이 크메르 신화에서 독특한 위치를 차지하고 있다. 비슈누가 바다에서 아난타 위에 누워 있는 조각은 7세기부터 알려졌는데, 이는 저마다 최초의 혼돈 상태와 최초의 대양을 상징한다(그림 42). 대양은 앙코르와트에 묘사되어 있는 '우유의 바다 휘젓기'라는 유명한 신화에서도 비슈누와 연결되어 있다. 그러나 이 신의 모습 중 가장 인기 있는 것은, 대부분의 신전에서 볼 수 있듯이 반은 사람이고 반은 새인 가루다를 타고 있는 모습(가루다바다나)이다.

비슈누 트리비크라마는 프라사트 크라반, 바푸온, 반티아이 삼레, 프리아 피투에서 볼

7 우유의 바다 휘젓기에서 거북이로 변한 비슈누, 앙코르와트(사진 : M. 프리먼)

수 있듯 신이 세 걸음으로 세상을 창조한 것과 관련해 10세기 캄보디아에서 숭배를 받았다. 하지만 이 화신에서 신의 모습은 인도에서 그려진 모습과는 판이하다. 앙코르 시대 이전에는 또하나의 화신인 크리슈나가 고바르다나 산을 들어올리고 있는 모습의 고바르다나다라가 흔했다. 그러나 앙코르 시대에는 비슈누가 라마라는 화신으로 나오는 『라마야나』의 이야기를 묘사한 그림 덕분에 비슈누의 인기가 크게 치솟았다.

거북의 모습을 한 아바타가 크메르 도상에서 지대한 역할을 한 것은 그것이 우유의 바다 휘젓기와 관련이 있기 때문인데, 크메르 예술가들은 그것을 특히 비슈누의 신전으로 들어가는 입구에 갖가지 모습으로 재현해놓았다.

마지막으로 비슈누의 배우자 락슈미는 조각과 부조에서 대개 비슈누와 함께 나타나, 시바와 그의 배우자 우마로 혼동되기도 한다.

그 밖의 힌두교 신앙

캄보디아에서는 브라흐마와 그의 배우자 사라스바티가 힌두교에서 삼위일체를 이루고 있는 다른 신들과 함께 숭배를 받은 듯하며, 브라흐마만 숭배된 증거는 없다(Bhattacharya, 1961).

태양신 수리아는 영원히 빛나는 시바의 빛을 상징하는 것으로 보이는 불의 신 아그니와 마찬가지로 시바 신을 나타내는 것으로 여겨지고 있다.

가네샤(시바와 파르바티의 아들이며 코끼리 머리를 한 힌두교의 신—옮긴이)만을 온전히 숭배하는 종파는 없었지만 그는 캄보디아에서 꽤 인기를 누렸다. 코끼리의 팔다리를 지니고 있는 것으로 그려졌던 자바에서와는 달리 캄보디아에서는 인간의 몸을 하고 있는 것으로 그려졌다. 앙코르 시대 이전에는 가나파티라는 이름으로 알려져 있었으며, 인도의 전통에 따라 한 손에 있는 모다카(사탕과자)를 코끼리 코로 먹고 있는 모습으로 그려지기도 했다. 그러나 앙코르 시대에 그는 여러 이름을 지니고 있었고(가네샤, 비그나파티, 비그네스바라, 비그네사 등), 한 손에 자신의 부러진 코끼리 엄니를 들고 있는 모습으로 그려졌다. 일반적으로 그의 모습은 갈수록 인간의 모습에 가까워졌다.

크메르인의 종파 혼합주의는 시바와 비슈누에게 비슷한 지위를 주었지만, 시바는 가장 뛰어난 자로 여겨졌고, 비슈누는 자신의 열등한 지위를 받아들일 필요가 없도록 절대자로

8 크리슈나와 아수라 '바나'의 전투에 나오는 가네샤, 앙코르와트

정의되었다. 크메르인은 두 신을 더욱 가깝게 하기 위해 새로운 신 하리하라를 도입했는데, 그는 오른쪽은 시바로 왼쪽 반은 비슈누로 되어 있다. 앙코르 시대 이전에는 하리하라 숭배가 널리 행해졌으나, 앙코르 시대에 들어서면서 점차 쇠퇴했다. 크메르인의 종파 혼합주의는 힌두교와 불교에도 영향을 미쳤다.

인도 신화에서 알려져 있지 않은 일부 요소들은 틀림없이 지역 신앙에서 기원했을 것이다. 프라사트 크라반에서 비슈누가 악어(또는 도마뱀)와 함께 있는 것이나 아수라(악마) 둘이 그의 발을 들고 있는 반티아이 삼레의 나타라자, 그가 네 발 달린 동물을 타고 있는 망갈라르타 사원의 트리비크라마는 모두 지역 민간 설화에 깊이 뿌리 박고 있는 듯하다. 그리고 이런 경향을 더욱 특징적으로 보여주는 것이 나가 아난타가 용으로 변하고 무소가 아그니의 바하나(평소에 타고 다니는 탈것)로 나오는 것이다. 따라서 이 기간 내내 지역 전통이 사라지지 않고 존재하다 점차 힌두교에 통합된 것이 분명하다.

불교

앙코르 시대 초기에도 대승불교를 신봉하는 사람들이 있었지만, 이는 12세기 말과 13세기 자야바르만 7세(1181~1219년경)가 통치할 때 가장 인기가 높았다. 대승불교는 일반적인 종파 혼합주의의 형태로 힌두교와 공존했지만, 앙코르 시대 이후에는 상좌부 불교가 우위를 차지했다.

불교는 힌두교와 거의 같은 시기에 들어와, 크메르 제국이 존재하는 동안 줄곧 서로 배척하지 않고 공존했다. 처음에는 '큰 수레'를 뜻하는 대승불교가 인기가 있었는데, 이는 앙코르 시대 이전의 많은 조각에서도 알 수 있듯이 탄원하는 이에게 모두 귀를 기울이고 있는 보살들을 거느린 붓다 석가모니에게 초점이 맞춰져 있었고, 인간의 모든 불행을 동정했다. 힌두교가 국교가 된 앙코르 시대에도 대승불교는 계속 명맥을 유지했으며, 아마도 수리아바르만 1세 때는 위상이 좀더 나아졌을 것이다.

그러다가 자야바르만 7세가 왕위를 계승하면서 대승불교는 다시 한번 번성해 국교가 되었고, 12세기 말과 13세기 초에 인기가 절정에 이르렀다. 대승불교는 이전 시대의 시바와 비슈누가 그랬듯, 붓다를 고통에 대한 승리를 상징하는 존재로 강조하고 세상의 주인인 관세음보살을 왕의 신적인 형태를 구현하고 있는 것으로 보았다.

9 관세음보살, 니악 포안(사진 : M. 프리먼)

    자야바르만 7세에게 불교는 삼위일체를 이루고 있는 관세음보살, 붓다, 반야보살과 탄트라불교의 신 헤바즈라에 대한 숭배를 뜻했다. 그래서 조각된 부조에서는 이들의 모습이 보이지 않지만, 자야바르만이 세운 세 개의 장엄한 건물인 프리아 칸(관세음보살에게 바침, 1191년)과 바욘(나가의 보호를 받는 붓다의 가장 주된 모습이 그려져 있다), 타 프롬(반야보살에게 바침, 1186년)에 이것이 상징적으로 표현되어 있다.

    그런데 자야바르만 7세 때는 탄트라불교 또는 밀교가 갈수록 중요해져, 탄트라불교의 수호신 가운데 하나인 헤바즈라가 새롭게 강력한 지위를 얻었다. 이런 종류의 불교로 전환하게 된 것은 어쩌면 1177년에 참 족의 침입으로 대참사를 겪으면서 이전의 종교적인 보호 체계로는 아무래도 불충분하여 더욱 강력한 새로운 신학 체계가 필요하다고 생각한 탓이었을 것이다. 그런데 자야바르만 7세가 죽자 새로운 통치자가 힌두교의 시바 파를 다시 들여오면서, 동남아시아에서는 보기 드물게 사원에 있는 불상이 모두 파괴되는 불관용의 사례를 남겼다. 그러나 이로부터 1세기가 조금 지난 뒤에는 장로들의 수행법을 따르는 상좌부(소승) 불교가 주된 숭배 형태로 널리 받아들여지게 되었다. 상좌부 불교는 신할리 족의 전통에 따라 붓다와 그의 삼보(佛法僧), 즉 붓다와 붓다의 가르침 그리고 그 가르침을 따르는 수행자 집단인 승가의 가르침만을 엄격히 따랐다.

불교를 받아들이자 신자와 수도승들을 큰 건물에 모아놓고 보호해줄 필요가 생겼다. 이런 건물은 거대한 석조 건물이 아니라 벽돌과 나무로 지은 공회당이었는데, 이는 신자들이 제단에 있는 불상을 향해 불공을 드리기에 충분했다. 그리고 힌두 사원들 역시 불교 사원으로 개조되었을지도 모른다. 분명한 것은 앙코르와트가 16~17세기에는 불교 사원이 되었다는 것이다.

데바라자 숭배

이는 자야바르만 2세가 평범한 왕으로서 다른 크메르 왕들을 물리친 지 10년쯤 지난 802년에 차크라바르틴('세계의 지배자' '왕 중의 왕', 크메르 세계의 왕)이 되면서 시작되었다. 이때 그는 한 브라만을 임명해 지역의 신 가운데 하나를 자신과 비슷한 지위로 격상시켜 지역 신들의 왕, 크메르 땅을 지키는 최고의 수호신으로 삼았다(Jacques, 1997). 이 신들의 왕은 크메르어로 캄라텡 자가트 타 라자였으며, 산스크리트어로는 데바라자('왕인 신')로 번역되었고, 이 신들의 왕이 나중에는 기적을 행하는 링가로 모습을 나타내게 되었다. 데바라자는 어떤 점에서 인간 군주의 복사판이었다. 그래서 엉뚱하게도 이것이 왕 자체의 본질을 지닌 신, 즉 '신왕(神王)'으로 잘못 해석되기도 했다.

자야바르만 2세는 또다른 한 성직자에게 이 신을 모시도록 하고, 그 지위가 세습되도록 하였다. 그리하여 데바라자는 왕권의 종교적인 상징이 되어, 전국적 숭배의 대상이 되기 시작했다. 그러나 사실 데바라자에 대해서는 거의 알려진 것이 없으며, 그것도 11세기 비문에 한 번 언급되어 있을 뿐이어서, 서양 학자들이 그 중요성을 지나치게 강조한 것일 수도 있다.

종교 혼합주의

크메르인은 신앙에 대해 관대한 태도를 지니고 있어서, 종교에 대해 절충주의적 접근 방식을 택했다. 여러 가지 이질적인 종교들을 하나로 묶어주는 역할을 한 것은 주로 권력과 신의 권위, 통일의 상징인 데바라자를 통한 왕실의 링가 숭배였는데, 자야바르만 7세가 바욘의 중앙 사당에 왕실의 링가 대신 붓다라자(붓다의 상)를 안치하면서 이런 종교 혼합주의는 마지막으로 불교까지 끌어안게 되었다.

크메르 예술과 건축

프랑스 학자들은 비문에 새겨져 있는 것들, 그리고 미학적 요소들과 건축적 요소들의 발전상(사원 건축 양식, 장식적 요소, 부조 양식 따위)을 토대로 크메르 예술과 건축을 14개의 시기로 나누었다. 후자는 물론 프랑스 학자들이 이런 중요한 연구를 하던 당시에 유행했던 역사적·미학적 취향과 밀접한 관계가 있을 것이다.

크메르 건축 가운데 현재 보존되어 있는 것은 벽돌과 돌로 지은 건축물뿐이며, 썩거나 부서지기 쉬운 재료로 지은 것들은 모두 소실되었다. 그러나 고고학적·역사적 증거들은 바라이와 수많은 운하와 댐으로 이루어진 광대한 치수 시설과 다리, 도로를 갖춘 군과 민, 종교 세력으로 구성된 도시 생활이 있었음을 확인해주었다. 하지만 크메르 문명의 가장 두드러진 특징은 뭐니뭐니해도 사원이다.

사원은 인도의 사원-산 전통에 따라 신들의 거주지인, 히말라야 북쪽의 메루 산을 지상에 옮겨놓은 것으로 여겨졌으며, 전통적으로 물(바다, 강, 호수)에 둘러싸여 있었고, 사원 둘레에 만든 해자와 근처에 있는 저수지는 이것을 상징적으로 표현한 것이었다. 사원을 지을 때는 도량형을 엄격하게 따랐으며, 아마 천문학적인 배치도 고려했을 것이다.

처음, 그러니까 앙코르 시대 이전부터 10세기까지는 사원을 지을 때 그냥 자연적으로 형성된 고지 꼭대기, 즉 사원-산을 나타내기 위해 신성한 링가를 보존하고 보호하는 사당 하나를 지을 만한 사각 평면이 있는 산이나 언덕 위에 지었다. 그리고 그 둘레에 해자를 파고 사당의 주요 입구까지 쭉 뻗은 둑길을 만들었으며, 사당의 주요 입구는 조각을 한 상

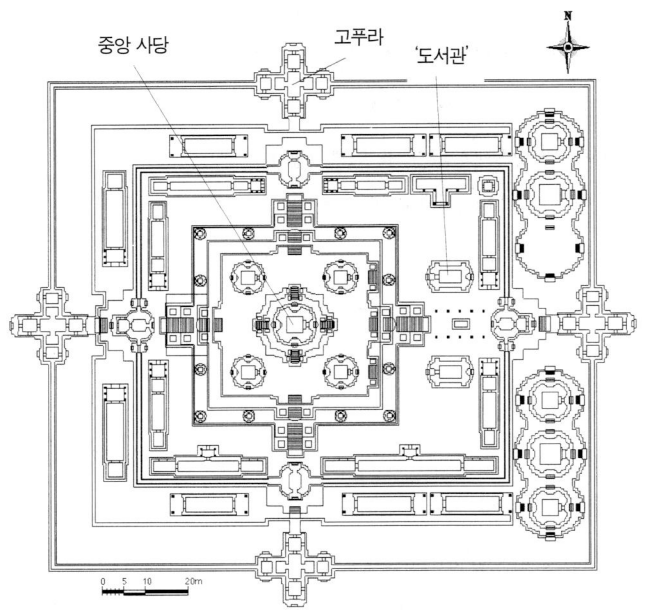

10 프레 룹의 중앙집중식 평면도

인방으로 장식했다.

그러나 사원은 갈수록 계단식 피라미드 형태로 변했다. 그리고 11세기에는 사원-산이 더욱 발전해 넓게 펼쳐진 기념비적인 테라스가 덧붙여졌다. 게다가 여러 가지 요소가 점점 더 복잡해지면서 사원 전체를 둘러싼 담이 만들어졌고, 정교한 고푸라가 세워졌는가 하면 사당에도 여러 가지 건물이 덧붙여졌다. 그중 하나가 이른바 '도서관'인데, 이것의 실제 용도가 무엇인지는 아직 밝혀지지 않았다. 어떤 사원들에는 사당이 여러 개 무리 지어 있었는데, 이는 대개 홀수로 구성되어 있었다.

사원의 평면도는 사각형에서 십자형으로, 거기서 다시 중앙집중식 원형으로 발전해나갔다. 앙코르 시대에는 사원의 평면이 두 가지 주요 형태를 띠고 있었는데, 하나는 하나의 중심을 향해 두른 담 안에 건물이 중앙집중식으로 무리 지어 있는 형태(그림 10)였고, 다른 하나는 코 케르처럼 하나의 축을 따라 주요 건물과 부속 건물이 줄지어 서 있는 형태였다.

크메르 건축물 가운데는 입이 딱 벌어질 정도로 놀라운 앙코르와트와 바욘 사원 같은 것도 있지만, 대다수는 별로 좋지 않은 재료(나무, 홍토, 흔히 부드러운 사암)를 썼거나, 혹은 그것을 안전하게 사용하지 않았기 때문에 그다지 튼튼히 지어지지 않았다.

기술적으로 보면 크메르인은 무게라는 짐에 의해 제약을 받는 내쌓기 기술로 차곡차곡 석판을 쌓아올려서 만드는 단순한 볼트(아치)의 단계에서 벗어나지 못했다. 그 결과 그들은 사원 사당 안에 커다란 방을 짓지 못하고 좁고 작은 방과 그것들을 잇는 통로밖에 짓지 못했다. 크메르 사원 건축 기술이 앙코르 시대 이전의 단순한 독방 구조에서 앙코르와트의 복잡한 구조로 놀라운 발전을 하게 된 것은 사회 조직의 확대, 노동력을 조직하고 공사하는 기술의 발전, 잉여 식량을 생산할 수 있는 관개 농업과 주기적인 수확 덕분이었다.

건축의 상징성

지금까지 크메르의 건축법을 다룬 논문은 발견되지 않았지만, 어쩌면 크메르의 건축가들은 『마나수라』와 『마야마타』 같은 인도 건축의 기본서(샤스트라)에 대한 지식을 어느 정도 갖고 있었을지도 모른다. 르네 뒤몽과 피에르 그리종, 필리프 파리 같은 학자들은 크메르 건축의 기본 규칙을 밝혀줄 뿐 아니라 사원의 천문학적·우주론적 상징 체계에 대한 이해에까지 도달하게 해주는 이론들을 제시했다. 그리고 최근에는 엘리너 마니카가 도량형에 초점을 맞춰 앙코르와트에 대해 20년 동안 연구한 결과를 발표했다. 그들은 크메르 건축의 밑바탕이 되었을지도 모를 다음과 같은 측면들을 살펴보았다.

1) 사원과 사원 사이의 거리에 대한 정확한 지리적 측정은 사원과 사원 사이에 어떤 일정한 연결망이 존재할지도 모른다는 걸 말해줄 것이다.

2) 사원의 건축적 요소들이 태양의 궤도와 관련해 정렬되어 있는 방식과 의식이 동서남북 기본 방위에 따라 행해지는 것의 중요성에 대한 자세한 연구는 천문학적·우주론적 상징체계를 밝혀줄 것이다.

3) 기하학적 형태와 이것이 사원의 평면도 안에 조직되어 있는 방식에 대한 정확한 측정은 그것들이 상징하고 있는 여러 가지 형태의 만다라를 반영하고 있을지도 모른다.

4) 사원 전체에 일정한 형태로 배열되어 있는 수많은 기본 측정 단위에 쓰인 듯한 숫자에 대한 평가를 보건대, 인도의 수점술(數占術)에서 알려진 이런 숫자들은 우주론적 상징 체계를 반영하고 있을지도 모른다.

크메르 건축이 일정한 상징성을 지니고 있다는 결정적인 증거는 바욘 사원의 남동쪽 모퉁이에 있는 기념비에서 볼 수 있을지도 모른다. 여기서 앙코르 톰이라는 도시는 메루 산 꼭대기에 있는 신들의 집회 장소인 수다르마에 비유된다. 이 건물을 지은 이들은 대승불교의 신봉자들이었지만, 그들은 산스크리트어로 쓰인 자료에서 33명의 신을 지키는 5명의 파수꾼(이 도시로 들어가는 5개의 성문에 있다)과 성문 앞 다리 위에서 나가를 끌어당기는 야크샤(자연의 정령)들, 4개의 기본 방위를 지키는 4명의 위대한 왕(성문에 있는 유명한 얼굴 탑), 성문의 모퉁이에 조각되어 있는, 머리가 셋 달린 코끼리 아이라바타를 타고 있는 가루다(비슈누 신이 타고 다니는 새—옮긴이)의 모습을 만들어내기 위한 영감을 얻었다. 이런 상징들은 크메르인이 데바(신)와 신들의 도시를 늘 파괴하려 하는 아수라(악마와 같은 괴물)의 싸움에 지대한 관심이 있었다는 것을 말해준다. 게다가 크메르 왕국은 신들의 세계를 나타냈고(피미아나카스 비문) 참 족은 아수라를 상징했기 때문에, 크메르인에 대한 참 족의 공격은 인드라의 신들의 도시에 대한 아수라의 공격과 마찬가지로 처음에는 기습 공격이 승리를 누리지만 곧 공격한 쪽의 파멸로 끝나야 했다. 자야바르만 7세가 세운 효과적인 방어 체계도 아수라가 어떤 새로운 공격을 해와도 막을 수 있도록 인드라가 신들의 도시에 설치한 방어 체계와 같은 것으로 이야기되었다.

부조의 기능

서양학자들은 부조가 다루고 있는 범위와 부조의 존재 이유뿐 아니라 그 의미가 부조의 기능과 밀접한 관련이 있을 가능성에 대해 끊임없이 이야기해왔다. 오늘날에는 사원에 조각된 부조를 앙코르의 종교와 신화, 역사, 윤리, 도덕에 관련된 중요한 개념들이 들어 있는 일종의 암호문으로 해석하는 경향이 있다.

이것은 부조가 그저 건축의 미학적 가치를 높여주는 장식적인 요소일 뿐이라는 이전의 견해를 약화시키고, 부조의 기능이 사원을 세운 사람들이 지니고 있던 어떤 중요 개념에서 나왔다는 견해를 뒷받침한다.

사원 회랑의 어느 특정 부분에 부조를 새길 때 정해진 계획에 따랐다는 증거는 없다. 하

11 앙코르 톰의 동쪽 입구에 있는 파수꾼(사진 : M. 프리먼)

지만 왕과 그의 신의 밀접한 관계, 브라만 계급의 배타성, 티전(秘傳)과 신비 의식과 의례를 채택한 것 등을 감안하면, 일반인들은 부조에, 그중에서도 특히 첫번째 담과 두번째 담 안에 있는 부조에는 접근할 수 없었을 것이다.

어쩌면 이 부조는 사원을 찾은 순례자나 방문객을 교육하고 계몽하기 위한 것이라기보다는, 왕실 구성원과 기존 종교 체계에서 힘과 권력을 가진 사람들을 위한 것이었을지 모른다. 그러나 특별히 중요한 축전이 있을 때는 일반인들도 사원의 일부 부조를 볼 수 있었을지 모른다. 그렇다 해도 그들은 아마 종교 지도자들의 안내를 받았을 것이다. 많은 부조들, 특히 앙코르와트와 바욘에 있는 것들은 충분한 지식이 없는 사람은 '읽기' 어려웠을 것이다.

하지만 크메르인이 인도의 원전을 따랐고, 인도의 도상이 그것을 형상화하는 과정에 분명한 영향을 미쳤으리라는 것은 명백하다. 그리고 그런 원전의 번역본과 꽤 복잡하고 정교한 산스크리트어 문장 스타일도 그런 형상을 창조하는 데 영향을 미쳤을 것이다. 따라서 종교적 지식이 없는 일반인들이 그 부조들을 직접 '읽지' 않고 성직자들이 중간에서 설명해주었을 가능성이 아주 높다. 그것들은 묘사된 장면을 쉽게 알아볼 수 있는 엘리트 계층의 기존 지식에 호소했다. 그리고 아마 십중팔구 부조의 내용을 처음 구상할 때 브라만들도 거기에 관여했을 것이다.

마술적 기능

쾨데(1936)는 크메르 조각에서 기념비적인 건물을 장식하고 있는 요소들(부조와 조각상)은 미학적 역할을 하는 게 아니라 '환기시키는' 기능, 즉 사원이 살아 있는 것처럼 느끼게 하는 기능을 한다는 견해를 피력했다. 그러니까 부조는 방문객을 교화하기 위해서가 아니라 신의 세계가 지상에 구현된 것을 나타내기 위해 새겨졌다는 것이다.

따라서 수리아바르만 2세의 이야기를 하고 있는 앙코르와트의 부조나 자야바르만 7세의 이야기를 하고 있는 바욘의 부조는 이런 왕들이 그곳에 진짜 존재하는 것처럼 그려져 사원에 생명을 불어넣었다. 그렇다면 부조에 새긴 상은 반드시 세부까지 정확해야 했을 것이다. 그렇지 않으면 신비한 의식을 치를 때 꼭 필요한 부분을 빠뜨리거나 잘못 거행되어 그 목적을 달성할 수 없었을 것이다. 이는 조각가들이 특정한 원전을 철저히 따르거나 그들의 해석이 모호해 보이지 않을 정도로 충분히 숙달할 수 있는 특정 도상 전통을 따르게 하는 결과를 낳았다. 그렇지 않으면 그들이 그린 장면이 무슨 장면인지 전혀 알아볼 수 없을 정도는 아니더라도, 무슨 장면인지 의문을 갖게 되거나 정확히 설명할 수 없었을 것이다.

나중에 쾨데(1943, 1964)는 앙코르와트의 〈천국과 지옥〉의 부조에 나오는 천상의 궁전들이 가루다와 사자들이 떠받치고 있는 날아다니는 정자와 같은 형태를 띠고 있다는 지적을 하면서, 부조가 사원을 천상의 건물로 변화시키는 신비한 기능을 하고 있다는 이론을 내놓았다. 그는 왕실 테라스에 있는 가루다와 기둥 역할을 하는 여성상에도 그것을 날아다니는 궁전으로 변화시키는 상징적인 의미가 있다고 말했다.

크메르 신화에서 '날아다니는 궁전'의 중요성은 이 지역 고대 전설까지 거슬러 올라간다(Marchal, 1955). 옛날에 프리아 케트 미알리아라는 젊은 왕자가 있었는데, 인드라프라스타(캄보디아의 옛 이름) 왕의 아들이었던 그는 아름다우면서도 완벽했다. 그런데 그가 얼마나 뛰어났던지 하루는 하늘에 있는 메루 산에 사는 인드라 신이 지상에 내려와 그를 데려가버렸다. 그러나 얼마 뒤 데바타(압사라와 같은 천상의 존재이나 메루 산에 산다)들이 사람 냄새가 난다고 불평하며 인드라에 대한 불만을 드러내자, 인드라는 그들을 달래야겠다고 생각하고 왕자를 다시 지상으로 돌려보냈다. 하지만 이때 인드라는 그를 위로하기 위해 그가 몹시 좋아하던 천상의 궁전과 똑같은 것을 지어주었다. 신들의 건축가인 프리아 푸스누카를 비롯한 모든 천상의 존재들이 궁전을 지었으며, 황소 난디가 그 위치를 프놈 바켕의 동남동쪽으로 정했다.

삼보르 프레이 쿠크(600~650)와 같이 앙코르 시대 이전에 지어진 사원은 대부분 화려하게 꾸민 작은 집을 그린 부조로 장식되어 있는데, 날개 달린 인물이나 동물들이 떠받치고 있으며, 사람들이 있기도 하고 없기도 한 이런 집들은 바로 신들이 타고서 공중을 날아다니는 궁전, 즉 비마나를 재현한 것이다.

그러나 이런 것은 잘 알려져 있는 인도 건축물이나 그것들이 조각되어 있는 크메르 건축물을 재현한 것이 아니기 때문에, 의장 도안가 또는 조각가들이 천상의 궁전을 표현하기 위해 동원했을 상상력을 아주 생생하게 보여준다.

종교적 기능

글레즈(1944)에 따르면, 크메르 사원은 (서양에서처럼) 대중적 숭배의 장소가 아니라 왕이나 귀족이 그것을 짓는 데 참여한 모든 사람에게 돌아갈 '공덕'을 받기 위해 경건히 세운 개인적 기념비였다. 따라서 신도들과 순례자들은 특별한 경우에만 줄을 지어 들어가 그곳에 새겨진 부조를 보고 읽었을 것이다(만약 읽을 수 있었다면 말이다). 그런데 이런 견해는 쾨데의 이전 연구에 토대를 둔 것이었다. 쾨데는 당시 비문에서 발견된 것을 토대로 주요 왕실 사원은 장례 사원, 즉 커다란 능과 무덤이었으며, 사람이 죽으면 신의 형상을 한 고인의 조각상을 세우고 그 위에 고인의 재를 뿌려 흩날리게 했다고 생각했다. 따라서 그것은 대중 사원이나 순례지가 아니라 크메르 왕이 다시 신으로 돌아가기 위해 마지막으로 머무는 곳이었다. 석관처럼 생긴 돌로 만든 용기의 발견은 앙코르의 유물들이 사원이면서 동시에 커다란 무덤이었다는 결론에 더욱 힘을 실어주었다. 사람들은 그곳에 신과 같은 특성을 가진 왕의 조각상을 세워 신격화했다.

장식적 기능

코랄 드 르뮈사(1951)는, 여러 가지 이야기를 들려주는 부조가 동물계나 식물계 또는 보석류에서 얻은 장식적인 모티프를 그린 부조들처럼 순전히 장식적인 기능만을 할 뿐이라고 믿었다. 따라서 이런 부조들은 독자적인 의미를 갖고 있어, 그것이 속해 있는 건축적인 요소를 고려하고 않고 그것만 보아도 된다고 생각했다.

읽는 순서

주로 앙코르와트의 부조와 관련해 논의된 이 문제는 많은 논쟁을 불러일으켰다. 르 보뇌르(1989)는 부조를 하나하나 차례로 읽어야 한다는 증거도 없고, 그것을 미리 정해진 일정한 순서에 따라 읽어야 한다는 증거도 없다는 올바른 지적을 했다. 회랑을 따라 늘어서 있는 문 달린 방과 모퉁이의 작은 방 때문에 그것은 어떤 순서로도 '읽기' 힘들었을 것이다.

또한 사원을 도는 순서 역시 장례식 때는 늘 사원을 왼쪽에 두고 걷고(프라사야), 축전 때는 늘 사원을 오른쪽에 두고 걸으면서(프라다크쉬나) 아마도 부조를 하나하나 읽었으리라는 생각을 포함하여 하나도 증명된 것이 없다.

설사 앙코르와트에 장례 사원과 같은 기능이 있었다 할지라도(이것 역시 증명되지 않았다), 사람들이 줄지어 프라사야 방향으로 걸었던 것이 부조를 읽기 위한 목적이었다고는 볼 수 없다! 게다가 회랑이 좁고 작은 방이나 사원의 높은 계단에 가로막혀 있는 곳이 많아 줄지어 걷는 것도 육체적으로 무척 힘들었을 것이다.

르 보뇌르(1995)는 앙코르와트의 커다란 부조 여덟 개의 읽는 순서를 찾아봤자 소용없다는 견해를 가지고 있다. 오히려 그보다는 부조들의 위치가 네 기본 방위가 갖는 중요한 상징성을 반영하고 있을 가능성이 높다고 보았다. 다른 모든 사원들과 달리 이 사원이 예외적으로 서쪽으로 문이 나 있다는 것은, 앙코르와트에서는 서쪽이 가장 중요한 방향이었

12 군인들의 세부. 앙코르와트, 남쪽 회랑의 서쪽 날개

으며 따라서 규칙에 따르자면 그다음으로 남쪽이 중요하다는 것인데, 이것도 동서남북에 일정한 위계질서를 세워 늘 북쪽에 가장 중요한 지위를 주었던 다른 사원과 대조되는 것이다. 그렇다면 앙코르와트에서는 북동쪽에 비해 남서쪽 사분면에 훨씬 중요한 의미가 부여되었을 것이며, 이는 북동쪽 사분면의 부조가 16세기에야 완성되었다는 사실에서도 증명된다.

자크(1990)에 따르면, 위에 덧붙인 판에 조각되어 있는 타푸온의 부조들은 밑에서 위로 읽어야 한다. 이야기의 줄거리를 알고, 이야기된 사건의 순서를 보면 당연히 어떤 방향으로 읽어야 할지 알 것이다.

프놈 룽의 부조는 읽는 순서는 몰라도 조각가들이 작업을 어떻게 했는지는 밝혀준다. 피샤르(1974)에 따르면, 여기서는 아래서부터 조각이 되었는데, 이는 목수들이 비계를 세울 때까지 조각가들이 기다려야 했기 때문이다. 그러나 일단 비계가 세워지면, 위에서 아래로 작업할 수도 있었을 것이다.

들어가며 39

조각된 부조가 들려주는 이야기

이 책은 9세기에서 13세기 사이에 주로 돌에 새겨진 크메르 부조에 초점을 맞추고 있다. 그런데 특히 부조에서 말하고 있는 이야기에 논의의 초점을 맞추었기 때문에, 이쯤에서 이런 용어들의 의미를 분명히 해두는 게 좋을 것 같다.

여기서 '이야기(narrative)' 또는 설화란 이야기의 주인공/주인공들(이야기에 나오는 인물/인물들)이 일으키거나 경험한 사건을 논리적·연대기적으로 말한 것이며, 이런 이야기들은 대개 일정한 방식이나 순서로 제시되었거나 조직되어 있다.

달리 말하면, 이야기란 어떤 스토리(story)나 전설, 장면을 말하면서 관련된 사건들을 하나의 일화(사건)나 시간이 지나면서 일어난 일련의 일화로 이야기한 것을 말한다.

크메르 부조의 이야기 기법에는 다른 모든 것들과 마찬가지로 두 가지 중요한 요소가 포함되어 있는데, 하나는 이야기로 엮이는 재료, 즉 사건과 행위자, 때와 장소이고, 다른 하나는 이런 재료들을 제시하는 일정한 방식이다. 여기서 사건이란 한 상태에서 다른 상태로 이행하는 것을 말하고, 행위자란 행위를 하는 주체(왕, 신, 군인, 크메르인, 코끼리 따위)를 말한다.

구체적인 이야기에는 이 밖에도 여러 가지 요소가 어우러져 있지만, 이런 요소들을 제시하는 순서와 일정한 시각(관점)은 이야기에 지대한 영향을 미친다. 그러나 사건의 배열이, 이야기를 부조의 형태로 만드는 것이 그냥 사건을 차례대로 판 하나하나에 그리는 것일 수도 있다.

크메르 부조에서 이야기하는 사건은 대개 인도 신화나 불교 신화(『마하바라타』『라마야나』, 불교 설화)에서 뽑은 사건이거나 크메르 역사에서 있었던 사실들(왕의 행렬, 참 족과의 해전)이다. 물론 바욘 사원에서 볼 수 있듯 일상을 그린 장면, 그러니까 '이야기'에 나오는 장면, 엄격히 말하면 크메르 신화에 나오는 것이 아닌 장면을 보여주는 부조들도 있다.

여기서 '부조(돋을새김)'란 흔히 돌에 얕게 새긴 조각을 말하며, 일반적으로 저부조(低浮彫) 또는 얕은 부조라고 부르는 것이다.

일반적으로, 여기서 사용된 매체는 시간 속에서 어떤 특정 순간만을 표현할 수 있게 해준다. 따라서 표현된 것에는 특수한 사건의 특정 순간이 들어 있거나, 하나 또는 그 이상의 사건 속에서 일어난 여러 가지 일화가 들어 있다. 이런 이야기는 '쿠룩셰트라 전투' (앙코르와트)처럼 하나의 판에 표현되기도 하고, '천국과 지옥' (앙코르와트)이나 바욘에 있는 거의 모든 부조처럼 위에 덧붙인 단에 의해 나뉜 여러 개의 판에 그려지기도 한다. 이 밖에 셋째 유형으로, 바푸온에 있는 부조처럼 하나의 이야기를 일련의 판에 잇따라 그린 것도 있다.

'조각가' 라는 말은 부조를 아마도 많은 사람이 구상하고 디자인하고 그렸으리라는 걸 인정하여 일반적인 의미로 사용했으며, 따라서 실제로 돌에 얕은 부조로 조각을 하기 전에는 이들이 꼭 조각가가 아니었을 수도 있다. 그래서 실은 이들을 '상(像)을 만든 사람들'이라고 부르는 게 더 적절할지도 모른다. 인도에서는 숭배를 하기 위해 만드는 구체적인 상은 반드시 실핀(=장인), 요긴(=요기), 사다카(=숙련자), 또는 그냥 루파카라나 프라티마카라(=상을 만드는 사람) 같은 여러 가지 이름으로 불렸을지도 모르는 전문적인 장인들이 새겼다.

크메르 예술과 사회 속의 여성

크메르 신화와 사회에서 남성은 곧 세계의 중심이며, 여성은 거의 이 전능한 타자와 관련해서만 자신을 정의한다. 사회의 주요 관심사는 정실과 첩의 지위를 분명히 가르는 것이었고, 두 범주 모두 여러 명일 수 있었다. 왕에게 가장 중요한 인물은 '아그라마히시'라는 본처였으며, 그녀는 왕의 배우자이자 왕의 자손의 어머니라는 지위 때문에 크메르 사회에서 상당한 영향력을 발휘했다.

따라서 그녀는 왕궁에서 아주 강력한 위치에 있었고, 왕에게 대를 이을 아들을 낳아주면 지위는 더욱더 올라갔다. 게다가 음모와 암살, 반란이 판치는 분위기에서는 심지어 왕위를 계승할 새로운 후계자마저 지명할 수 있었다.

왕위를 계승할 직계가족이 없을 때는 왕가의 구성원이 어머니나 아내의 가계를 통해 적법한 후계자가 될 수 있었다. 마찬가지로 왕이 너무 어려 통치를 할 수 없을 때는 대개 여성의 가계에서 섭정을 뽑았다. 그리고 왕위 찬탈자들은 자신의 지위를 정당화하기 위해

전왕의 딸이나 아내와 결혼했다. 따라서 적어도 왕실 차원에서 크메르인에게는 모계가 부계보다 더 중요하지는 않았어도, 이에 못지않게 중요했다.

크메르 역사에서 평민 여성의 역할에 대해 알려진 것은 거의 없다. 여성들 가운데 제대로 기록되어 있는 것은 자야바르만 7세의 아내들뿐이다. 그의 본처는 인드라데비였는데, 첫 아내이자 인드라데비의 큰언니였던 자야라자데비가 죽은 뒤 왕은 그녀에게 정비(正妃)(아그라마히시)의 칭호를 주었다.

인드라데비가 언니를 추모해 지은 피미아나카스의 거대한 비문은 이 두 왕비의 성격을 잘 보여준다. 자야라자데비는 자야바르만 7세가 왕자일 때 결혼해, 그의 운명에 따라 오랫동안 떨어져 있으면서 그의 안전을 걱정해야 했다. 그녀는 남편의 성공과 복귀를 위해 거의 일생 동안 엄격한 고행의 길을 걸었다. 그러나 이 모든 고난도 그녀의 아름다움에는 영향을 미치지 못했다. 그녀는 영적 수련을 하면서 동생 인드라데비에게서 붓다를 고뇌의 불과 고통의 바다를 통해 다가갈 수 있는 연인으로 여기라는 가르침을 받았다.

자야바르만 7세가 승리해 왕 중의 왕으로서 앙코르에 돌아오자, 그녀는 너무 감사한 나머지 남편과 함께 그들의 재산을 모두 세상에 나누어주기로 한다. 신들과 가난한 사람들이 쓸 수 있게 왕실의 보물이나 다름없는 제례 용품을 희사하고 궁핍한 사람들에게는 먹을 것을 주었다. 그러나 너무 엄격한 고행을 많이 하다보니 기가 소진해버렸는지 불행하

13 시장 여인들. 바욘, 바깥 회랑(사진 : M. 프리먼)

14 자야바르만 7세. 바욘, 안쪽 회랑(사진 : EFEO)

15 배를 타고 있는 공주. 바욘, 안쪽 회랑(사진 : M. 프리먼)

게도 그녀의 행복은 오래가지 않았다. 그리하여 비문에 따르면, "사랑하는 남편에게 늘 충실했으나 남편이 더 많은 권력을 부여받은 지 얼마 안 되어 니르바나로 들어갔다". 그녀가 죽자 큰 슬픔에 잠긴 왕은 그녀의 동생 인드라데비를 왕비의 자리에 앉혀, "세상을 불태워 버릴 듯한 고통의 불"을 견뎌냈다.

우아하기 이를 데 없는 순수한 여성으로서 왕에게 헌신했던 인드라데비는 교양과 지성이 넘치는 인물이었다고 한다. 그래서 왕은 그녀를 두 주요 사원의 수석 교사로 임명했고, 그녀는 "늘 자신의 지식을 그곳에 모인 수많은 여성들에게 나누어주었다"(피미아나카스 비문).

이 자리가 웅장한 인도 서사시에 나오는 여자 주인공들의 역할을 비판적으로 살펴보는 자리는 아니지만, 일반적으로 여성들은 이야기에서 수동적인 요소로 취급되었던 듯하다. 여성들은 남자의 열정을 불러일으키기보다는 그들의 열정에 응하기 위해 존재했다. 따라서 크메르 도상에서 여성들이 중요한 역할을 하지 못하는 것은 놀라운 일이 아니다. 하지만 지상의 여성들과 달리 천상의 여성들이었던 압사라는 인기가 아주 좋아, 신들과 관련

들어가며 43

16　압사라(사진 : M. 프리먼)

된 이야기 부조에는 거의 등장하여 그들을 지켜보고 지원한다. 그러나 그냥 신들의 낙원에 있는 여성인 데바타는 압사라에 비해 흔히 볼 수 없지만, 사원의 주요 문을 지키는 등 여러 가지 역할을 했다.

　지상의 여성이 왕실에 관여한 예는, 13세기에 주달관이 왕이 궁을 떠날 때마다 왕을 수행한 "왕실의 호위대인 창과 방패를 든 소녀들"의 부대에 대해 기술하고 있는 것에서 발견할 수 있다. 그리고 아마 이것의 "전례"는 나가 공주가 크메르 예술에서는 유일하게 여성으로 구성된 군대를 이끌고 카운디냐 왕자와 싸우는 것을 그린 것으로 해석된 앙코르와트의 박공벽(그림 189)에서 볼 수 있을 것이다(Bhandari, 1995).

　이에 더해 앙리 무오는 저서 『시암·캄보디아·라오스 여행, 1858~1860』에서 그가 방문했을 때 본 "아마존의 전사처럼 왕을 호위하고 있는 여성들"의 화려한 모습을 보여주었다.

연대별로 간략히 살펴본 크메르 양식

시기		연도	양식
앙코르 시대 이전	푸난	300~450	'푸난'
		450~540	프놈 다
	첸라	600~650	프레이 쿠크
		700~750	프라사트 안데트
		706~825	캄퐁 프리아
이행기		825~875	프놈 쿨렌
앙코르 시대	초기	875~893	프리아 코
		893~925	바켕
		921~945	코 케르
		947~965	프레 룹
	중기	946~1000	반티아이 스레이
		965~1010	클리앙
		1010~1080	바푸온
	후기	1100~1175	앙코르와트
		1177~1230	바욘
		1230~1431	바욘 이후
앙코르 시대 이후		1431 시암 족이 결국 앙코르를 정복	롭부리 타이-크메르

17 시타를 유괴하는 락샤사 라바나 (사진 : M. 프리먼)

크메르 신화와 전설

원천

크메르 신화의 가장 중요한 원천은 고대 인도의 힌두교와 불교 원전에서 찾을 수 있다. 기원전 400년부터 기원후 400년까지 쓰인 웅장한 인도 서사시들은 역사가 네 개의 주기 또는 시대(칼파)로 나뉘어 있다는 생각에 바탕을 두고 있다. 처음(첫째 시대)에는 정의와 질서가 세상을 지배했다. 그런데 시간이 지나면서 세상은 신들이 세상을 파괴하고 새로이 창조해야겠다고 결심할 정도로 나빠졌다. 『라마야나』는 질서가 공격받기 시작한 둘째 시대에 자리잡고 있다. 그리고 『마하바라타』는 셋째 시대가 끝날 즈음을 시대적 배경으로 하고 있으며, 여기서 이야기되는 내전으로 마침내 세상의 질서가 무너져 불의가 판치는 넷째 시대가 온다. 그러나 이들 서사시는 질서가 없는 어지러운 시대에도 의미와 목적을 발견할 필요가 있음을 강조한다.

『마하바라타』는 아주 오랜 전통에 바탕을 둔 신화적인 주요 서사시로, 처음 쓰인 시기는 기원전 400년까지 거슬러 올라가지만 기원후 300년쯤에 완성되었을 것이다. 이것은 아주 먼 옛날부터 전해 내려오는 신화와 전설, 의례, 도덕, 계보에 관한 이야기가 가득한 방대한 작품으로서, 저자 자신뿐 아니라 인도 최초의 왕들의 선조 역시 초자연적인 기원을 가지고 있다고 이야기한다. 시간이 지나면서 이는 고대 신화와 전설, 법률, 윤리적 개념들이 저장된 이른바 방대한 백과사전이 되었다.

『일리아스』와 『오디세이아』를 합한 것보다 열 배나 긴 방대한 『마하바라타』의 핵심은, 쿠룩셰트라 전투에서 절정에 이르는 판다바 형제와 그들의 사촌 카우라바 형제 사이의 치열한 전쟁이다.

　크메르의 이야기 부조에는 『라마야나』의 사건이나 크리슈나 이야기는 자주 나오면서도 이와는 대조적으로 『마하바라타』의 장면은 아주 드물며, 그것도 대부분 마지막에 벌어지는 쿠룩셰트라 전투에 집중되어 있다. 어떤 학자들은 우유의 바다 휘젓기를 『마하바라타』에 나오는 이야기에 포함시키기도 하지만, 그것을 『바가바타 푸라나』에 나오는 이야기로 보는 학자들도 있다.

　『라마야나』는 기원전 200년에서 기원후 200년 사이에 지어졌다. 이것은 운문 형태로, 비슈누가 지상에 내려와 라마 왕자가 되어 벌이는 모험뿐 아니라 첫 책과 마지막 책에서 다른 중요한 신화에 대해서도 말하고 있다.

　『푸라나』는 아마 가장 방대한 신화적 재료의 원천이자 인도 사상의 보고일 것이다. 『푸라나』는 같은 신화도 다른 식으로 이야기한 여러 가지 판본이 존재한다. 그러나 캄보디아에서 가장 인기가 있었던 것은 『바가바타 푸라나』와 『하리방샤』로, 둘 다 기원후 10세기쯤에 쓰였다.

　불교 신화와 전설은 붓다의 계보에 대해 기술하고 있는 『붓다방샤佛種姓經』라는 기본서와, 역사상의 붓다에 앞서 존재했던 24명의 붓다에 관한 547가지 이야기가 포함되어 있는 자타카와 관련이 있다. 그리고 베산타라 왕자의 이야기를 하고 있다 하여 『베산타라 자타카』라고 불리는 책은 모든 것을 대가 없이 베풂으로써 결국은 모든 것을 버리는 행위를 찬양하는 책으로, 캄보디아에서 잘 알려져 있었다. 이들은 모두 기원전 2세기부터 문자 형태로 볼 수 있었다. 주로 민간전승을 통해 구전된 자타카는 신도들의 상상력을 뒤흔들 수 있는 풍부한 시각적 이미지 탓에 아주 인기가 높았다.

　역사상의 붓다인 싯다르타 고타마 또는 석가모니의 생애는 동남아시아에 퍼져 있는 여러 판본이 이야기하고 있으나, 이들은 모두 붓다가 세상을 떠나고 몇 세기가 지난 뒤에야 쓰였다. 그 가운데 비교적 많이 알려진 것이 『붓다차리타佛所行讚』와 그보다 짧은 『랄리타비스타라(普曜經 또는 方廣大莊嚴經)』인데, 크메르인은 일반적으로 후자를 채택했다.

　인도와 동남아시아의 일부 문화에서는 고대 신화와 전설에 나오는 특정 사건들을 뽑아

18 크리슈나와 아르주나. 앙코르와트, 서쪽 회랑의 남서쪽 날개(사진 : J. 폰카르)

그것으로 현실에 대한 생각을 표현했다. 그리하여 리치먼(1991)은 몇몇 나라에서는 사람들이 『라마야나』에서 특정한 이야기들을 선택적으로 잘라내 『라마야나』의 주요 전승에 도전했다는 것을 알았다. 이렇게 생략해서 줄이는 과정을 통해 어떤 사건들은 더욱 강렬해지고 더욱 풍부해지는데, 이는 그것이 사람들의 궁극적인 관심사를 표현하고 있기 때문이다. 원전에서 일부를 떼어내 이야기하거나 어떤 사건의 맥락을 해체하고 이야기하는 것은 전체의 본질을 드러내기 위해서이다. 그러나 이렇게 특정 문화에 특정한 의미가 있는 사건들을 찾는 와중에 그것은 당연히 원전에 없는 새로운 의미를 낳기도 한다.

이와 같은 선별과 발췌는 특히 『라마야나』 『마하바라타』와 관련하여 크메르 문화에서도 일어났다. 『라마야나』의 뚜렷이 구분되는 두 부분—첫째 부분은 다샤라타 왕의 궁정을 중심으로 해서 일어난 역사적인 사건들에 대해, 둘째 부분은 경이와 환상으로 가득 찬 고대 신화에 대해 이야기하고 있다—중에서 크메르인은 그들의 부조에 후자를 새김으로써 그들이 상상의 세계와 신화적인 이야기를 무척 좋아한다는 것을 보여주었다.

그런데 이 둘째 부분에서도 선별과 발췌가 이루어져, 그들은 커다란 조각판에 전투 장면을 그리기를 좋아했다. 여기에는 여러 가지 이유가 있을 것이다. 전쟁 중의 전쟁이랄 수 있는 신들의 웅장한 전쟁을 자신이 현실에서 벌이고 있다고 믿은 강력한 왕이 그것을 선택했을지도 모르고, 늘 전쟁에 시달리던 크메르 사람들이 가까운 조상들과 동일시했던, 그들이 좋아하는 신화 속 영웅들도 그와 비슷한 고통을 겪었을 거라고 상상하며 거기서 위안을 얻었을지도 모른다. 그리고 그다지 재미있는 가정은 아니지만, 앙코르와트와 바욘의 회랑에서도 볼 수 있듯이, 그렇게 커다란 벽면을 채우기에는 전투 장면이 제격이었을지도 모른다.

마찬가지로 『라마야나』의 18세기 태국 판본인 『라마키엔』에서는, 힌두의 『라마야나』에서는 가장 중요한 사건이었던 이별과 재회가 흥미진진한 전쟁의 세부적인 양상이나 전쟁 기술 또는 멋진 무기만큼 중요하지 않았다(Ramanujan, 1991).

크메르인 역시 『마하바라타』에서 큰 줄기를 이루고 있는 사건들보다 『바가바드기타』 이야기를 좋아했다. 『바가바드기타』는 그 안에서 펼쳐지는 18일 동안의 쿠룩셰트라 전투와 비슈마의 희생 그리고 아르주나와 크리슈나가 전투중에 벌이는 대화로 상상력과 정신에 훨씬 크나큰 자유를 주었다.

골드먼은 인도 서사시에 대한 독창적인 연구에서 인도 서사시에 '오이디푸스' 테마가 널리 퍼져 있다는 것을 부각시켰다. 대부분의 인도학자들(1978, 1984)은 이런 정신분석학적 접근 방식을 거부했지만, 그는 그리스 신화에 나오는 아버지-어머니-아들의 고전적인 삼각관계가 여기서는 정신적인 지도자인 구루-구루의 아내-젊은 남성의 삼각관계로 변형되어 있다고 보았다. 이것의 가장 좋은 예는 주저하지 않고 아버지에게 복종하는 모습을 보여주는 라마와 다샤라타의 부자관계에서, 또는 『마하바라타』에서 밥루바하바나가 침입자인 아버지 아르주나와 싸워야 할 의무와 자식으로서 복종해야 할 의무 사이에서 괴로워하는 것이다. 마찬가지로 『바가바드기타』의 앞머리에서 아르주나는 '카우라바 형제의 할아버지'인 비슈마를 죽이고, 자신을 거둔 양아버지를 살해한 것에 죄책감을 느낀다.

아버지를 공격하고 싶어하는 아들의 충동과 어머니에 대한 애착을 숨겨야 할 필요성은 인도와 서양에서 인도에는 진정한 오이디푸스 신화가 없다는 생각을 낳았다. 하지만 골드먼의 견해로 볼 때, 수동적이고 소극적 유형의 영웅에 대한 전설은 인도의 힌두 사회에서 특별한 위치를 차지하고 있다.

앞에서 보았듯, 힌두 신화를 제멋대로 이용하고 요약하는 과정은 불교 신화와 전설에서도 비슷하게 일어났다. 크메르 조각가들은 붓다의 삶에서 일어난 일화 가운데 그의 가르침의 자비로운 측면을 강조하는 일화들을 골랐다. 그리고 대승불교 사상 전체의 본질을 나타내기 위해 보살의 이미지도 부각시켰다.

라마의 전설

1. 『라마야나』

『라마야나』라는 서사시는 지상에 모습을 나타낸 비슈누의 화신 가운데 하나인 라마 왕자의 이야기이다. 전통적으로 이것은 라마의 모험을 연대순으로 이야기하고 있는 일곱 권의 책(칸다)으로 나뉘어 있었다. 『라마야나』 판본 가운데 가장 널리 알려지고 인기가 있는 것은 시인 발미키가 이야기한 것이다. 하지만 캄보디아에서 채택한 판본은 몇 가지 점에서 이와 다른 듯하며(Martini, 1938), 원래 인도에서 나온 원전의 사건 가운데 몇 가지만 수록되어 있어 불완전하다. 예를 들어 발미키의 판본에서는 라마가 아름다운 시타를 상으로 얻기 위해 마법의 활을 들어올릴 수 있다는 걸 증명해야 하는데, 캄보디아 판본에서는 경기 참가자들에게 움직이는 바퀴 뒤에 있는 새를 맞히도록 한 뒤, 그보다 훨씬 복잡한 활쏘기 시합을 벌이게 한다. 그러나 이런 변형은 원전을 왜곡한 탓이라기보다는 지역에 맞게 바꿀 필요가 있었기 때문일 것이다.

영웅 라마의 이름은 크메르어로는 '리암'이며, 따라서 17세기부터 캄보디아에서는 라마 전설이 『리암케르』로 알려지게 되었다(Saveros Pou, 1980~1990). 그러나 이는 또 라마의 영광을 뜻하는 『라마케르티』와 라마 이야기를 뜻하는 『라마키엔』으로도 일컬어졌다. 『라마야나』의 태국 판본인 『라마키엔』은 라마 이야기에 불교의 원리를 적용해 현실 세계에 무심하고 다르마(佛法)를 받아들이는 것을 미덕으로 찬양했다. 라마 이야기는 불교의 원리처럼 계급과 종교, 문화적 배경, 언어의 경계를 가로지르는 폭넓은 이야기이다.

『라마야나』 이야기를 간략히 요약하면 이렇다. 카일라사 산을 뒤흔든 것으로 유명한 거인인 락샤사(악마) 라바나가 온갖 배신과 변절을 일삼자, 이를 보다 못한 신들이 모두 나가(뱀) 아난타 위에 누워 있던 비슈누에게 찾아가 제발 지상에 내려와 라바나와 싸워 질서와 평화를 회복해달라고 빌었다. 그러자 신은 라마로 변해 아요디아에 있는 다샤라타 왕의 궁정에서 그의 아들로 태어난다. 청년이 되자 그는 자나카 왕의 도시에 들어가 활쏘기 시합을 벌여 가장 귀중한 상인, 자나카 왕의 아름다운 딸 시타를 얻었다. 그들은 결혼해 행복하게 살았으며, 라마는 나중에 아요디아 왕궁에서 왕위를 이을 후계자로 지명된

19 마리카를 죽이는 라마. 앙코르와트, 남서쪽 모퉁이의 작은 방(사진 : EFEO)

다. 그런데 그의 아버지는 궁정의 음모 탓에 마음을 바꿔 아들을 도시에서 추방해 황야로 내쫓아버리라고 한다.

    라마가 기꺼이 왕위 계승권을 포기하고 숲으로 떠나자, 그의 곁을 떠나고 싶지 않았던 아내 시타와 동생 락슈마나가 따라나선다. 락슈마나는 그 뒤에도 몇 번이나 이들 부부에 대한 헌신을 보여준다. 그들은 14년 동안이나 황야를 떠돌면서 라마와 결혼하겠다고 떼쓰는 락시니 슈르파나카(라바나의 여동생)의 코와 귀를 잘라내기도 하고, 락시니 타타카(마리카의 어머니)와 라마를 유인하기 위해 황금 사슴으로 변한 락샤사 마리카를 죽이기도 하고, 락샤사 비라디야가 시타를 유괴하려고도 하고, 괴물 카반디야와도 마주치는 등 여러 가지 모험을 하게 된다. 그러나 이런 사건들 가운데 절정은 랑카 왕국의 통치자인 사악한 왕 라바나가 시타를 유괴한 것이다. 라마의 친구인 독수리 자타유스는 시타를 구하려다 치명적인 상처를 입는다. 걷잡을 수 없는 슬픔에 미칠 것 같았던 라마는 사랑하는 아내를 찾아 숲속을 돌아다니다 추방당한 원숭이 왕자 수그리바를 만나고, 아내를 되찾기 위해 그와 동맹을 맺는다. 하지만 그 대신 라마는 수그리바가 왕권을 되찾을 수 있도록 그의 형인 반란자 발린을 죽여야 했다. 라마는 또 흰 원숭이 장군 하누만과 그의 강력한 원숭이 부대의 충성스런 지원도 얻게 된다.

그리하여 라마는 하누만을 멀리 보내 시타를 숨겨놓은 곳을 찾게 한다. 하누만은 여러 가지 이상한 모험 끝에 독수리 삼파티(자타유스의 형제)의 도움으로 가까스로 그녀가 랑카에 있는 라바나의 왕궁에서 락시니의 감시를 받고 있다는 것을 알아낸다. 아카시아 숲에서 시타를 만난 하누만은 그녀에게 라마의 반지를 주어 어떻게든 시타를 구하겠다는 그의 뜻을 전한다. 그러나 겉보기에 시타는 라바나에게 융숭한 대접을 받은 듯했고, 라바나는 이 상황을 이용하고 있지 않았다. 하누만은 그의 꼬리에 놓은 불로 라바나의 왕궁을 불태운 뒤 서둘러 라마에게 돌아간다.

라바나는 라마와 그의 원숭이 군대를 물리치고 죽이려다가 오히려 격퇴를 당하고 엄청난 손실을 입는다. 라바나는 시타를 라마에게 돌려주고 이 피비린내 나는 전쟁을 끝내라는 현명한 동생 비비샤나의 충고에 따르지 않고 그를 랑카에서 추방한다. 그러자 비비샤나는 군대를 이끌고 라마에게 투항해, 라바나를 물리칠 수 있는 가장 좋은 방법을 조언해 준다.

그리하여 라마는 아내를 되찾기 위해 랑카를 공격하기로 결심하고, 랑카 전투에서 신비한 힘을 가진 막강한 하누만과 수그리바가 이끄는 라마의 원숭이 동맹군이 라바나가 이끄는 락샤사 군대를 상대로 치열한 공방전을 벌인다. 그러나 혼전 끝에 라마는 단 한 번의 싸움으로 라바나를 죽이고, 라바나의 아들 인드라지트(메그하나다로도 알려져 있다)도 락슈마나와의 무시무시한 싸움 끝에 목숨을 잃는다. 이때 락슈마나도 큰 상처를 입지만, 수셰나(원숭이 장군, 타라의 아버지)의 영약으로 치료를 받는다.

라마는 사람을 보내 시타를 데려오게 하지만, 그녀가 라바나의 궁전에서 살았다는 이유로 다시 받아들이려 하지 않는다. 그러고는 그녀가 부정을 저지르지 않았다는 것을 불의 시련을 통해 증명해야 한다고 주장한다. 그러나 시타가 불의 시련을 견뎌내자 그들은 마침내 다시 결합한다. 현명한 비비샤나를 랑카의 새로운 왕으로 임명한 뒤, 라마는 그의 유명한 전차 푸슈파카를 타고 아요디아로 개선하여 왕위에 오른다.

크메르 신화에서는 여기서 이야기가 끝나는 듯하며, 라마가 시타의 순결을 문제 삼으며 매몰차게 대한 것과 같은 중요한 문제들뿐 아니라 다른 사건들도 대수롭지 않게 다루었다. 크메르인이 『라마야나』에서 어떻게, 왜 특정한 사건들만 골랐는가 하는 문제는 그들이 현실을 보는 시각에, 그리고 그들이 자신들의 정치적 견해를 전달하고 종교적 가르침을 주입시킬 필요성에 그 해답이 있을 것이다.

발미키는 이 이야기의 주인공인 라마를 쉽게 포기하는 사람으로 그렸다. 라마는 자신의 무예와 용맹을 자랑스러워하지도 않고, 왕위를 이을 수 있는 권리도 주장하려 들지 않는다. 마침내 왕위에 올랐을 때도 험담을 일삼는 사람들의 구설수로부터 사랑하는 아내를 보호하려 하지 않는다. 그는 온갖 불의를 받아들이면서 자기 감정을 완벽히 통제한다.

이 이야기의 도덕적 메시지는 선은 결국 악을 이기고, 온갖 장애에도 사랑은 결국 승리하며, 형제애와 서로 돕는 우정 또한 승리하고, 라마가 모범적인 행동으로 우리에게 가르쳐주는 것이 많다면 스승과 제자 관계 또한 승리한다는 것이다.

어떤 학자들은 라마와 그의 원숭이 동맹군이 랑카의 야만적인 락샤사와 싸운 전쟁이 어떤 역사적 현실을 반영하고 있을지도 모른다는 견해를 내비쳤다(Goldman, 1990). 따라서 락샤사는 어쩌면 아리아인의 세력 확장에 적대적이었던, 남인도와 스리랑카의 드라비다 족 같은 부족을 가리키는 것일지도 모른다. 이와 반대로 원숭이들은 그 지역에서 계급이 높은 아리아인에게 호의적이었던 부족일지도 모른다.

캄보디아의 크메르인 지배 계급은 『라마야나』에서 자신들의 상황과 비슷한 점을 보았을지도 모른다. 그래서 크메르의 지배와 팽창에 줄기차게 저항하는 야만적인 부족 집단과 싸우기 위해서는 문화 수준이 낮은 지역의 족장들과 동맹을 맺는 것이 중요하다는 것을 깨달았을지도 모른다. 게다가 크메르 왕들이 자신을 악의 세력에 맞서 싸운 신의 화신인 라마에 비유했을 수도 있다.

『라마야나』는 도덕적 우화의 기능을 가지고 있었으며, 이야기의 영웅 라마는 인간 행동의 모범이 되는 인물, 완벽한 인간, 보통 사람들이 열심히 노력하여 추구해야 할 이상 역할을 했다. 인도인의 일상적인 관습에서 보더라도 그는 자기 인생 목표를 아버지의 인생 목표에 종속시키는 완벽한 아들이었으며, 아내에게 충실하면서도 기본적으로는 비극적인 서사시의 매력적인 영웅이었다.

처음에는 『라마야나』에 이렇다 할 뚜렷한 신학적인 기능이 없었지만, 그것을 요구하게 된 것은 라마가 지상에 모습을 나타낸 비슈누의 화신이었기 때문이다. 따라서 이것은 경건한 책, 자신의 죄를 정화할 수 있는 성스러운 이야기가 된다.

자야바르만 7세 때는 『라마야나』를 왕의 일생을 비유한 이야기로 보았다. 라마처럼 그도 부당하게 추방당해 악한 세력과 싸워야 했고(참 족이 락샤사와 동일시되었다), 그런 뒤에야 앙코르에 돌아와 다시 왕위에 오를 수 있었다. 시타는 캄보디아를 상징했고, 그녀를 자유롭게 하는 것이 왕의 목표였다.

주제의 선택

다양한 일화를 그린 이야기 부조는 흔하지만, 가장 인기 있는 주제는 전쟁 장면, 그중에서도 특히 대규모 전쟁 장면이다. 이런 장면들은 대개 라마와 라바나의 대결과 그들의 군대가 벌이는 대결을 그리고 있으며, 그런 장면을 채우고 있는 대부분은 그와 관련된 전사와 기마병, 궁수, 원숭이, 전차 같은 것이다.

그러나 부조에서 라마의 아버지와 그의 유년기를 그리고 있는 첫 권 『발라 칸다』와 시타를 받아들이지 않은 것을 포함해 그녀를 구한 뒤 일어난 사건들에 관해 이야기하고 있는 마지막 권 『우타라 칸다』에 나오는 신화와 전설에 대해 이야기하고 있는 것은 거의, 아니 전혀 없다. 어쩌면 크메르인들은 그것은 가장 순수한 전통에 속하지 않는다고 보았을지도 모른다. 실제로 현대 문헌학자들은 어쩌면 이런 책들은 나중에 덧붙여졌을지도 모른다는 견해를 내놓았다. 그렇지 않다면, 당시에는 그 책들이 캄보디아에는 알려져 있지 않았거나 설사 알려져 있었다 할지라도 그 내용을 지배 계층에서 받아들일 수 없었을지도 모른다는 것이다.

『라마야나』에서 가장 인기 있는 사건은 시타의 결혼 약속을 얻어낸 궁술 대회이다. 그러나 라마와 시타의 결혼에 관해 보여주는 것은 아무것도 없으며, 그들의 사생활 또한 마찬가지다. 숲속을 그린 장면에는 궁술 대회 다음으로 손꼽히는 사건인 추방과 방황, 고행자와의 만남, 도깨비 슈르파나카와의 대결 같은 것이 나와 있고, 몇몇 부조에는 황금 사슴을 쫓아가 죽이는 장면도 있다. 그러나 시타의 유괴는 부조에서 거의 보이지 않으며, 용감하게 그녀를 구하려 했던 독수리 자타유스의 이야기 또한 마찬가지다. 즐겨 표현된 사건은 유배되어 있던 시타가 숲에서 슬픔에 잠겨 있다가 하누만의 방문을 받고 라마에 대한 일편단심을 말해주는 징표로 라마에게 줄 반지를 건네는 것이다.

또한 랑카 전투를 준비하는 장면은 하나도 없는 데 반해 전투 자체가 절정에 올라 혼전 양상을 보이고 있는 것은 아주 열정적으로 표현되었다. 그런데다 보병들이나 라마와 라바나, 그들의 장군 같은 영웅들보다 원숭이들이 더 열정적으로 그려져 있어, 그들이 사건의 진짜 주인공이 되어버렸다. 그들은 공중을 날아다니며 라바나 군을 공격하면서, 싸우고 있는 주요 등장인물의 주위에서 락샤사 군의 머리카락을 잡아당기기도 하고 그들을 깨물기도 하고 그들을 갈가리 찢어버리기도 한다. 그런가 하면 그들이 즐거운 듯 서로 싸우고 있는 장면도 자주 볼 수 있고, 때로는 그들이 북을 치며 춤을 추기도 한다. 하지만 몇몇 장면에서는 그들이 조용히 있을 수도 있다는 것을 보여주며, 인정 많은 태도를 보여주는 것들도 있다. 그러나 시타가 붙잡혀 있는 동안 라바나가 그린 그녀의 초상화를 발견한 라마가 질투심을 느끼고 결국 그녀의 정절을 의심한 나머지 그녀에게 불의 심판을 받게 한 것에 대해 이야기하고 있는 것은 하나도 없다.

게다가 시타가 불의 시련을 당하는 것을 그린 부조는 아주 드물고, 라마가 말을 제물로 바치는 것은 빠져 있으며, 라마와 시타가 마침내 왕위에 오르는 장면 또한 마찬가지다.

다음에는 크메르 조각가들이 가장 즐겨 그린 이야기들을 골라 가장 중요하고 완벽히 잘 보존된 부조에만 설명을 붙여놓았다. 다른 이야기들은 사원을 하나하나 다룬 장에 소개되어 있다.

카일라사 산을 흔드는 라바나

시바와 관련된 이 이야기에서 카일라사 산은 사람들과 괴물들이 사는 우아하게 장식된 계단식 피라미드로 그려져 있다. 머리와 팔이 여러 개 달린 거인이며 락샤사들의 왕이자 랑카의 통치자인 라바나가 시바와 그의 아내 우마의 집인 이 산에 갔는데, 수문장인 거대한 원숭이가 들어가지 못하게 가로막는다. 그러자 화가 치민 라바나는 시바의 관심을 끌기 위해 산의 밑동을 들어 흔들어댄다. 그러자 산에 사는 온갖 것들이 질겁해 벌벌 떨고, 우마 또한 우아한 자세로 시바의 가슴에 바짝 달라붙는다. 그러나 시바는 그저 발끝으로 산을 가볍게 눌러 라바나가 산 밑에 깔려 짜부러지게 했다. 결국 라바나는 시바의 위력을 인정하고 천 년 동안 그를 칭송하는 노래를 부르고, 이에 대한 보상으로 시바는 그를 풀어주고 검을 준다.

그런데 흥미롭게도 여기서는 라바나가 다른 곳에서와는 사뭇 다르게 그려져 있다. 『라마야나』에 나중에 덧붙여진 듯한 『우타라 칸다』에서 시바를 노래한 곳에서는 라바나가 결국 시바의 은총을 받고 신비한 무기까지 받는다. 하지만 『라마야나』의 다른 곳에서는 라바나가 신들에게 받은 힘을 남용해 지상에 혼란을 일으키는 바람에 신들이 비슈누에게 라마로 변해 땅으로 내려가 질서를 회복해달라고 했을 정도로 참을 수 없는 괴물로 그려져 있다. 그래서 라마는 라바나의 불구대천의 원수가 되고, 그의 십자군 전쟁이 『라마야나』 이야기의 중심 모티프가 된다.

* 반티아이 스레이, 북쪽 도서관에 있는 박공벽(그림 20)
* 앙코르와트, 모퉁이의 작은 방

비슈누에게 지상에 내려와달라고 하는 신들

비슈누에게 라마로 변해 지상에 내려와달라고 간청한 신은 말이 끄는 사륜마차를 타는 수리아(태양, 그림 21)와 그보다 훨씬 단순한 마차를 타는 소마(달), 야크샤의 어깨 위에 타고 다니는 니르티, 나가를 타는 물의 신 바루나(그림 22), 항사(신성한 거위)를 타는 브라흐마, 공작을 타는 스칸다(그림 25), 말을 타는 쿠베라(또는 바유), 머리가 세 개 달린 코끼리 아이라바타를 타는 인드라(그림 24), 무소를 타는 아그니, 사자를 타는 케투(또는 쿠베라), 머리가 일곱 개나 보이는 칼라네미(그림 26), 물소가 끄는 수레를 타는 정의의 신 야마(그림 27), 혹이 두 개 달린 황소가 끄는 수레를 타는 시바(그림 28)였다.

* 앙코르와트, 북서쪽 모퉁이에 있는 작은 방과 북쪽회랑, 서쪽 날개(데바와 아수라들)

라마의 궁술 대회 (첫 권, 『발라 칸다』)

라마의 어린 시절과 그가 아요디아에서 양육되는 과정, 은자에게 신비한 마법을 배우는 것을 보여주는 부조는 하나도 없다. 그는 결혼할 나이가 되어 궁술 대회에 나가면서 부조에 등장하기 시작한다. 궁술 대회는 딸 시타의 남편감을 찾으려는 자나카 왕의 궁전에서 벌어지는데, 그는 시타를 차지하기 위해 몰려든 구혼자들에게 몇 가지 시합을 하게 한다.

발미키가 쓴 원본(첫 권, 『발라 칸다』)에는 자나카 왕이 데바라타 왕에게 물려받은 천하무적의 신비한 활을 들어올려 구부리는 경기가 포함되어 있었다. 그리고 여기서 라마는

20
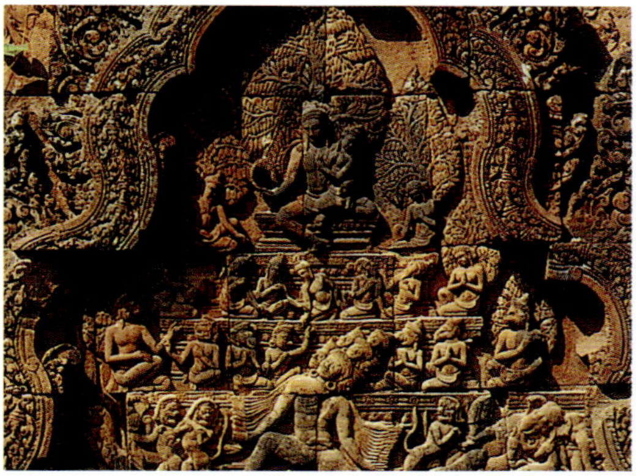
21
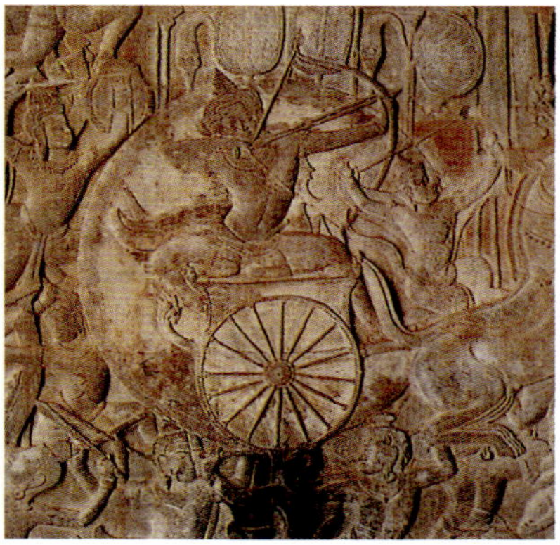
22
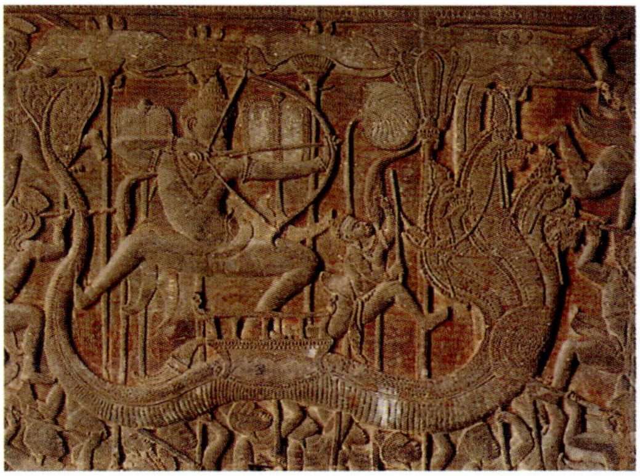
23
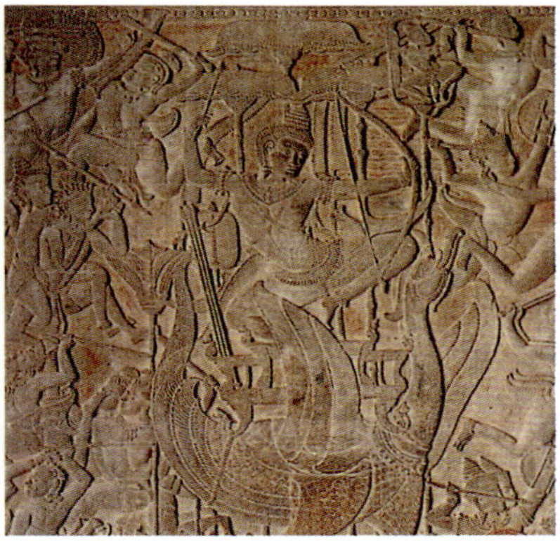
24
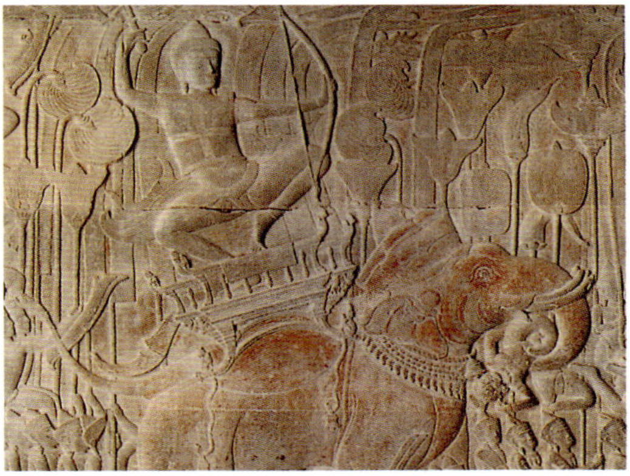
25
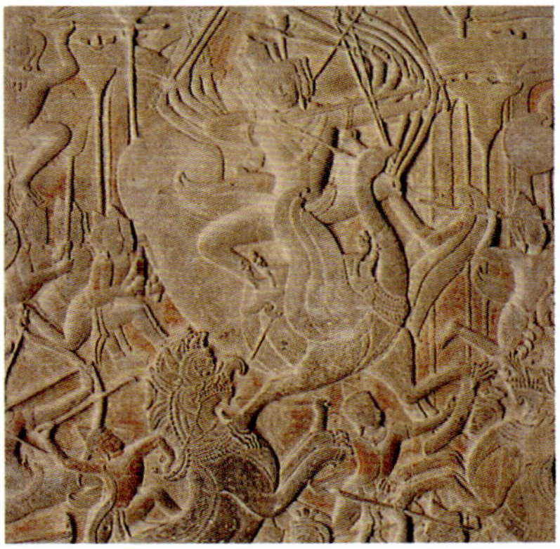

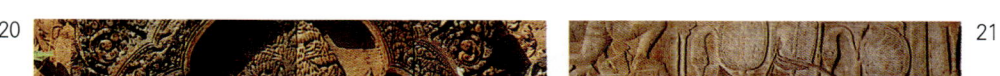

20 카일라사 산을 흔드는 라바나. 반티아이 스레이(사진 : M. 프리먼)
21 네 마리 말이 끄는 수레에 탄 태양신 수리아. 앙코르와트, 북쪽 회랑, 서쪽 날개(사진 : J. 폰카르)
22 나가를 타고 있는 물의 신 바루나. 앙코르와트, 북쪽 회랑, 서쪽 날개(사진 : J. 폰카르)
23 마법의 무기 브라마스트라를 들고서 항사를 탄 브라흐마. 앙코르와트, 북쪽 회랑, 서쪽 날개(사진 : J. 폰카르)
24 코로 적을 낚아챈, 엄니가 네 개 달린 코끼리를 탄 인드라. 앙코르와트, 북쪽 회랑, 서쪽 날개(사진 : J. 폰카르)
25 공작을 탄 전쟁의 신 스칸다. 앙코르와트, 북쪽 회랑, 서쪽 날개(사진 : J. 폰카르)

충분히 예상할 수 있듯 활을 한 손으로 들어올려 힘 하나 들이지 않고 구부린다. 그가 어찌나 힘이 센지 뇌성을 일으키며 활을 두 동강 내는 바람에, 주위에 있던 사람들은 놀라 탄성을 토해낸다.

그러나 크메르 판본은 이와 다르다. 부조에서 볼 수 있듯, 라마는 돛대 꼭대기에 있는 회전하는 바퀴를 통해 화살로 새를 쏘아 떨어뜨려 시합에서 이긴다.

그리고 그 결과 라마와 시타는 결혼식을 올린다.

* 앙코르와트, 북서쪽 모퉁이의 작은 방(그림 29)

락샤사 비라다에게 유괴되는 시타(셋째 권, 『아라냐 칸다』)

라마와 락슈마나, 시타는 울창한 단다카 숲을 돌아다니다 산처럼 크고 땅이 흔들릴 정도로 엄청난 괴성을 지르는 괴물과 맞닥뜨린다. 그것은 자바와 샤타라다의 아들 비라다였다. 라바나가 시타를 유괴하는 사건의 전조가 된 이 일화에서 비라다는 결국 시타를 붙잡지만, 시타를 아기처럼 들고 가며 집어삼키려다 라마와 락슈마나의 화살을 맞는다. 그러나 그는 큰 상처를 입고도 괴성을 지르고 너털웃음을 토하며 계속 두 형제를 공격한다. 하지만 결국 라마가 힘차게 쏜 화살 두 개에 그의 빛나는 방패가 두 동강 난다. 그런데도 이 괴물은 그들을 붙잡고 계속 싸우다 결국 두 영웅에게 무수한 화살과 칼을 맞는다. 그리고 그들이 그를 파묻을 구덩이를 파기 시작하자, 그가 자기는 요정 람바를 사랑했다가 쿠베라의 분노를 산 그란다르바 툼부루라고 밝힌다. 무기로는 이 괴물을 죽일 수 없기에, 그들은 그를 땅 속에 파묻는다. 마침내 그가 죽자 라마와 락슈마나는 기뻐서 어쩔 줄 모르고, 시타는 풀려난다.

* 반티아이 스레이, 중앙 사당(그림 30)

타타카를 죽이는 라마(셋째 권, 『아라냐 칸다』)

라마와 락슈마나는 정처 없이 걷다가 어두운 숲에 들어가게 되었는데, 그곳에서는 여자 락샤사인 락시니가 죽음과 공포를 퍼뜨리고 있다. 그녀는 마리카의 어머니 타타카로, 코끼리 천 마리보다도 힘이 세고 변신도 마음대로 할 수 있다. 현자 비슈바미타에게 그녀를 죽이라는 명령을 받은 라마는 그녀의 귀와 코도 베겠다고 약속한다. 그런데 그가 말하고

26 머리가 일곱 개 보이는 칼라네미. 앙코르와트, 북쪽 회랑, 서쪽 날개(사진 : J. 폰카르)
27 물소가 끄는 수레를 타고 따라가는 정의의 신 야마. 앙코르와트, 북쪽 회랑, 서쪽 날개(사진 : J. 폰카르)
28 혹이 두 개 달린 황소가 끄는 수레를 탄 시바(사진 : J. 폰카르)
29 라마의 궁술 대회. 앙코르와트, 북서쪽 모퉁이의 작은 방(사진 : EFEO)
30 락샤사 비라다에게 유괴되는 시타. 반티아이 스레이(사진 : M. 프리먼)
31 카반다의 죽음. 앙코르와트, 북서쪽 모퉁이의 작은 방(사진 : EFEO)

있을 때 타타카가 그를 공격하며 마술을 써 혼란을 일으킨다. 이에 라마가 그녀의 손을 모두 베어버리고 락슈마나가 그녀의 코와 귀를 베어버리지만, 이 괴물이 계속 싸우자 라마가 결국 창으로 단번에 심장을 찔러 죽여버린다. 그는 인드라의 칭찬을 받았다.

이런 해석은 일부 학자들이 『라마야나』에 기초해 반티아이 스레이의 작은 부조에 등장하는 두 인물을 설명하기 위해 내놓았는데, 여기서는 시바(키라타, 즉 사냥꾼으로 변한)와 아르주나가 누가 먼저 멧돼지를 쏘아 죽였는지를 놓고 말다툼을 벌이다 서로 맞붙어 싸우고 있는 것으로 여겨진다(144쪽을 보라).

 * 반티아이 스레이(그림 129, 144쪽)

마리카를 죽이는 라마(셋째 권, 『아라냐 칸다』)

라마는 추방되어 아내와 동생 락슈마나와 함께 고행자들이 사는 깊은 숲속을 돌아다니다 황금 사슴을 발견한다. 그것은 라바나의 명령으로 변신한 락샤사 마리카로, 마리카는 야크샤(반만 신인 존재)의 아들이었으나 저주를 받아 락샤사가 된 것이었다. 라마가 쏜 화살에 맞은 사슴은 죽어가면서 원래 모습인 거대한 락샤사가 된다. 그러나 라마가 여기에 정신을 파는 동안, 라바나가 시타를 유괴해버린다.

 * 앙코르와트, 남서쪽 모퉁이의 작은 방(그림 19, 53쪽)

시타를 유괴하는 라바나(셋째 권, 『아라냐 칸다』)

시타의 아름다움에 반한 라바나는 그녀를 붙잡아오기로 한다. 그는 라마와 그의 동생이 황금 사슴 마리카(앞 문단을 보라)를 사냥하는 데 정신을 팔게 한 뒤, 고행자로 변해 은자의 집에 있는 시타에게 접근하는 데 성공한다. 그러나 거부당하자 그는 머리가 열 개에 손이 스무 개나 되는 "죽음 그 자체와도 같은" 무시무시한 원래 모습으로 변한다. 그러고는 그녀를 낚아채서 자신의 마법의 수레를 타고 하늘 높이 올라 랑카로 간다. 궁지에 빠진 시타는 어쩔 줄 몰라 발버둥치며 사랑하는 라마를 소리쳐 부른다.

 * 반티아이 스레이, 동쪽 고푸라 II 근처에 있는 긴 방(그림 17, 46쪽)

카반다의 죽음(셋째 권, 『아라냐 칸다』)

라마와 락슈마나는 숲을 거닐다 머리가 없고 대신 배에 얼굴이 달린 무서운 괴물 카반다를 만난다. 카반다가 그들을 집어들고 삼키려 하자, 그들은 괴물을 죽여버린다. 앙코르와트에 있는 부조에서는 두 영웅이 칼을 휘두르고 있는데, 발미키의 원본에는 그들이 활과 화살을 쓰는 것으로 되어 있다.

* 바푸온, 고푸라 II
* 앙코르와트, 북서쪽 모퉁이의 작은 방(그림 31)

수그리바를 달래는 라마와 락슈마나(셋째 권, 『아라야 칸다』)

형제는 사랑하는 시타 없이 계속 숲을 헤매다 말라야 산에 도착한다. 그들은 깊은 슬픔에 빠져 나무 아래에 앉아 있는 원숭이를 만나는데, 그것은 형 발린에게 왕위를 빼앗기고 왕국에서 쫓겨난 원숭이들의 왕 수그리바였다.

* 바푸온, 고푸라 II(그림 32)

라마와 수그리바의 동맹(넷째 권, 『키슈킨다 칸다』)

라마와 락슈마나는 수그리바를 동정하며 달랜 뒤 그와 동맹을 맺기로 한다. 그들이 수그리바를 도와 왕권을 되찾게 해주는 대신, 수그리바는 그들을 도와 원숭이 군대를 이끌고 라바나와 싸워서 시타를 다시 되찾아올 수 있게 하기로 한 것이다.

* 반티아이 스레이, 서쪽 고푸라 II에 있는 박공벽
* 바푸온, 북쪽 고푸라 II(그림 33)
* 앙코르와트, 북서쪽 모퉁이의 작은 방(문 위)

수그리바와 발린의 싸움 – 발린의 죽음(넷째 권, 『키슈킨다 칸다』)

수그리바와 그의 형 발린이 결투하고 있을 때, 라마는 수그리바와 한 약속대로 그가 형 발린을 이길 수 있게 숨어 있다 활을 쏘아 발린을 거꾸러뜨린다. 발린은 슬퍼하는 원숭이들 사이에서 아내 타라의 팔에 안겨 죽는다.

* 반티아이 스레이, 서쪽 고푸라 II에 있는 박공벽(그림 41)

32 수그리바를 달래는 라마와 락슈마나. 바푸온, 북쪽에 있는 고푸라 Ⅱ
33 라마와 수그리바의 동맹. 앙코르와트, 북서쪽 모퉁이의 작은 방
34 시타의 불의 시련. 바푸온, 고푸라 Ⅱ, 동쪽 면
35 시타를 만나는 하누만. 바푸온, 고푸라 Ⅱ
36 자고 있는 쿰바카르나. 바푸온, 서쪽에 있는 고푸라 Ⅱ
37 원숭이들과 싸우는 쿰바카르나. 바푸온, 서쪽에 있는 고푸라 Ⅱ

* 바푸온, 북쪽 고푸라 II
* 앙코르와트, 남서쪽 모퉁이의 작은 방

시타를 만나는 하누만(다섯째 권, 『순다라 칸다』)

우여곡절 끝에 수그리바가 그의 군사들을 불러 시타를 찾으러 가게 한다. 흰 원숭이 장군 하누만이 이끄는 부대가 가까스로 아카시아 숲에서 랑카에 붙잡혀 있는 시타를 만난다. 하누만은 시타에게 라마의 반지를 주어 어떻게든 그녀를 구하겠다는 그의 의지를 전한다.

* 바푸온, 고푸라 II(그림 35)
* 앙코르와트, 북서쪽 모퉁이의 작은 방

비비샤나와 동맹을 맺는 라마(여섯째 권, 『유다 칸다』)

확실하게 시타를 구하기 위해 라마는 형 라바나에게 배신당한 락샤사 비비샤나와 동맹을 맺는다.

* 앙코르와트, 북서쪽 모퉁이의 작은 방

쿰바카르나(여섯째 권, 『유다 칸다』)

지토(1955)에 따르면, 쿰바카르나는 라바나와 비비샤나와 함께 랑카의 락샤사 왕의 아들 가운데 하나였다. 그는 발미키가 전하는 앙코르 시대의 『라마야나』 신화에서는 미미한 위치를 차지하고 있었으나, 16~17세기의 『라마케르티』에서는 훨씬 중요한 위치를 차지해, 랑카의 전투에 앞서 벌어진 대접전 중 하나에서 주인공으로 나온다. 그는 거구에 졸음을 자주 느끼는 대식가였다. 그의 삶에 대한 두 가지 일화가 바푸온 사원의 부조에 그려져 있다.

쿰바카르나 깨우기 : 원숭이들이 북을 치고 머리를 때리고 막대기로 찌르고 작은 코끼리에게 옆구리를 건드리게 해 깨우려 하지만, 그는 깊은 잠에 빠져 있다(그림 36).

싸우는 쿰바카르나 : 쿰바카르나가 락슈마나가 보낸 수많은 원숭이들 사이에서 갑자기 잠에서 깬다. 그러더니 그들의 팔다리를 붙잡아 집어던지거나 먹어버린다. 그는 걸어가면서 원숭이를 열댓 마리나 먹을 수 있는 것으로 알려져 있었다(그림 37).

* 바푸온, 서쪽 고푸라 II, 동쪽 면

랑카 전투 – 라바나를 죽이는 라마(여섯째 권, 『유다 칸다』)
마침내 두 군대가 랑카에서 오랫동안 치열한 접전을 벌이고, 엎치락뒤치락하다 결국 단 한 번의 전투로 라마가 라바나를 거꾸러뜨린다.
  * 앙코르와트, 서쪽 회랑, 북쪽 날개(여기서는 두 주인공이 멀리 떨어져 있다)와 두번째 안마당에 있는 박공벽(그림 39)
  * 그 밖에 프리아 칸을 비롯한 많은 사원에서 볼 수 있다.

38 쿠룩셰트라 전투. 앙코르와트, 서쪽 회랑, 남쪽 날개

39 랑카 전투. 앙코르와트, 두번째 안마당의 박공벽

40 락슈마나의 가슴에서 인드라지트의 창을 뽑아내는 라마. 앙코르와트, 드번째 안가당의 박공벽

인드라지트와 락슈마나(여섯째 권, 『유다 칸다』)

락슈마나와 라바나의 아들 인드라지트(때로는 메가나다로 알려져 있다)의 전투에 관해서는 『유다 칸다』의 네 개의 장에서 이야기하고 있다. 인드라지트는 마법의 활로 락슈마나의 이마에 상처를 입혀 그를 의식불명 상태로 빠뜨린다. 하지만 강력한 원숭이 지도자 수셰나(발린의 아내인 타라의 아버지)가 "락슈마나의 콧구멍에 아주 특효가 있는 영약을 투여해 그가 화살과 상처에서 벗어나게 해주었다". 어떤 투조에서는 수셰나가 다른 원숭이들과 함께 약으로 쓰이는 기적 같은 꿀로 조각난 산을 이어붙이고 있다.

* 앙코르와트, 박공벽, 1층 안마당(그림 188)

아요디아에 들어가는 라마(여섯째 권, 『유다 칸다』)

마침내 라마는 라바나가 쿠베라에게 훔친, 거위가 끄는 마법의 수레 푸슈파카를 타고 추종자들과 함께 자신의 도시로 돌아오고, 그곳에서 왕위에 오른다.

* 앙코르와트, 북서쪽 모퉁이의 작은 방(보존 상태가 좋지 않다)

시타의 불의 시련(일곱째 권, 『우타라 칸다』)

많은 노력 끝에 시타가 라마에게 돌아오지만 복잡한 문제가 발생한다. 그녀가 라바나의 궁전에 너무 오래 있었다는 것을 들어 그녀의 정절을 의심한 라마가 그녀를 데려가지 않으려 한 것이다. 라마는 "나는 널 구해주었다"라고 말하며 퉁명스럽게 덧붙인다. "그러나 라바나가 널 욕보였으니 넌 이제 내 것이 아니다." 그러나 사실 라바나는 그녀를 손끝 하나 건드리지 않았다. 그래서 시타가 항의하며 자신의 결백을 주장하지만, 라마는 끝내 그녀가 화형대 위에서 불의 시련을 견디게 한다.

* 앙코르와트, 북서쪽 모퉁이의 작은 방(보존 상태가 아주 좋지 않다)
* 바푸온, 동쪽 고푸라 II, 동쪽 면(그림 34)

41 수그리바와 발린의 싸움과 발린의 죽음. 반티아이 스레이, 서쪽 고푸라 II에 있는 박공벽(사진 : M. 프리먼)

크리슈나 신화

개요

후에 『마하바라타』에 덧붙여진 『하리방샤』는 주로 시바와 비슈누의 신화적인 모험을 다루고 있다. 비슈누는 크리슈나라는 신의 모습으로 나타나기도 하고, 라마라는 인간의 모습으로 나타나기도 한다. 크메르인은 『하리방샤』에서 몇 가지 특정한 일화만 취했는데, 대개 선과 악인 데바와 아수라가 우주에서 벌이는 대전투에서 일어난 일화들이다. 크메르인의 부조에서 크리슈나는 흔히 날개 달린 신격(神格)이며 아수라와 나가의 적인 가루다의 어깨에 타고 있는 모습으로 나온다. 크리슈나의 어린 시절에 대한 이야기는 이모부인 캄사가 그를 죽이려고 어린아이들을 대학살하기 시작한 것을 중심으로 이루어져 있다. 목동 시절을 그린 장면은 하나도 알려져 있지 않다.

주제의 선택

뱀 아난타 위에서 자고 있는 비슈누(『하리방샤』)

비슈누 신은 여기서 용의 형상을 하고 있는 신화적인 존재 나가 아난타 위에 누워 우유의 바다에 뜬 채 우주의 두 시대 사이에 잠들어 있는 것으로 그려져 있다. 이 자세는 아난타사인으로 알려져 있다.

* 프리아 칸(그림 42)

데바와 아수라의 전쟁에 참가한 비슈누

힌두교 만신전에 있는 위대한 신들과 그 하위 신들이 모두 그들의 고전적인 무기를 들고서 전통적인 탈것에 몸을 싣고 악한 아수라와의 전쟁에 참여했다. 이 전쟁에는 부의 신인 쿠베라, 공작을 타는 스칸다, 코끼리 아이라바타를 타는 인드라, 용맹한 가루다를 타는 비슈누, 황소가 끄는 수레를 타는 야마, 활을 쏘거나 삼지창을 휘두르는 시바, 항사를 탄

42 뱀 아난타 위에서 자고 있는 비슈누. 프리아 칸 (사진 : M. 프리먼)
43 데바와 아수라의 전쟁에 참가한 비슈누. 앙코르와트, 북쪽 회랑, 서쪽 날개 (사진 : J. 폰카르)
44 비슈누의 세 걸음. 프리아 피투, 'Y' 사원
45 크리슈나의 어린 시절. 바푸온, 고푸라 II, 남쪽 면

브라흐마, 태양신 수리아, 나가를 타고 있는 것으로 보이는 물의 신 바루나가 참여했다.
 * 앙코르와트, 북쪽 회랑, 서쪽 날개(그림 43)

난쟁이로 변한 비슈누(『푸라나』)

이 이야기는 왕 발리가 고도의 금욕 생활과 명상으로 지나치게 강력해지면서 시작된다. 그의 드높은 명성에 위협을 느낀 인드라는 비슈누에게 도움을 청한다. 그러자 비슈누는 난쟁이 바마나(그의 다섯째 아바타)로 변신해 발리에게 찾아가 세 걸음 반을 걸어 둘러쌀 수 있는 땅을 달라고 청한다. 발리는 기고만장해 난쟁이의 어리석음을 비웃으며 소원을 들어준다. 그러자 갑자기 비슈누가 엄청나게 큰 거인으로 변해 첫 걸음으로 땅을 가로지르고 둘째 걸음으로 하늘을, 셋째 걸음으로 지하세계를 가로지른다. 그러고도 그가 반 걸음을 더 요구하자, 그의 요구를 더 이상 들어줄 수 없는 발리는 자존심이 뭉개져버린다. 비슈누는 남아 있는 반 걸음으로 발리를 밟아버려, 왕을 영원히 매장시킨다.
 * 앙코르와트, 십자형의 안마당
 * 프리아 피투, 'y' 사원(그림 44)

크리슈나의 어린 시절(『바가바타 푸라나』)

엄청난 힘을 타고난 크리슈나는 아직 어린 소년이었을 때, 이모부 캄사 왕이 보낸 괴물들을 목졸라 죽인다. 사촌 데바키의 여덟째 아이로 태어난 조카에게 왕위를 빼앗기고 목숨을 잃을 것이라는 예언을 들은 캄사 왕은 당대의 헤롯 왕이 되어 어린 남자아이들을 모두 죽여버리라는 명령을 내린다. 그러나 어린 여자아이와 바꿔치기된 크리슈나는 바위에 깔렸음에도 가까스로 살아남는다(그림 133, 147쪽). 그를 죽이는 데 실패한 캄사는 다시 한번 그를 죽이려고 사나운 코끼리를 보낸다. 그러나 크리슈나는 코끼리의 꼬리를 잡아 힘껏 공중으로 던져버린다. 그리고 마침내 예상한 대로 사악한 캄사는 자기가 죽이려 했던 크리슈나에게 죽임을 당하고, 크리슈나는 억센 손으로 그의 몸을 두 동강 낸다.
 * 바푸온, 고푸라 II, 남쪽 면(그림 45, 그림 133, 147쪽)

46 아르주나 나무를 뿌리 뽑는 크리슈나. 앙코르와트, 남서쪽 모퉁이의 작은 방(사진 : EFEO)
47 머리가 여섯 개인 나가 칼리야를 물리치는 크리슈나. 바푸온, 남쪽 고푸라 II, 낙쪽 면(사진 : EFEO)
48 캄사 왕을 죽이는 크리슈나. 반티아이 스레이(사진 : M. 프리먼)
49 다섯 개의 불을 끄는 가루다. 앙코르와트, 북쪽 회랑, 동쪽 날개(사진 : J. 폰카르)
50 시바에게 경의를 표하는, 머리가 천 개 달린 크리슈나. 앙코르와트, 북쪽 회랑, 동쪽 날개
51 중국 여인들을 보여주는 세부 사진. 앙코르와트, 동쪽 회랑, 북쪽 날개(사진 : J. 폰카르)

아르주나 나무를 뿌리 뽑는 크리슈나(『바가바타 푸라나』)
아직 어린 소년이었을 때 크리슈나가 잠시도 가만있지 못하자 양어머니 야소다(소 치는 사람인 난다의 아내)가 밧줄로 그를 무거운 돌절구에 묶어놓는다. 그러나 힘이 센 그는 절구를 끌고 다니면서 큰 나무 두 그루를 뿌리째 뽑아버린다.
* 바푸온
* 앙코르와트, 남서쪽 모퉁이의 작은 방(그림 46)
* 반티아이 스레이(지토)

나가 칼리야를 물리치는 크리슈나(『바가바타 푸라나』)
칼린디 강의 한 곳에는 나가가 들끓었는데, 그 가운데 가장 독한 것이 칼리야였다. 갈증을 달래려 오염된 물을 마신 소들이 모두 죽어 강가에 쓰러져 있는 것을 보고 크리슈나는 젊은 남자로 변신해 강으로 뛰어들지만, 곧바로 칼리야에게 칭칭 감겨 축 늘어진다. 이것을 보고 친구들과 마을 사람들이 공포와 슬픔에 빠져 어쩔 줄 모르자, 크리슈나는 그가 사랑하는 사람들이 얼마나 궁지에 빠져 있는지, 그리고 그들에게 자신이 얼마나 필요한지를 보고 칼리야의 손아귀에서 빠져나와 그의 머리에 올라타고는 마치 춤을 추듯 발을 굴러 칼리야를 내려친다. 그러나 그는 자비를 베풀어 상처 입은 칼리야에게 그의 무리와 함께 바다로 떠나라고 명령하고, 마을 가축들과 사람들이 강을 사용할 수 있게 해준다.
* 바푸온, 남쪽 고푸라 II, 남쪽 면(그림 47)
* 반티아이 스레이

캄사 왕을 죽이는 크리슈나(『바가바타 푸라나』)
캄사 왕의 포악한 행동이 도를 넘어섰다고 판단한 크리슈나는 그를 죽이기로 결심하고, 그가 가족에게 죽임을 당할 거라는 예언이 이루어지도록 한다. 그런데 『하리방샤』는 캄사 왕에게 죽임을 당한 어린 여자아이의 영혼이 크리슈나 대신 왕에게 또다른 저주를 내린다고 말한다. 여자아이는 살해당한 뒤 악마들과 어울리는 무서운 불멸의 여인이 되어, 어느 날 밤 캄사에게 성난 목소리로 그가 그의 적(크리슈나)에게 패배해 죽임을 당하면 자기가 그 시체를 흠씬 두들겨 팬 뒤, 따뜻한 피를 마시겠다고 공언한다.

* 반티아이 스레이(그림 48)

아수라들과의 전쟁에서 승리하는 비슈누(『하리방샤』)

우유의 바다를 휘저어 얻은 불로장생의 영약 암리타를 데바들이 독차지하자 아수라들이 이에 항의해 데바들을 공격한다. 그리하여 또다시 전쟁이 일어나자 할 수 없이 비슈누가 다시 끼어들어 여느 때처럼 가루다를 타고 양쪽에서 떼를 지어 공격하는 아수라들과 싸운다. 가루다와 비슈누의 용맹함 덕분에 승리를 얻은 뒤 인드라는 마침내 신들의 왕이 되어 "기쁘게 통치할" 수 있게 된다.

* 앙코르와트, 동쪽 회랑, 북쪽 날개

아수라 바나와 싸워 이기는 크리슈나(『하리방샤』)

이 이야기는 바나의 아리따운 딸 우샤와 크리슈나의 손자 아니룻다(바나는 시바를 신봉한 악마의 왕 발리의 아들이다)의 사랑 이야기를 배경으로 하고 있다. 우샤의 친구 치트랄레카가 두 사람이 결혼할 수 있도록 아니룻다를 유괴하고, 두 젊은이의 은밀한 결합에 화가 난 바나는 아니룻다를 죽이기 위해 군대를 보낸다. 이에 일련의 전투가 벌어지고, 결국 바나는 요술과 마법을 써서 아니룻다를 붙잡은 다음 뱀으로 꽁꽁 묶어서 쇼니타푸라라는 요새 도시에 가둔다.

그러자 크리슈나가 바나에게 전쟁을 선포한다. 쇼니타푸라에 들어가기 전, 가루다가 전설적인 "다섯 개의 불"을 끄자(그림 49), 비슈누가 가루다를 타고 동생 발라라마와 함께 들어가 전장에서 대접전을 벌인다. 하지만 시바가 바나의 편을 들어 크리슈나는 강력한 저항을 받고, 두 신은 치열한 접전을 벌이다가 결국 크리슈나가 특수한 무기로 시바를 쳐 그를 잠 속에 빠뜨린다. 그리고 이어진 싸움에서 크리슈나가 단숨에 천 개나 되는 바나의 팔을 두 개만 빼고 모두 베어버리고 죽이려는 찰나, 앞서 바나에게 불멸을 약속한 시바가 끼어든다. 그는 크리슈나에게 말한다. "너 크리슈나는 만물 가운데 가장 강력하여 아무도 너를 이길 수 없다. 그러니 융통성을 가져라. 내 이미 바나에게 약속을 했고, 내 말은 빈말이 아니다." 그러자 크리슈나가 이렇게 대답한다. "당신이 그에게 안전을 약속했으니 그를 살려주겠다! 왜냐하면 우리는 별개의 존재가 아니라 내가 당신이고 당신이 나이기 때문이다."

이는 모든 신과 모든 인간, 모든 존재는 동일하다는 고대 힌두교의 가장 높은 도덕 관념을 잘 요약해준다. 전쟁은 아니룻다와 우샤가 다시 결합하는 것으로 끝난다.

* 앙코르와트, 북쪽 회랑

다섯 개의 불을 끄는 가루다(그림 49)

전쟁 중에 비슈누를 어깨에 태우고 가는 가루다(그림 54)

무소를 타고 있는, 머리가 여섯 개에 팔이 네 개인 아그니(그림 52)

시바에게 경의를 표하는, 머리가 천 개 달린 크리슈나(그림 50)

아수라 나란타카와 싸워 이기는 크리슈나(『하리방샤』)

이 장면은 신성한 산 마하파르바타를 점령하려는 아수라 나란타카와 벌인 전쟁에서 크리슈나가 승리한 것을 표현하고 있다.

52 무소를 타고 있는, 머리가 여섯 개에 팔이 네 개인 아그니. 앙코르와트, 북쪽 회랑, 동쪽 날개(사진 : J. 폰카르)

53 고바르다나 산을 들어올리는 크리슈나. 반티아이 삼레(사진 : M. 프리먼)

* 앙코르와트, 북서쪽 모퉁이의 작은 방

고바르다나 산을 들어올리는 크리슈나(『하리방샤』)
이 장면에서는 인드라의 분노로 억수같은 비가 내리자 크리슈나가 소 치는 사람들과 소 떼를 보호하기 위해 머리 위로 산을 들어올리고 있고, 그 곁에 동생 발라라마가 서 있다. 크리슈나는 이 산을 7년 동안이나 한 손으로 떠받치고 있었다.
* 앙코르와트, 남서쪽 모퉁이의 작은 방
* 프리아 칸
* 반타아이 삼레(그림 53)

◀ 54 전쟁 중에 비슈누를 어깨에 태우고 가는 가루다(사진 : J. 폰카르)
▲ 55 사원에 있는 비슈누의 상. 바푸온, 안쪽 회랑

56 시바와 우마. 반티아이 스레이, 남쪽 도서관(사진 : M. 프리먼)

시바 신화

개요

앞서 말한 대로 시바 신화는 크메르 부조에 거의 그려져 있지 않다.
  시바는 링가 숭배 및 금욕주의 열풍과 관련해 영웅 시대 말기에야 체계적인 교파를 지닌 신이 되었으며(『마하바라타』『푸라나』), 그전에는 베다 시대의 신 루드라(『리그 베다』)와 베다 이전 시대의 남근 숭배와 혼재되어 있었다. 많지 않은 형상 속에서 그는 대개 고행자로 그려져 있으며, 특히 부조에서 그가 춤을 추는 모습은 극히 드물다.

주제의 선택

링가의 신화(『시바 푸라나』, 다르마사미타)
  이 신화는 브라흐마와 비슈누가 누가 더 높은 신인지 서로 다투고 있는데 그들 앞에 거대한 불기둥이 나타난 것을 말하고 있다. 그것은 시바의 링가로, 그는 스스로를 거세한 직후였다.
  두 신은 남근의 끝을 잡기 위해 브라흐마는 항사(거위)로 변해 하늘로 날아오르고, 비슈누는 멧돼지로 변해 땅속으로 파고 들어갔다. 이에 만족한 시바가 많은 얼굴과 팔다리에 셋째 눈을 달고 눈부신 빛을 발하며 링가 한가운데에 나타난다. 그리고 브라흐마와 비슈누, 시바는 하나라고 선언하고 사라지는데(『마헤슈바라』), 그의 링가는 땅 위에 남아 있었다. 이리하여 우주의 링가는 지상의 링가가 되었다.
  이 이야기는 와트 엥 크나의 상인방에 조각된 부조 한 부분에만 그려져 있는데(7세기), 여기서 링가는 일정하게 양식화된 불꽃에 둘러싸여 있고, 앞에는 시바의 얼굴을 본뜬 형상이 있다. 그리고 오른쪽에는 브라흐마, 왼쪽에는 비슈누가 있으며, 그들과 링가 사이에 항사와 멧돼지가 있다.
  * 와트 엥 크나(그림 58)

57 카마를 재로 만드는 시바. 반티아이 스레이, 남쪽 도서관(사진 : M. 프리먼)

▲ 59 시바 비크샤타나 무르티. 바욘, 북쪽에 있는 안쪽 회랑, 서쪽 날개
◀ 58 링가의 신화를 보여주는 세부 사진. 와트 엥 크나(사진 : EFEO)

카마를 재로 만드는 시바(『사우라 푸라나』)

사랑의 신 카마('환희를 가져오는 자'인 마다나로도 알려져 있다)는 이 책에서 "마음속에서 태어나는 자"로 정의되어 있다. 어느 날 그는 명상에 잠겨 있는 시바를 방해하려고 꽃 혹은 설탕으로 만든 화살을 쏘려 했다. 그런데 우마 곁에 앉아 있던 시바가 이것을 보고 화가 나 이마에 달린 눈에서 강한 빛줄기를 내뿜어 그를 재로 만들어버린다. 그후 비탄에 빠져 있는 우마에게 시바가 한 가지 청을 들어주겠다고 하자, 그녀는 카마를 살려 그가 세상을 따뜻하게 할 수 있게 해달라고 한다. 그래서 사랑의 신은 눈에 보이지 않는 형태로 되살아나 활과 화살을 들고 바람처럼 지상을 돌아다니게 되었다.

* 반티아이 스레이, 남쪽 도서관, 서쪽 박공벽(그림 57)
* 앙코르와트, 남서쪽 모퉁이의 작은 방

시바 비크샤타나 무르티(아마『브라만다 푸라나』에 나올 것이다)

크메르 도상에서 거의 발가벗고 있는 남자의 형상은 그동안 여러 가지 해석을 낳았다. 어떤 사람은 그를 시바가 고행자들의 아내의 질투심에 자극받아 그들의 자제력을 시험하기 위해 소나무 숲에 발가벗고 나타난 이야기와 연관짓는다. 그리고 어떤 사람은 그것이 시바와 브라흐마가 누가 진짜 우주의 창조자인지 다투다가 그만 브라흐마를 살해했던 사건에 나오는 시바라는 견해를 제시한다. 여기서 시바는 속죄하기 위해 12년 동안 발가벗은 채 다른 모든 해석에서처럼 비크샤타나 무르티(허리에 두르는 간단한 옷)도 없이 거지가 되어 돌아다녀야 했다. 하지만 앙코르의 부조에서는 젊은 남자가 발가벗고 있는 것이 아니라 — 크메르 예술에서는 생각도 할 수 없는 일이다 — 가능한 한 가장 작은 삼포트를 입고 있는 것으로 그려져 있다.

그런데 글레즈(1944)는 이 인물이 라바나가 카멜레온(또는 도마뱀)으로 변해 문틈으로 기어 들어왔다가 다시 잘생긴 젊은 남자로 변해 인드라의 아내들이 기거하는 방문 앞에 있는 것을 나타낸 것일지도 모른다는 또다른 해석을 내놓았다.

시바와 관련해 몇몇 부조(바욘, 크발 스페안)에 나오는 작은 파충류(카멜레온, 도마뱀, 악어)가 무엇을 상징하는지는 아직 설명되지 않았다.

* 앙코르와트, 남서쪽 모퉁이의 작은 방

* 바욘, 남쪽에 있는 안쪽 회랑(그림 59)과 북쪽에 있는 안쪽 회랑

명상을 하는 파르바티를 방해하는 시바(많은 푸라나 가운데 하나인 『쿠마라상바바』)

어느 날 파르바티가 시바의 배우자에 걸맞은 존재가 되기 위해 고행을 하고 있는데, 시바 자신이 추잡한 고행자의 모습으로 나타나 시바를 저주하며 그녀의 고행을 방해하려 한다. 그러나 파르바티는 손가락으로 귀를 막아 분노를 억누른다. 그러자 시바가 자신의 모습을 드러내며 그녀의 정절을 시험하려 했다는 걸 시인하고 그녀에게 상을 준다.

* 프리아 피투에 있는 알려지지 않은 사원. 지금은 기메 박물관에 있다(그림 60)

아르주나와 키라타(『마하바라타』)

여기서 아르주나는 지상의 질서를 회복하는 임무를 지닌 고행자이자 용맹한 전사로 나온다. 그의 친아버지 판두는 아들이 신의 힘을 가지고 태어날 수 있도록 인드라를 그의 "신" 아버지로 삼았으나, 그는 아직 인간의 속성을 지니고 있다. 그래서 아르주나는 인드라의 아들로 인정받기 위해 고행과 속죄의 길을 걸어야 하는데, 그 과정에서 누가 먼저 화살로 멧돼지를 맞혔는지를 두고 키라타(시바가 변한 모습)와 싸움을 벌이게 된다. 힌두교의 상징체계에서 멧돼지는 신에게 바치는 제물을 의미하며(Rodriguez, 1966), 따라서 그

60 파르바티를 방해하는 시바. 프리아 피투, 지금은 기메 박물관에 있다(사진 : M. 프리먼)

61 아르주나의 고행. 바푸온, 고푸라 II

의 다리는 베다이고, 그의 엄니는 제물로 바치는 칼날이며, 그의 혀는 아그니이다. 아르주나를 죽일 의도로 멧돼지로 변한 악마 무카도 제물로 바치는 동물이 된다.

그러나 키라타와 싸우다 자신이 지니고 있는 힘과 마법의 무기를 잃은 아르주나도 제물을 뜻하며, 그가 시바와 일대일 격투에 들어갈 때는 쉽게 상처받을 수 있는 그의 약한 측면과 제물의 측면이 강조된다.

나중에 키라타는 자신이 시바 신임을 드러내며 아르주나가 다르마를 다시 세울 수 있게 그의 무기를 돌려주고 그에게 완전무결한 무기를 주어 왕위에 앉힌다. 그리하여 아르주나는 신에게 정통성을 인정받은 왕권의 화신이 되어 반신반인의 지위를 얻는데, 크메르 왕들은 이 두 가지 측면을 아주 높이 평가했다.

이 장면이 반타아이 스레이에서는 멧돼지 한 마리가 정면으로 그려져 있고, 싸움을 하는 아르주나와 시바를 나타내는 두 궁수가 중앙에 있는 장면과 대칭을 이루고 있다. 바푸온에서는 이 이야기가 위에 덧붙인 판에 그려져 있는데, 동쪽의 두번째 고푸라에는 전투 장면이, 서쪽의 두번째 고푸라에는 선물로 준 무기가 그려져 있다(그림 61).

* 반타아이 스레이, 중앙 사당(그림 129, 144쪽)
* 바푸온, 고푸라 II(그림 61)
* 프라사트 센 케브
* 바욘, 북쪽에 있는 안쪽 회랑, 동쪽 날개

인드라 신화

신 중의 신인 인드라에 관한 신화의 기원은 인도에서 가장 오래된 텍스트인 『리그 베다』(기원전 1200년)까지 거슬러 올라가나, 여기서는 그에 관한 특정한 신화가 나오는 게 아니라 그저 그가 넌지시 또는 희미하게 언급되어 있을 뿐이다. 따라서 우리의 지식은 나중에 나온 『베다』의 개정판과 그에 대한 주석서 그리고 『마하바라타』와 『라마야나』와 같은 다른 텍스트에 기술된 신화에 근거하고 있다.

크메르 종교에서는 인드라 신만 따로 숭배한 적이 없었다. 하지만 그가 천국의 신, 하늘의

62 인드라의 비. 반티아이 스레이, 남쪽 도서관 (사진 : M. 프리먼)

63 인드라는 대개 아이라바타를 타고 있다. 반티아이 스레이

신이고 대지를 기름지게 하는 비를 통제했기 때문에 틀림없이 가장 인기 있는 신 가운데 하나였을 것이다. 게다가 그는 신들의 전사이며 영웅들의 보호자여서, 왕들은 이런 이미지를 몹시 닮고 싶어했다. 그는 또 네 개의 주요 방위를 지키는 신(로카팔라) 가운데 하나인 동쪽을 지키는 수호신이었으며, 그래서 크메르 사원에서는 그가 늘 문에 있는 상인방이나 동쪽 입구에 있는 작은 박공벽에 그려져 있다. 이런 형상에서 그는 그의 탈것으로 유명한, 머리가 세 개 달린 코끼리 아이라바타에 앉아 있거나 서 있는 인간의 모습을 하고 있다(그림 63).

다른 세 주요 방위에서 남쪽은 조상과 죽은 이들의 신 야마가 맡았고, 서쪽은 강과 바다의 신 바루나가, 북쪽은 부와 인간과 요정의 신 쿠베라가 맡았다. 여기에 더해 주요 방위의 중간에 있는 방위를 지키는 신들도 있었는데, 아그니는 동남쪽을, 수리아는 서남쪽을, 바유는 서북쪽을, 소마는 동북쪽을 맡았다.

크메르인이 특히 좋아한 인드라 신화는 다음과 같다.

인드라의 비
어느 날 코끼리를 타고 있는 위대한 왕 인드라에게 사람들이 가뭄의 고통을 호소하며 비를 내려달라고 하자, 그는 억수같이 쏟아지는 비를 내려 지상의 모든 생물을 기쁘게 했다.
* 반티아이 스레이. 남쪽 도서관(그림 62)

다른 힌두 신화들

우유의 바다 휘젓기(이 이야기는 『마하바라타』에서도 이야기되었지만, 가장 완벽한 것은 『바가바타 푸라나』에 있다)

이 전설은 세계가 처음 시작되었을 때 데바와 아수라가 불로장생의 영약 암리타를 만들기 위해 노력하며 천 년 동안 치열하게 싸우면서 시작된다.

얼마 후 지친데다 목표를 달성할 수 없었던 그들이 비슈누에게 도움을 청하자, 비슈누가 나타나 서로 싸우지 말고 협력하라고 한다. 그들은 이에 동의하여, 아수라가 세 장군의 지휘 아래 왼쪽을 맡기로 하고 발리가 뱀의 머리를 잡는다. 유별난 머리 장식에 얼굴이 다섯 개인 시바의 지휘를 받는 데바는 오른쪽을 맡아 힘이 엄청나게 센 원숭이 왕 수그리바가 뱀의 꼬리를 잡았다.

그리고 나서 그들은 만다라 산을 축으로 삼아 우유의 바다를 휘젓기 시작했다. 그런데 갑자기 만다라 산이 가라앉기 시작하자 비슈누가 자라 쿠르마로 변해 자신의 딱딱한 등딱지로 산을 떠받친다. 한편 머리가 다섯 개 달린 신성한 뱀 바수키는 자신을 밧줄로 제공해 자기 몸으로 축을 칭칭 감으니, 인드라를 포함한 많은 신들이 그것이 풀리지 않도록 도왔다. 그런데 그들이 만다라 산을 돌리자 엄청난 소용돌이가 일면서 주위에 있는 수많은 생물과 물고기들이 산산조각 났다.

그들이 그렇게 고대하던 영약은 우유의 바다를 천 년이나 휘저은 다음에야 얻을 수 있었는데, 이때 이와 더불어 여신 락슈미(스리 데비)와 코끼리 아이라바타, 말 우차이슈라바, 소원을 들어주는 나무, 압사라들이 나왔다. 그러나 데바와 아수라들 사이에서는 누가 암리타를 가질 것인가를 두고 또다시 치열한 싸움이 일어나 또 한번 큰 전쟁이 일어난다. 이번에도 할 수 없이 끼어들게 된 비슈누는 데바들의 도움으로 승리를 거두고, 암리타를 손에 넣고 안전하게 보관한다. 평화가 정착되자 인드라는 다시 신들의 왕이 된다. 크메르 신화에서는 이것이 아주 중요했는데, 왜냐하면 왕의 평화적인 취임과 관련될 수 있었기 때문이다.

원전에 따르면 이 과정에서 데바와 아수라들이 독니로 가득한 머리가 다섯 개 달린 나가 바수키를 잘못 다루는 바람에 그가 푸른 독을 폭포처럼 토해냈다고 한다. 만일 시바가

64 우유의 바다 휘젓기. 비슈누가 거북이가 떠받친 만다라 산 위에 있다. 앙코르와트, 동쪽 회랑, 남쪽 날개(사진 : J. 폰카르)

65 야마. 천국과 지옥. 앙코르와트, 남쪽 회랑, 동쪽 날개(사진 : J. 폰카르)

그것을 모두 마셔버리지 않았다면, 모든 이를 독살하고도 남았을 것이다. 이후 시바의 입에는 검은 선이 영원히 사라지지 않는 흔적으로 남았다. 하지만 이 일화는 크메르 도상에는 포함되지 않았다.

* 앙코르와트, 동쪽 회랑, 남쪽 날개(그림 64)
* 앙코르와트, 남서쪽 모퉁이의 작은 방
* 반티아이 스레이
* 반티아이 삼레

천국과 지옥

힌두 신화에는 지옥이 없다. 따라서 사후의 삶, 최후의 심판, 그에 따른 지옥의 고문과

66 천국과 지옥의 다름마와 치트라굽타. 앙코르와트, 남쪽 회랑, 동쪽 날개(사진 : J. 폰카르)

천국의 기쁨은 틀림없이 대승불교에서 나왔을 것이다. 현존하는 지옥의 수 32는 불교의 수점술에서만 의미가 있다. 이것 또한 크메르인의 천성적인 종교 혼합주의를 보여주는 것이다.

   천국과 지옥에 대한 그들의 신화적인 상에서 특히 인상적인 인물은 심판의 신이자 지하세계의 군주인 야마였을 것이다(그림 65). 전설에 따르면, 그는 시뻘건 눈과 길다란 이빨에 시퍼런 살갖을 가진 아주 못생기고 험상궂은 모습을 하고 있다. 그리고 대개 물소를 타고 다니며, 새빨간 옷에 왕관을 쓰고 도끼와 칼, 단도를 들고 있다.

   사람이 죽어 영혼이 육체를 떠나면 야마를 보좌하는 다름마(그림 66)가 기록을 보관하는 치트라굽타 앞에 죽은 사람과 함께 그의 언행을 적은 기록을 가져온다. 그러면 야마의 옥좌 앞에서 심판이 내려지는데, 야마는 정의로운 자에게는 관대하나 죄인에게는 아주 가혹한 듯하다. 그는 정의(다르마)의 화신이며 정의의 왕(다르마라자)이지만 동정심이 없다(Danielou, 1985). 저주받은 자들은 시뻘겋게 달아오른 쇠 격자가 있는 남쪽 문을 지나 악취가 나는 펄펄 끓는 강을 가로질러 무시무시한 괴물들이 사는 지옥에 떨어지며, 거기서 그들은 소름끼치는 가장 독창적인 형태의 고문을 받게 된다(그림 68~70).

지옥의 개념은 윤회의 개념과 모순되지만, 인도에서와 마찬가지로 캄보디아에서도 두 가지는 아무 문제없이 잘 뒤섞여 있다.

* 앙코르와트, 남쪽 회랑, 동쪽 날개

틸로타마 이야기(『마하바라타』)

두 아수라, 순다와 우파순다가 우주에 불러일으킨 혼란과 절망에 종지부를 찍기 위해 신들은 아름다운 요정 틸로타마를 창조해 두 형제 사이에 치열한 경쟁을 불러일으키라는

67 틸로타마와 아수라. 반티아이 스레이 박공벽, 지금은 기메 박물관에 있다(사진 : M 프리먼)
68~70 지옥의 온갖 장면들. 앙코르와트, 남쪽 회랑, 동쪽 날개(사진 : J. 폰카르)

크메르 신화와 전설 **91**

임무를 부과해 보낸다. 여기서 틸로타마는 두 아수라에게 붙잡혀 있는데, 그들은 서로 그녀를 죽일 듯이 무거운 몽둥이를 높이 치켜들고 있다. 그리고 주요 장면 양쪽의 인물은 쪼그리고 앉아 무슨 기도인가를 하고 있고, 두 천사가 숲에 있는 큰 나무 위에서 하늘 높이 날아오르고 있다.

* 반티아이 스레이 박공벽, 지금은 기메 박물관에 있다(그림 67)

웅장한 전투

수천 명이나 되는 주인공들(인간, 신, 악마)과 동물, 전차가 등장하고 이들 모두 수많은 창과 화살이 난무하는 속에서 치열한 전투를 벌이는 『라마야나』와 『마하바라타』의 웅장한 전투 장면들은 크메르인의 상상력을 사로잡았고, 크메르인들은 사용할 수 있는 가장 큰 벽면에 그것을 재현하기로 했다. 그리하여 앙코르와트의 세번째 담의 회랑에는 쿠룩셰트라 전투, 비슈누와 아수라의 전투, 크리슈나와 바나의 전투, 데바와 아수라의 전투, 그리고 마지막으로 유명한 랑카 전투(이들 전투에 대해서는 모두 앞에서 살펴보았다)가 그려져 있다. 마찬가지로 자야바르만 7세 때 크메르인과 참 족 사이에 벌어진 전설적인 전투들도 바욘의 바깥쪽 회랑 대부분을 장식하고 있다(아래 참조).

쿠룩셰트라 전투(『마하바라타』)

크메르인의 상상력을 널리 자극한 이 이야기는 판다바 형제와 카우라바 형제 사이에 벌어진 전투에 관한 것이다.

인도 북부의 중심에 있는 갠지스 강 유역에서, 금욕 생활을 하겠다고 맹세한, 산타누 왕의 아들 비슈마는 몰래 양어머니 사티아바타와 함께 왕위를 이을 후계자를 얻기 위해 두 소녀를 불러 사티아바타가 산타누와 결혼하기 전에 기적적으로 낳은 현자 비아사와 결합시킬 계획을 짠다. 그리하여 장님으로 태어난 한 아이는 카우라바 형제의 아버지인 위대한 왕 드리타라슈트라가 되었고, 아주 허약하게 태어난 아이는 나중에 판다바 형제(이중 가장 유명한 인물이 아르주나이다)의 아버지 판두가 되었다.

그런데 드리타라슈트라는 자신에게 어울리지 않는 자리를 차지하고 있는 것이 불편해 장남인 비열한 두리오다나를 중심으로 뭉쳐 있는 아들들이 사촌지간인 판두의 다섯 아들

71 쿠룩셰트라 전투에서 아르주나의 마부 역할을 하는 크리슈나. 앙코르와트, 서쪽 회랑, 남쪽 날개(사진 : J. 폰카르)

들을 권력에서 쫓아내도록 허락했다. 늙은 왕 드리타라슈트라는 원래 왕국을 판두의 아들들에게 물려주고 싶어했다. 그런데 그의 아들들은 아버지의 뜻을 거스르고 경쟁자인 이들 형제를 추방한 다음 그들의 권리를 모두 박탈해버렸다. 그리하여 결국 전쟁이 일어난다.

두 집안은 불구대천의 원수였고, 따라서 이 서사시는 어둠의 아들(카우라바 형제)과 빛의 아들(판다바 형제)의 갈등을 상징한다. 이들의 갈등이 빚어낸 피비린내 나는 전쟁은 봉건시대인 베다 시대에 수많은 인도 젊은이의 목숨을 앗아갔다. 장편서사시 『바가바드기타』("신의 노래")가 나타나는 것은 이 시점에서다. 젊은 아르주나가 결국 자기 친족을 죽이게 될 전쟁에서 왕국을 위해 싸우지 않으려 하자, 그의 마부 행세를 하고 있던 크리슈나(그림 71)가 "당신이 해야 할 일은 당신의 카르마, 즉 당신의 업보를 다하는 것이지 결코 그 결과를 살피는 게 아니다"라며 카르마(업)의 철학에 대해 말한다. 크리슈나는 알고 행하고 헌신하면 모두 구원을 얻을 수 있다고 말한다. 결국 쿠룩셰트라 전투는 우주의 질서를 회복하는 데 없어서는 안 될 전투였던 것이다.

이 이야기에 등장하는 핵심 인물은 위대한 신 비슈다(그림 72)이다. 그는 궁정의 음모 탓에 왕위를 포기했는데, 원래 반신(半神)이었기에 죽을 때를 택할 수 있었다. 그는 카우라바 형제들 편에 있었다. 그는 전쟁이 일어난 지 열흘째 되는 날 상처를 입고 화살로 만든 침대에 누워 태양이 북반구를 넘어간 뒤에 죽기로 결심한다.

전쟁은 끊임없이 영웅적인 행동들을 펼쳐내며 18일 동안 밤낮으로 치열하게 벌어진다. 그러나 비마가 두리오다나를 죽일 때와 아르주나가 카르나를 죽일 때, 유디슈티라가 아스와타마에게 반칙을 할 때 기사도 정신에서 벗어난 행위가 일어난다. 전쟁은 18일 만에 카우라바 군이 패하면서 끝난다. 유디슈티라는 왕위에 올라 여러 해 동안 왕국을 다스린 뒤, 왕권을 포기한다. 그리고 자신의 네 형제와 그들의 공동 아내인 드라우파디와 함께 히말라야 산맥에 있는 메루 산으로 올라가 신들의 영역으로 들어간다.

* 앙코르와트, 서쪽 회랑, 남쪽 날개(그림 71, 72)

비마와 두리오다나의 결투(『마하바라타』)

이것은 비마(판다바 형제)와 두리오다나(카우라바 형제)라 여겨지는, 쿠룩셰트라 전투의 두 주인공이 크리슈나 앞에서 벌인 싸움이다. 여기서 크리슈나는 자신의 네 팔로 형제인 발라라마가 그가 아끼는 무기 프칵(끝에 칼날이 두 개 달린, 자루가 긴 몽둥이)을 잡도록 도와준다. 두 전사 가운데 하나가 싸우면서 상대의 머리 위로 훌쩍 뛰어올라 치명적인

72 비슈마의 죽음. 앙코르와트, 서쪽 회랑, 남쪽 날개(사진 : J. 폰카르)

73 비마와 두리오다나의 결투. 반타아이 스레이 박공벽, 지금은 프놈펜 박물관에 있다(사진 : J. 폰카르)

일격을 가하려 하고 있고, 흔히 신화적인 장면에 증인으로 나타나는 압사라들이 춤추는 자세로 결투를 벌이는 두 사람의 머리 위를 빙빙 날아다닌다.

 * 반타아이 스레이 박공벽, 지금은 프놈펜 박물관에 있다(그림 73)

불교 신화

개요

지금 우리가 살펴보는 역사시대에는 종류에 관계없이 불교 이야기를 그린 부조가 드문데, 여기에는 두 가지 이유가 있다. 먼저 자야바르만 7세 이전에는 돌로 지은 불교 사원이 거의 없었고, 둘째 자야바르만 7세가 세운 불교 사원에 있던 부조들이 그가 죽은 뒤 일어난 성상 파괴로 거의 파괴되었기 때문이다. 이런 성상 파괴 행위는 그가 세운 사원에 있던 대승불교의 성상에 대해 행해진 듯한데, 시바 상으로 쉽게 동화될 수 있어 화를 많이 면한 보살상과 달리 붓다의 상은 특히 그 표적이 되었다.

그러나 이와는 대조적으로 상좌부 불교 사원과 그곳에 있던 성상들은 이런 재난을 피할 수 있었다. 이는 상좌부 불교가 9세기 말쯤 대좌 위에 거대한 불상을 올린 템 프라납을 왕궁 한쪽에 짓도록 허용한 야소바르만 1세 때부터 관대히 다루어졌기 때문일지 모른다.

하지만 현재의 지식 상태로 볼 때 자바야르만 7세 이전에 세운 사원의 부조 중에는 제작연도가 의심스러운 것이 많으며, 따라서 어떤 것은 16세기에 덧붙였을 가능성이 크다.

이야기 부조에 기초한 크메르 신화 연구에서 제기되는 주요 질문은 자야바르만이 자신의 불교 신앙을 어떻게 시각적으로 드러냈을까 하는 것이다.

그는 그것을 주로 건축의 상징성을 통해 표출했던 듯한데, 무엇보다도 이를 잘 보여주는 것은 세 개의 거대한 건축물들이다. 1만 2640명이 운영하였고, 왕의 어머니를 위해 반야보살에게 바친 도량이자 사원이었던 타 프롬 그리고 9만 7천 명이 넘는 사람들에 의해 유지되었고, 한가운데 왕의 아버지를 닮은 관세음보살상이 있는 도량이자 대학이자 불교 사원이었던 프리아 칸, 불교와 시바 파, 비슈누 파의 신들과 지역 수호신들의 만신전이며 200개가 넘는 거대한 관세음보살의 두상(그것이 브라흐마의 두상이 아니라면)이 왕관처럼 얹힌 바욘 사원이다. 바욘은 힌두교의 상징들(메루 산, 우유의 바다 휘젓기, 땅과 하늘을 잇는 나가 다리)과 불교의 우주관(善法正殿; 수다마사바)이 결합되어 있어, 한가운데에 붓다가 나가의 보호를 받는 그림이 있는 만다라를 상기시키기도 한다.

이 밖에도 불교 신앙에 바쳐진 사원은 많았는데, 그 가운데 일부만 말하면 반타아이 치

74 나가 밑에 있는 붓다. 방콕 국립 박물관(사진 : M. 프리먼)

마르, 반티아이 크데이, 타 네이, 타 솜, 대승불교의 상징으로 가득한 니악 포안과 100개가 넘는 '병원'을 들 수 있다. 그러나 이들 건축에서는 불교에 관한 이야기가 드문드문 보일 뿐이다.

게다가 지금껏 반티아이 치마르의 부조를 직접 연구하는 것은 불가능했으며(이 연구를 할 당시에는 부조에 접근할 수 없었다), 캄퐁 스바이의 프리아 칸에 있는 부조들 역시 마찬가지였다. 또 본서의 범위를 적절히 유지하기 위해 피마이처럼 태국 북동쪽의 불교 사원은 본서에 포함시키지 않았다.

안타깝게도 글레즈(1993)가 반티아이 삼레에 있다고 말한,『베산타라 자타카』에 나오는 장면들도 지금까지 연구되지 않았다. 프놈펜 박물관에서는 "앙코르와트의 서쪽 입구"에 있었다는 돌조각이 반티아이 자타카에 나오는 장면을 그린 것이라고 주장하지만, 세 개의 짧은 수직 판에 있는 해석은 문제가 많다. 그리고 그것은 12세기 말에서 13세기 초의

크메르 신화와 전설 97

것으로 추정된다.

이 많은 주요 건물 가운데 불교와 관련이 있거나 붓다의 삶, 그중에서도 특히 자타카에 관해 다루고 있는 이야기 부조가 없다는 것은 놀라운 일이다. 크메르인은 『라마야나』와 유사하다는 이유로 다른 자타카보다 『베산타라 자타카』를 선호했으면서도, 동남아시아에는 아주 널리 퍼져 있는 이 『베산타라 자타카』를 인색할 정도로 거의 쓰지 않았다. 나중에 새긴 안쪽 회랑의 부조들은 브라만교를 믿는 그의 후계자들이 새긴 것이고, 따라서 당연히 불교 도상을 피했다.

비록 자야바르만 7세가 자신의 개인 사원들의 이야기 부조에 있어서만큼은 자신의 전임자들의 위대한 장식적 전통을 모방했지만, 그는 불교에 대해서는 언급하지 않은 채 자신의 지상에서의 모험, 캄보디아의 적들에 대항해 벌이는 전투를 설명하는 커다란 판들로 장식된 바욘의 바깥쪽 회랑을 보유하고 있었다.

결론적으로 말하면, 자야바르만이 종교적 상징으로 가득한 수많은 기념비적 건물을 지어 대승불교에 대한 자신의 신앙을 과시한 것은 분명하지만, 부조나 조각을 통해 그것을 표현한 도상학적 자료는 상대적으로 적은 수만 남겼는데, 이는 아마 당시 대승불교가 탄트라 불교에 기울어져 있었기 때문일 것이다.

14세기부터는 점차 상좌부 불교가 대승불교 대신 캄보디아에서 가장 인기 있는 종교가 되었다. 그러나 16세기에 앙코르가 다시 점령되자 새롭게 불교 열풍이 일어나 전에 있던 불교 사원의 일부가 크게 확장되었고, 때로 여기에 스투파가 덧붙여졌다. 그러면서 새로운 부조들이 새겨지고, 사원들이 주로 나무로 말끔히 단장되었다. 이는 지방에 있던 일부 사원도 마찬가지였다.

이 책은 앙코르 시대에 초점을 맞추고 있지만, 불교에 관한 부조가 거의 없는 탓에 나중에 나온 신화와 전설에 대해서도 살펴보았다.

주제의 선택

힌두 신화의 경우와 마찬가지로 크메르인은 여기서도 붓다의 삶에 관한 많은 이야기 가

75 삭발을 하고 말과 종자를 자유롭게 풀어주는 붓다. 와트 노코르

운데 몇 가지만 골라 표현했다. 그래서 인도와 인도네시아 도상에서는 흔히 볼 수 있는 싯다르타의 잉태와 출산에 관한 것이 이곳에는 하나도 없다. 또 동남아시아의 다른 문화에서는 널리 묘사되었던 그의 어린 시절에 관한 이야기와 그의 삶에서 중추적인 역할을 한 네 번의 만남에 관한 이야기, 그의 첫 설교와 가르침에 관한 이야기, 하늘에서 내려온 이야기가 크메르의 이야기 부조에는 모두 빠져 있다.

다음의 사건들은 6세기부터 16세기 사이의 크메르의 이야기 부조에서 보이는 것들이다.

잠든 여인들

이것은 미래의 붓다가 궁녀들과 무희들에 둘러싸여 왕궁에서 보낸 마지막 밤을 그린 것

크메르 신화와 전설 99

이다. 신들이 그들을 모두 깊은 잠에 빠뜨리자 미래의 붓다가 아내와 아들을 마지막으로 본 뒤 영원히 왕궁을 떠난다.
* 와트 노코르(그림 76)

위대한 출발
이것은 미래의 붓다가 그의 말 칸타카를 타고 왕궁을 떠나는 에피소드를 이야기하고 있다. 이때 그의 종자 찬다카가 말의 꼬리를 잡고 동행하는데, 그들이 소리 없이 도망칠 수 있게 천사들이 말굽을 받쳐준다. 왕 슈도다나는 온갖 수단을 다해 그가 빠져나가지 못하게 했으나, 신들이 도시의 모든 주민을 깊은 잠에 빠뜨리고 성문을 열어놓았다.
* 타 프롬
* 와트 노코르(그림 77)

삭발
아노마 강을 건넌 뒤 미래의 붓다는 왕자의 의복과 장식을 벗고 머리를 삭발함으로써 그가 속한 계급의 특권을 거부하고 탁발승의 길을 가기로 한다. 놀랍게도 그 뒤 그의 머리는 다시 자라지 않았다. 그가 칼로 머리카락을 자르는 순간은 불교 도상에서 가장 널리 볼

◀ 맨 왼쪽 76 잠든 여인들. 와트 노코르
◀ 왼쪽 77 위대한 출발. 와트 노코르
▲ 78 삭발. 말의 세부. 'x' 사원, 프리아 피투, 지금은 시엠 리압에 있는 보관소에 있다(사진 : EFEO)

수 있는 사건이다.
* 프리아 피투, 'x' 사원(그림 78)

말과 종자를 자유롭게 풀어주는 붓다
미래의 붓다가 칸타카의 등에서 내리더니 말굴레를 끊어 칸타카를 풀어준다. 그러나 말은 슬픔을 견디지 못하고 죽어, 인드라의 하늘에서 다시 태어난다.
* 와트 노코르(그림 75)

수자타의 선물을 받는 붓다
엄격한 고행 생활이 쓸모없다는 것을 깨달은 미래의 붓다는 고행을 포기하고 원기를 되찾은 뒤 탁발을 시작한다. 하루는 '염소지기의 나무'(아자팔라) 아래서 명상을 하고 있는데, 어린 소녀 수자타가 그가 자신이 소원을 빌었던 나무의 신인 줄 알고 쌀이 가득 담긴 황금 사발을 선물한다. 그러자 깨달음을 얻으려면 49일이 걸린다는 것을 알게 된 미래의 붓다는 그걸 49등분한 뒤 값비싼 사발은 강에 던져버린다.
* 프리아 팔릴라이(그림 79)

마라의 공격
마라는 악령인 아수라와 동물들이 사는 욕망의 세계를 다스리는 신이었는데, 그는 미래의 붓다가 생명이 끊임없이 태어나고 다시 태어나는 이유를 발견하면 자신의 힘이 소멸된다는 것을 알았다.

그래서 마라는 미래의 붓다가 보리수 아래서 명상하는 것을 보고, 전투용 코끼리를 타고 동물의 얼굴을 한 악마의 군대를 이끌고서 그를 공격하기로 했다. 그러나 미래의 붓다는 악마들의 횡포에도 아랑곳 않다가 그들보다 훨씬 센 정신력으로 그들을 멀리 날려보낸다.
* 와트 노코르(그림 80)
* 프라사트 크랍, 캄퐁 톰(지금은 프놈펜 박물관에 있는 박공벽, No. 1824)

79 수자타의 선물을 받는 붓다(?). 바욘, 북쪽에 있는 안쪽 예배당
80 마라의 공격. 와트 노코르
81~82 명상을 하고 있는 붓다. 프리아 팔릴라이

붓다의 깨달음

마라의 공격을 받은 뒤, 미래의 붓다는 명상의 가장 높은 단계에 올라 자신의 전생과 카르마(업)에 따른 윤회(삼사라)에 대해 되돌아본다. 그리고 삶과 죽음을 극복할 수 있는 가능성을 깨달으면서 이제 자신이 해탈했음을 자각한다. 그는 네 가지 고귀한 진리를 소유하게 되어 자각한 자, 깨달음을 얻은 자가 된다. 붓다가 된 것이다.

이 절정의 순간에 흔히 붓다는 보리수 아래에서 왼손은 무릎에 얹고 오른손은 땅에 닿아 있는 부미스파르사(촉지인) 자세로 앉아 있고, 머리 위에 우슈니샤(부처의 정수리에 솟아 있는 상투 모양의 혹)가 높이 솟아 있는 모습으로 그려진다.

가끔 이 사건의 마지막에 대지의 여신 브라 다라니가 등장하는데, 붓다가 그녀에게 자신이 깨달음을 얻었다는 걸 증언해달라고 했기 때문이다. 그녀는 나중에 자신의 머리를 꼬아 뿜어낸 물줄기로 마라가 그를 무너뜨리기 위해 보낸 악마의 군대를 물에 빠뜨려버린다.

* 프리아 팔릴라이(그림 81, 82)
* 프리아 칸

나가 무찰린다를 타고 있는 붓다

깨달음을 얻은 지 6주가 되었을 때, 붓다는 나가의 왕 므찰린다가 사는 연못 근처에 명상을 하러 간다. 그런데 사나운 비바람이 몰아치자 무찰린다가 자기 몸으로 명상을 하고 있는 붓다를 감싸고 우산 모양의 목으로 붓다를 폭풍우로부터 보호해준다.

이 경이로운 사건은 불교 전승에서 그가 결국 깨달음을 얻은 것을 뜻하며, 이는 크메르 예술에서 가장 인기 있는 사건 중 하나다. 이것은 부조에서는 드물지만, 특히 바욘과 바욘 이후 시대의 독립된 조각상에서는 흔하게 볼 수 있다.

파릴리야카 숲의 기적

깨달음을 얻은 지 10년 후, 붓다는 코삼비 근처에 있는 파릴리야카 숲에 홀로 들어가 은거했는데, 거기서 외로운 코끼리와 원숭이의 도움과 존경을 받았다. 선과 악을 구별할 줄 몰랐던 이 불운한 존재들은 나중에 인드라의 하늘에서 다시 태어나 구원에 이르는 길을 가르침 받게 된다.

83

84

85

86

87

88

83 파릴리야카 숲의 기적. 프리아 팔릴라이
84 대반열반에 든 붓다. 프리아 팔릴라이
85 관세음보살. 바티의 타 프롬
86 관세음보살. 니악 포안
87 날라기리의 복종. 프리아 팔릴라이
88 말 발라하. 니악 포안(사진 : M. 프리먼)

* 프리아 팔릴라이(그림 83)

날라기리의 복종

깨달음을 얻은 지 37년 후, 붓다를 시기한 사촌 데바닷타는 코끼리 날라기리에게 부탁해 그를 살해하기로 결심하고, 날라기리에게 술을 먹여 흥분시킨다. 그러고는 코끼리를 라자그리하 거리에 풀어놓으니, 부처를 제외한 모든 사람이 공포에 떨었다. 그러나 결국 날라기리는 붓다의 자비심에 감명을 받고 그의 발 밑에 무릎을 꿇었고, 그를 살해하려던 의도는 그 자리에서 사라져버렸다.

* 프리아 팔릴라이(그림 87)

대반열반에 든 붓다

쿠시나가라라는 도시 근처에 있는 정원에 다다른 붓다는 제자 아난다에게 두 사리수 사이에 잠자리를 준비해달라고 하더니, 얼굴을 서쪽으로 두고 오른쪽으로 눕는다. 밤이 끝나갈 무렵 그는 일련의 명상을 마친 뒤 완전한 열반인 대반열반(大般涅槃 : 화신인 몸을 버리고 법신인 붓다와 하나가 되는 것―옮긴이)에 든 뒤 세상을 떠난다. 그러자 땅이 흔들리고, 신들이 나타나고, 꽃이 핀다. 대반열반은 합리적인 세계 너머에 있는 외적 자아의 소멸을 통해서만 얻을 수 있는 상태이다.

* 프리아 팔릴라이(그림 84)

관세음보살

불교 도상에서 가장 유명한 보살은 관세음보살(아발로키테슈바라)이다. '자비의 신' 또는 '모든 곳을 살피는 분'인 관세음보살은 늘 머리에 수많은 아미타불상 장식을 얹고 있는 것이 특징이다.

캄보디아에서는 로케슈바라로 널리 알려져 있으며, 흔히 네 개의 팔에 연꽃(연꽃 파드마를 들고 있는 자라 하여 파드마파니라고도 불린다)과 묵주, 물병, 원고를 들고 있다. 자야바르만 7세 시대에는 특히 별개의 조각상에서 네 개보다는 여덟 개의 팔을 하고 있는 것으로 묘사되는 경우가 많았으며, 우주적 의미를 담고 있는 그의 몸은 수많은 불상으로

덮여 있고, 살갗에 있는 모든 구멍에서 빛을 발산해 만물에 대한 자비심을 보여준다.

* 바티의 타 프롬(그림 85)
* 니악 포안, 동쪽 면, 사원에 있는 가짜 문(그림 86)
* 니악 포안, 서쪽 면, 중앙 사당에 있는 가짜 문

말 발라하의 전설

르 보뇌르(1989)에 따르면, 이 말은 미래의 붓다의 전생의 모습—대승불교의 경전인 『카란다브유하 수트라』에 따르면—혹은 위험에 빠진 상인 심할라와 그의 동료들을 구하기 위해 관세음보살이 취한 모습이라고 한다.

인도 상인 심할라는 동료들과 함께 보물을 찾아 바다를 항해했으나 배가 난파되어 랑카 섬으로 헤엄쳐 가지 않을 수 없었다.

이 섬은 남자들을 잡아먹으려고 혈안이 된 여자 괴물들(『라마야나』에서처럼 락시니들)의 왕국이었다. 그들은 신기하게도 밤이 되면 아름답게 변해 남자들을 유혹해서는 다시 원래 모습인 흉악한 형상으로 돌아가 그들을 잡아먹었다.

그런데 기적처럼 위험을 알게 된 심할라가 자신과 동료들이 목숨을 잃을까봐 전전긍긍하고 있는데, 말 발라하가 나타나 그들이 물질적이면서도 정신적인 '건너편 해안'에 도달할 수 있게 해준다. 그리고 그 결과 발라하는 나중에 붓다가 된다.

이 전설은 니악 포안에서 중앙 사당을 둘러싼 연못에 홀로 서 있는 커다란 조각상에 묘사되어 있는데, 이를 보면 심할라와 그의 동료들이 사원을 향해 헤엄치고 있는 커다란 말의 몸통과 목, 꼬리를 붙들고 있는 것이 보인다. 하지만 이야기의 슬픈 결말은 여기에 나와 있지 않다. 사실 그들은 (오르페우스의 전설에서처럼) 뒤를 돌아보고 여자 괴물들의 청을 물리치지 못하는 바람에 구원받지 못하고 심할라를 제외한 모든 사람이 목숨을 잃는다. 심할라는 나중에 군대를 이끌고 랑카에 가서 괴물들을 물리치고 이들을 다시 숲으로 돌려보낸 뒤 왕이 된다. 그는 스리랑카에 자기 이름을 붙였으며—스리랑카는 심할라드비파라고도 불리는데, 이것은 심할라의 섬이라는 뜻이다—『카란다브유하 수트라』에 따르면 나중에 미래의 붓다가 되었다.

* 니악 포안(그림 88)

역사상의 사건들

수리아바르만 2세의 군대가 어떠했을지 짐작해보기에 가장 좋은 부조는 '역사 속 행렬'로 알려진, 앙코르와트 남쪽 회랑의 서쪽 날개에 있는 것이다. 그러나 이것이 왕의 군대의 일상적인 행렬을 재현하려 한 것인지 아니면 특별한 의식을 위한 행렬을 재현하려 한 것인지는 분명치 않다.

이를 보면 먼저 왕을 둘러싼 측근들을 볼 수 있는데, 그중에는 머리카락을 뒤로 틀어올려 쪽을 찐 것으로 보아 브라만 사제임을 알 수 있는 인물들과 주요 대신들도 있다. 또한 여기에는 왕비와 공주, 궁녀들도 있으며, 조각가들은 의전에 맞게 14개의 파라솔과 그것을 보완하는 커다란 부채 같은 것을 그려 넣어 왕의 신분을 나타냈다.

그리고 그들 뒤를 보병의 행렬이 따르고 있는데, 그들은 코끼리를 타고 있는 장군들과 고위 관리들을 호위하고 있다. 짧은 명패는 저마다 중요한 인물들의 이름과 지위를 말해주고 있으며, 파라솔의 수도 그에 상응한다.

이 부조는 당시 군대의 옷차림과 무기에 대해서도 짐작해볼 수 있게 한다. 장군이나 보병의 구별 없이 이들은 모두 허리 부근에서부터 자락이 길게 늘어진 삼포트로 하반신을 감싸고 있다. 군인들은 동물의 머리로 장식된 투구를 쓰고 둥근 방패를 들고 있다. 일부 장교들의 말은 아주 자세히 조각되어 있으며, 많은 경우 왕과 장군들은 끝 모서리에 칼날이 두 개 꽂힌 자루가 긴 몽둥이 프칵을 들고 있다. 이 무기는 지금도 캄보디아에서 사용되고 있는데, 이것은 인도네시아에서 들어와 인도에는 알려져 있지 않았다.

또 이 행렬에는 작은 종을 치고 있는 다양한 브라만 집단들도 포함되어 있는데, 그 가운데 왕실의 사제인 라자호타는 바로 최근까지도 그랬던 것처럼 그물 침대에 들려 가고 있다. 그리고 그 뒤를 상서로운 궤가 따르는데, 그 안에는 전쟁을 축복하고 신들의 관심을 끌기 위해 가져가는 신성한 불이 담겨 있다. 수많은 짐꾼들 앞에는 나팔을 불고 북을 치고 바라를 부는 사람들과 커다란 방망이로 어마어마하게 큰 징을 치는 사람들이 걸어가고 있다. 또한 두 명의 춤추는 꼭두각시도 그려져 있고, 기수들은 휘장(대개는 하누만의 작은 조각상)을 여러 개 던져 한꺼번에 돌리는 묘기를 보여주고 있다. 행렬의 선두에는 색다른 사람들의 무리도 보이는데, 이들은 아주 사치스런 옷에 장식이 달린 긴 조끼를 입고 머리에는 깃털 서너 개를 꽂았으며, 구슬 꾸러미 다섯 개를 얹은 이상한 모양새를 하고 있는 시암 족으로, 그들의 장군은 팔찌와 목걸이 같은 장식을 많이 하고 있다.

* 앙코르와트, 남쪽 회랑, 서쪽 날개

(그림 89 크메르 장군) (그림 90 젊은이들) (그림 91 군인들과 휘장) (그림 92 지휘관)

크메르 족과 참 족의 전투

대부분의 초기 학자들은 바욘의 바깥 회랑에 있는 전투 장면이 크메르 족과 참 족 사이에 실제 일어났던 역사상의 전쟁을 묘사한 것이라고 보았다. 그러나 부아셀리에(1993)는 오히려 당대에 일어난 사건을 고대 역사와 신화에 나오는 장면들, 그중에서도 특히 데바와 아수라의 전쟁에 나오는 장면과 동일시했을 가능성이 더 크므로, 그런 견해는 일부만 옳을지도 모른다고 생각했다. 그러나 이는 더 나아가 인드라가 아수라들과 싸워 이긴 전쟁에 관한 것일 수도 있다(이것은 앙코르 톰에 들어가는 문의 상징체계에서 아주 중요한 역할을 한다). 그러나 여기서는 분명히 당대의 사건들을 기념하는 것보다 인드라의 공적과 함께 크메르 족의 왕 자야바르만 7세의 공적을 드러내는 게 더 중요했을 것이다.

* 바욘, 바깥 회랑

(그림 93, 110~111쪽), 해전(그림 94, 112쪽) (그림 95, 112쪽)

일상생활을 그린 장면들

바푸온 사원에 있는 작은 이야기 부조에는 전설과 서사, 일상생활을 그린 장면들이 순서 없이 마구 뒤섞여 있는 듯하다. 그리고 그중 몇 가지는 고행자들의 생활과 그들의 결점을 비웃고 있는데, 여기서 그들은 반은 사람이고 반은 양처럼 생긴 신화 속 인물에게 쫓기기도 하고, 우유를 휘젓고, 허리에 감은 사롱을 벗기고 소녀를 겁탈하려 하고, 찬사를 받기 위해 곡예 같은 자세를 취하고 있는 모습으로 그려져 있다. 그러나 이보다 극적인 장면들도 있는데, 고행자들이 무릎을 꿇고 화살이 꽂힌 효수당한 머리를 들고 있고 근처에서는 사형 집행인 두 명이 가운데 있는 여자의 머리를 도끼로 찍어내리려 하고 있다.

바욘의 바깥 회랑에는 활기찬 일상에서 일어난 사건이나 이야기에 관해 보여주는 부조들이 풍부하다. 강변(또는 호숫가)을 그린 어느 장면에는 덤불 속에 있는 멧돼지들과 함

89

90

91

92

89 크메르 장군. 앙코르와트, 남쪽 회랑, 서쪽 날개(사진 : J. 폰카르)
90 젊은이들. 앙코르와트, 남쪽 회랑, 서쪽 날개
91 군인들과 휘장. 앙코르와트, 남쪽 회랑, 서쪽 날개(사진 : J. 폰카르)
92 지휘관. 앙코르와트, 남쪽 회랑, 서쪽 날개(사진 : J. 폰카르)
93 뒷면 : 크메르 족과 참 족의 전투. 바욘, 바깥 회랑(사진 : M. 프리먼)

94 크메르 족과 참 족의 해전. 바욘, 바깥 회랑(사진 : M. 프리먼)

95 크메르 족과 참 족의 전투 장면 가운데 일부. 바욘, 바깥 회랑

96 전투 장면. 바욘, 바깥 회랑

께 홍학, 암, 수사슴들이 그려져 있고 사냥꾼이 숨어서 그들을 지켜보고 있다. 그리고 그곳에서 별로 멀지 않은 곳에서는 가슴 위로 가죽끈을 가로 맨 크메르 무사들이 전투를 준비하며 창을 휘두르고 있다.

강변을 이용해 이야기의 연속성을 지켜나가면서 바욘의 예술가들은 야외 장면 또한 아주 생생하고 활기 있게 보여주는데, 그중에는 물건을 사고 파는 사람들이 가득한 시장 좌판도 있고, 돈을 걸고 격렬히 입씨름을 벌이며 닭싸움을 하고 있는 사람들도 있고, 음식을 만들고 병자를 돌보는 사람들, 어머니와 아이들도 있다.

그리고 시장 뒤에서는 물고기들이 강물에 떠 있는 배 근처에서 헤엄을 치고, 강변에는 당시 도시와 농촌의 건축 양식을 보여주는 주택과 궁전들이 늘어서 있는데, 안을 들여다보면 가정 생활을 그린 장면들을 볼 수 있다.

또 이 부조들은 배와 고기 잡는 도구들도 보여주는데, 그중에는 중국의 평저선에서 볼 수 있는, 도르래가 달린 이상한 닻도 있다. 물고기는 오늘날 거대한 호수에서 발견되는 것들과 똑같아서 무슨 물고기인지 하나하나 확인할 수 있다.

바욘의 부조에 묘사되어 있는 일부 장면을 좀더 분명하게 이해하려면, 13세기 말 앙코르를 방문해 흥미로운 사실을 많이 기록한 주달관의 회상록을 읽으면 된다.

"왕을 알현하기 위해 왕궁에 갈 때마다, 그는 왕비와 함께 나와 주요 접견실에 있는 나팔꽃 모양의 황금 창에 있는 자리에 앉았다. 그러면 궁녀들이 창 아래 있는 베란다 양쪽에

97 일상생활을 그린 장면. 바욘, 바깥 회랑(사진 : M. 프리먼)

98　일상생활을 그린 장면. 바욘, 바깥 회랑(사진 : M. 프리먼)

죽 늘어섰는데, 그들은 때로 우리를 좀더 잘 보려고 서로 자리를 바꾸었고, 이는 우리에게 그들을 잘 볼 수 있는 좋은 기회를 주었다."

"마침내 국왕이 나타났는데, 그는 코끼리 위에 우뚝 서서 손에는 신성한 칼을 쥐고 있었다. 엄니를 금으로 씌운 코끼리 옆에는 황금 자루가 달린 스무 개의 흰 파라솔을 든 사람들이 따랐다. 코끼리를 호위하는 병사들이 사방에 줄지어 있었고, 완벽한 보호를 위해 그보다 훨씬 많은 병사들이 줄 간격을 좁혀 행진했다."

"왕은 국정을 살피기 위해 매일 접견을 두 번 갖는다. 목록이나 안건은 준비하지 않는다. 국왕을 알현하려는 관리들과 일반인들은 바닥에 앉아 국왕이 오기를 기다린다. 시간이 지나면 궁전에서 멀리 음악 소리가 들리고, 그러면 바깥에서 마치 통치자를 환영하듯 우렁찬 고둥 소리가 울린다. 왕이 접견실에 들어오면 관리이든 서민이든 모든 사람들은 손을 마주 잡고 이마가 바닥에 닿도록 머리를 조아린다. 그리고 고둥 소리가 멈추면 그때서야 고개를 든다. 국왕은 대대로 내려온 왕가의 보물인 사자 가죽 위에 앉는다. 국정을 모두 처리하고 나서 왕은 왕궁으로 돌아가고…… 모든 사람이 자리에서 일어난다."

* 바욘, 바깥 회랑(그림 97, 98)
* 앙코르와트, 2층 안마당

사냥 장면들

코끼리 테라스에는 캄보디아의 숲에서 코끼리와 함께 사냥하는 여러 장면이 일반 부조

99 사냥하는 장면. 바욘, 바깥 회랑 (사진 : J. 폰카르)

100 운동경기. 코끼리 테라스, 앙코르 톰 (사진 : M. 프리먼)

보다 훨씬 깊이 조각되어 있다. 코끼리 두 마리가 호랑이를 잡는 장면이나 코끼리가 노루의 목을 조르는 장면, 사냥꾼들이 멧돼지에게 창을 던지는 장면이나 코끼리 다루는 사람이 호리병의 물을 마시는 장면처럼 이곳에는 사람들과 동물들의 행동이 아주 자세히 묘사되어 있다. 사람들이 호랑이를 사냥하고 사냥꾼들이 바람총으로 새를 잡는 장면은 바욘 사원에서 흔히 볼 수 있다.

* 코끼리 테라스, 앙코르 톰
* 바욘, 서쪽 고푸라 II
* 바욘, 바깥 회랑(그림 99)

운동경기

코끼리 테라스에는 말을 타고 창싸움을 하는 기사들, 레슬링 선수, 검투사, 마차 경주를 하는 사람들을 포함해 자야바르만 7세 시대에 했던 운동경기들이 아주 잘 그려져 있다. 이들은 폴로 경기도 했는데, 이런 경기들은 왕이 왕과 귀족들만 드나드는 앙코르 톰의 드넓은 광장에서 귀족들과 조신들을 즐겁게 해주기 위해 개최했던 것 같다.

* 코끼리 테라스, 앙코르 톰(그림 100, 101)

101 운동경기. 코끼리 테라스, 앙코르 톰(사진 : M. 프리먼)

신화를 소재로 한 것들

칼라

이 신화 속의 동물은 크메르 부조에 아주 자주 나타난다(그림 107, 와트 노코르). 칼라는 사자 머리에 커다란 두 눈이 왕방울처럼 튀어나와 있고, 독니를 드러내며 웃고 있는 괴물이다. 칼라의 머리는 소용돌이 꼴 장식이나 잎 무늬 장식에서 볼 수 있는데, 대개 문 위

102 데바타, 와트 노코르

103 타이 북동쪽의 무앙 탐에 있는 상인방 속의 칼라

의 상인방에 있다. 힌두 신화에 따르면, 이는 위협하듯 아주 사나운 표정을 짓고 있는 시바를 나타낸 것이며, 따라서 본질적으로 보호의 기능을 가지고 있다. 따라서 이것을 늘 사원이나 신성한 장소에 들어가려는 악령이나 적을 막기 위해 문 위에 두는 이유를 알 수 있다. 그러나 장식적 관점에서 볼 때 캄보디아에서는 칼라의 머리가 라후의 머리로 더 잘 알려져 있으며, 대개 상인방의 중앙을 차지하고 있다. 칼라는 그 사실적인 특성이 전적으로 장식적인 양식화를 겪지 않은 경우에는 이상한 모습을 하고 있다. 그래서 대개 입을 벌리고 장식의 일부가 된 혀를 쑥 내밀고 있다. 칼라의 독특한 특성은 아래턱이 없다는 것인데, 더욱 놀라운 것은 얼굴 양옆에 대개는 두 손만 보이는 팔뚝 두 개가 있어 이것이 입에서 나오는 화환을 들고 있는 것이다. 아마 마이클(1955)의 말대로 턱이 없는 이 얼굴을 보면 오세아니아에 있는 어느 섬의 추장들이 집 꼭대기에 올려두는 사람 머리가 떠오를 것이다. 왜냐하면 그런 사람 머리는 마르면서 인대가 끊어져 아래턱이 빠지기 때문이다. 일정 소재들이 원래의 부적과 같은 신비한 가치를 잃고 단순한 장식이 되는 일은 캄보디아에서만 일어난 것이 아니다. 그와 같은 예는 중국에서도 있었고(도철문饕餮紋의 양식화된 얼굴), 인도와 인도네시아의 칼라 머리에서도 볼 수 있다.

 이 지역 사람들은 독특한 믿음 탓에 사람을 제물로 바치고 그 시체를 종교적인 건물이나 일반 건물의 구조 속에 집어넣었다. 그렇게 하면 이런 건물에 있다고 여겨진 신비한 힘이 그것을 보호하기 위해 희생된 희생자들의 피에서 발산되는 생명력과 뒤섞일 것이라고

크메르 신화와 전설 119

믿은 것이다. 크메르 족의 전승은 이런 전통이 있었다는 것을 말해주며, 칼라는 아마 그것을 시각적으로 구체화한 것일 것이다. 언제부터인가 새로 희생된 동물이나 사람의 머리를 더이상은 사원 건물 속에 집어넣지 않게 되었지만, 대신 괴물의 머리를 조각해 그것이 적이나 악령을 달래는 기능을 하게 했다.

마카라

이것은 악어와 물고기, 맥(貊), 새, 코끼리가 하나로 뒤섞여 양식화된 기이한 동물로, 흔히 소용돌이 꼴 장식이나 포도 덩굴 모양의 장식 등과 뒤얽혀 있다. 이것은 크메르 예술에서 흔히 볼 수 있다(그림 105). 마카라는 정면을 바라보고 있는 칼라나 사자 머리와는 대조적으로 늘 옆모습을 보이고 있으며, 박공벽이나 상인방 같은 건축 요소의 가장자리를 차지하고 있다. 일반적으로 눈에 띄는 것은 머리뿐이지만, 때로는 꼬리가 머리에 바로 붙어 있기도 하며, 이 경우에는 대개 꼬리가 크게 과장되어 소용돌이 꼴로 길게 뻗어 나가 전적으로 장식적인 형태를 취하기도 한다. 커다란 독니가 있는 벌린 입에서는 조그만 동물이나 나가가 빠져나가고 있다.

104 프리아 팔릴라이의 테라스에 있는 나가들

105 상인방 끄트머리에 있는 마카라. 타이의 페차부리 박물관(사진 : M. 프리먼)

압사라와 데바타

이러한 여성상들은 12세기와 13세기 크메르 건축의 장식에서 상당히 중요한 역할을 했다. 압사라는 춤을 추는 신성한 소녀들로 크메르 신화에서 하늘을 날아다니는 모습으로 그려져 있는 데 반해, 데바타는 인드라의 낙원에 있는 신격들로 주변에 광채가 서려 있다(그림 102, 118쪽). 이러한 유쾌한 존재들은 이들이 없었다면 더 엄격했을 사원의 종교적

106 결합되어 있는 나가와 가루다. 스라 스랑
107 상인방의 칼라. 와트 노코르
108 머리를 바짝 쳐들고 있는, 프리아 비하르의 나가들(사진 : M. 프리먼)

크메르 신화와 전설 121

인 분위기에 특별한 매력을 불어넣어준다. 그들은 늘 가슴을 드러내고 있고, 보석으로만 장식했으며, 아주 공들인 머리 모양을 하고 있다.

나가와 가루다

나가는 지하나 물속에 사는 물의 신인 뱀으로, 코브라 같은 목에, 대개 일곱 개 또는 아홉 개나 되는 많은 머리가 달려 있다. 나가는 아주 일찍부터 크메르인의 기원에 관한 전설에 등장하는 신화적 존재였는데, 전설에 따르면 한 인도의 브라만이 소마라는 이름의 나가 공주와 결혼해 이 지역 최초의 왕조를 세웠다고 한다.

나가는 대지의 보물과 물에 저장된 에너지를 지키고 이 지역의 번영을 지키는 수호신으로서, 전통적으로 물의 이용 가능성과 관련이 있었다. 나가의 가장 큰 적은 가루다이지만, 놀랍게도 앙코르 역사의 어느 시점에서 둘은 아주 밀접히 결합되어 하나의 신화적인 존재가 되었다(그림 106).

이런 공생 관계는 아마 비슈누가 잠에서 깨어 그의 탈것인 가루다를 타기 전에 영원불멸의 나가 아난타 위에서 잠을 잤다는 전설과 관련이 있을 것이다. 이들의 결합은 『바가바타 푸르나』에서도 이야기되고 있는데, 여기서 뱀은 독과 죽음, 지하세계를, 그리고 새는 탄생과 신들의 음식, 천국을 상징하고 있다.

나가는 크메르 예술에서 가장 자주 나타나는 신화 속 동물이다. 흔히 머리로 박공벽 양쪽 가장자리를 두르거나 사원의 문 위에 있는 상인방에 장식한다. 또한 길고 비늘이 있는 뱀인 나가는 사원의 둑길을 따라 난간을 이루고 있거나, 스라 스랑과 같은 호수의 가장자리를 장식하고 있기도 하다(그림 104, 108). 나가가 난간 기능을 하거나 난간 양쪽 끝에서 목을 높이 쳐들고 있거나 흔히는 가루다와 결합되어 있는 이런 모습은 크메르 예술에만 존재하는 독특한 것으로, 인도에는 알려져 있지 않다.

어떤 나가들은 크메르 신화에서 특히 중요한 역할을 했는데, 예를 들어 바수키는 우유의 바다를 휘저을 때 자신을 공양했고, 아난타는 비슈누의 침상 노릇을 했다.

불교 신화에서 나가들의 왕인 무찰린다는 붓다가 물에 빠지지 않도록 보호해줌으로써 아주 강력한 상징이 되었다. 붓다가 몸을 세 번 사린 나가 위에 올라앉아 명상을 하고 있고 머리가 일곱 개 달린 무찰린다의 목이 붓다의 등과 머리를 보호하고 있는 모습은 크메르인이 가장 널리 받드는 불상 중 하나이며, 이러한 불상은 11세기부터 돌이나 청동 조각에 자주 모습을 나타냈다(97쪽을 보라).

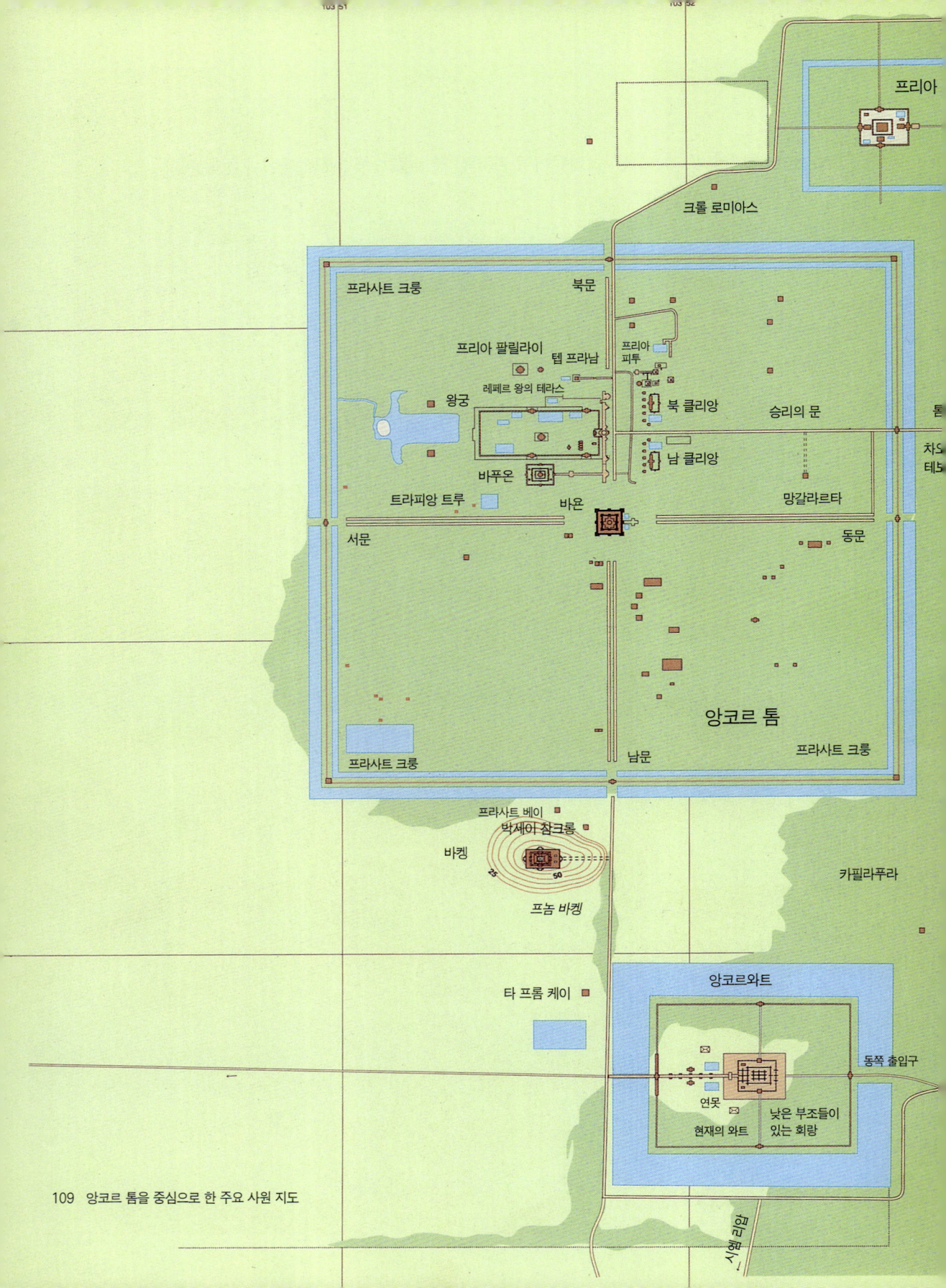

109 앙코르 톰을 중심으로 한 주요 사원 지도

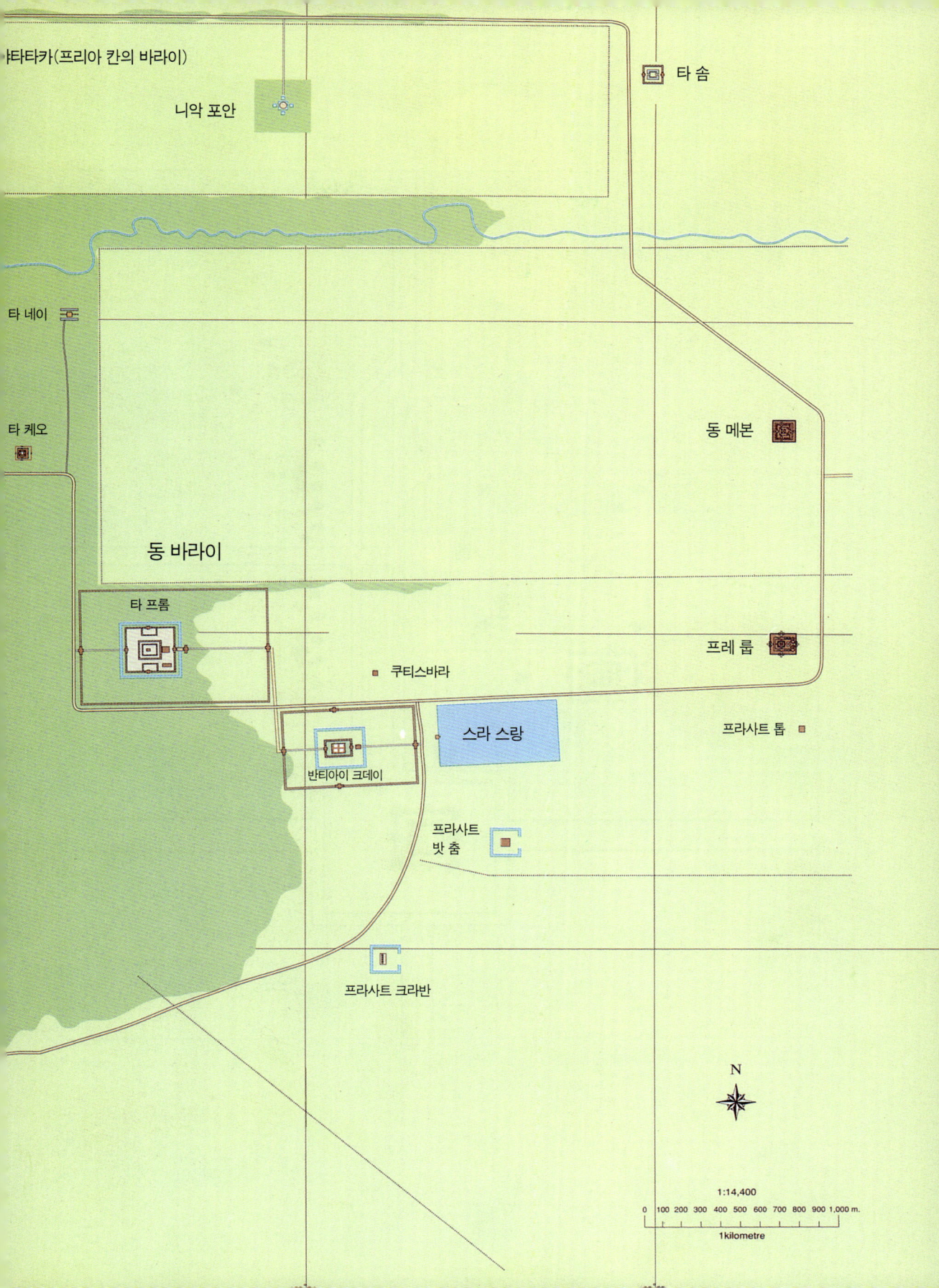

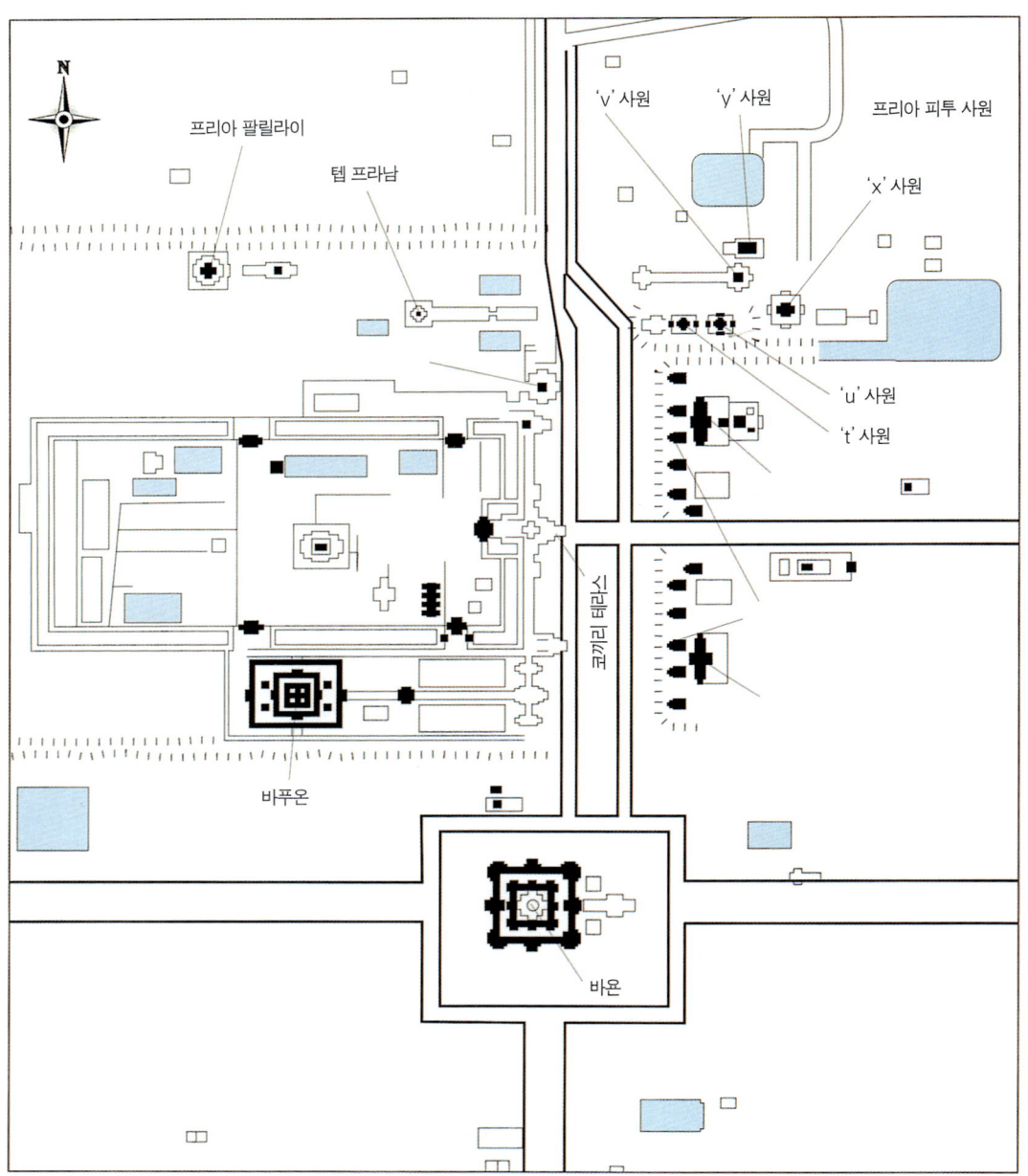

110 바욘 사원 근처의 북서쪽과 북동쪽을 보여주는, 앙코르 톰의 지도

이야기 부조가 있는 위치에 따른 색인

많은 크메르 사원의 이야기 부조에는 신화와 전설이 풍부하게 들어 있다. 여기서는 그런 중요한 유적들을 다음과 같이 연대순으로 살펴볼 것이다.

바콩
반티아이 스레이
바푸온
프놈 치소르
앙코르와트
반티아이 삼레
톰마논
차우 사이 테보다
바욘
프리아 칸
타 프롬
반티아이 치마르
코끼리 테라스와 문둥이 왕 테라스
반티아이 크데이
타 네이

- 니악 포안
  프리아 팔릴라이
  프리아 피투(X)
  와트 노코르
  바티의 타 프롬

여기 제시된 부조의 위치와 부조에 대한 설명은 주로 글레즈가 설명한 것(1944년, 1993년 재편집)을 기초로 했으며, 대부분 프랑스 극동 학교 출신 프랑스 학자들의 연구 결과에서 취한 설명과 해석 그리고 나 자신이 부조에 대해 폭넓게 연구한 것으로 보완했다.

크메르 이야기 부조의 역사를 간단히 살펴보면, 일찍이 상보르 프레이 쿠크에서 몇 가지 부조가 발견된 이래 어떤 인물들이 등장하는 조그만 장면들이 ― 주로 상인방에 ― 계속 모습을 나타내기는 했어도, 그 뒤로 그런 전통이 간과되었고 일시적으로 방기되었다는 것을 알 수 있다. 그래서 커다란 이야기 부조는 9세기에 바콩 사원을 지으면서 조각되기 시작한 듯하며, 반티아이 스레이가 건설된 10세기에 가장 크게 발전했다. 여기서 조각가들은 박공벽 전면에 신화나 전설의 장면들을 역사가들이 놀랄 정도로 정교하게 소개했으며, 일부 역사가들은 해석에서 자바 예술의 영향을 찾으려 했다. 우리가 알고 있는 12세기 이야기 부조는 바푸온에서 볼 수 있듯 작은 판으로 구성되어 있다. 그런데 그후 갑자기 앙코르와트에서 커다란 규모의 부조가 발전하였다. 이것은 건축이나 장식의 측면에서 보면 연

111 새는 크메르 부조에서 인기 있는 주제였다. 앙코르와트

속된 장식띠처럼 보일지 모르나, 내용과 이야기를 볼 때 여덟 개의 독립적인 부조로 서로 다른 이야기를 하고 있다.

크메르 이야기 부조에서는 보조 인물들—무사, 호위병, 고행자, 하녀를 비롯한 많은 사람들—이 주요 구도의 보완적인 요소로서 중요한 역할을 한다. 이에 반해 동물과 새, 나무는 주로 이야기의 맥락과 동떨어진 채 그저 여백을 메우는 장식적 요소로만 삽입되었다. 그러나 나무와 풀은 아주 자세히 묘사되어 있어, 일부 현대 식물학자들은 살아 있는 종 가운데 상당 부분을 알아볼 수 있었다.

바콩

881년에 인드라바르만 1세가 지은 이 시바 사원은 앙코르에서 남동쪽으로 15킬로미터쯤 떨어져 있는 롤루오스에 자리잡고 있다. 5층으로 된 계단식 피라미드 형태를 띠고 있는 바콩의 기단에는 작은 사당이 있는데, 사당의 박공벽에는 앙코르 예술 최초로 인물이 표현된 부조가 있다(그림 113). 벽돌로 쌓은 박공벽의 표면을 덮고 있었을 이런 인물들의 흔적은 거의 사라지기는 했지만 여전히 찾아볼 수 있다.

바콩 사원의 가장 놀라운 특징은 5층에 있는 벽(1.9미터)인데, 사면에 모두 신화나 전설

112 바콩 사원
113 계단식 피라미드의 기단에 있는 작은 사당, 북쪽 면
114 유일하게 잘 보존된 부조에서 볼 수 있는 전투 장면

에 등장하는 인물이 그려진 부조로 이루어진 장식띠가 있고, 아주 섬세하게 조각된 쇠시리로 테두리가 둘려 있다. 이런 종류의 장식으로는 크메르 예술에서 처음 나타난 것이지만, 애석하게도 지금은 보존 상태가 아주 나빠 남쪽 면에 있는 네다섯 개의 판에 조각된 부조들만 알아볼 수 있다. 유일하게 손상되지 않은 판에서는 자바 예술에서 영감을 받은 듯한 양식으로 조각된, 싸우는 아수라 무리를 볼 수 있다.

반티아이 스레이

원래 이슈바라푸라 사원에 속해 있던 이 사원은 최근에 반티아이 스레이(여자들의 성이라는 뜻)라는 이름이 붙여졌다. 이 사원은 앙코르 지역에 있지 않고 바욘에서 북동쪽으로 25킬로미터 떨어진 곳에 있다. 이곳의 조각들은 아주 보기 드물게 훌륭한데, 이는 이것을 왕이 아니라 왕의 구루였던 야즈나바라하와 그의 남동생 비슈누쿠마라가 지었기 때문이다.

이 사원은 라젠드라바르만 2세가 다스리던 10세기 중반 이후에 건설되기 시작해 자야바르만 5세가 다스리던 967년에 봉헌되었다.

왕족 출신인 브라만 야즈나바라하는 아주 뛰어난 인물이었다. 그는 나중에 왕위를 물려받아 자야바르만 5세가 된 10살의 어린 왕자를 교육하는 데 중요한 역할을 했을 뿐 아니라, 이 구루 덕분에 왕자는 그의 아버지 라젠드라바르만의 목숨을 앗아간 음모의 희생자

115 반티아이 스레이의 젊은 드바라팔라의 하나

가 되지 않은 것으로 보인다(Jacques, 1988). 그래서 왕자는 인도에서 제자라면 누구나 그러하듯이 구루의 집에서 기거하였다. 야즈나바라하는 힌두교의 다양한 교리에 정통했을 뿐 아니라 폭풍우의 본질과 지식의 원천, 불교, 의학, 천문학, 음악, 연극에 대해서도 잘 알았다. 그의 남동생은 시바 파 원전의 사본을 만든 문법학자였다.

이 신전은 '세 세계를 다스리는 위대한(마하) 신'이라는 뜻을 가진 링가 트리부바나마헤슈바라라는 주요 신에게 바쳐진 것이다. 이 신은 가장 높은 탑과 연결된 중앙 사당에 안치되어 있으며, 탑의 네 귀퉁이는 한 손에는 창, 한 손에는 연꽃을 들고(창과 연꽃은 모두 시바가 지니고 있는 것이다) 상냥하게 웃고 있는 젊은 드바라팔라(호위병)가 그려진 높은 부조로 장식되어 있다(그림 115). 크메르 예술에서 이 독특한 청년 호위병들은 주요 신전이 아닌 다른 신전에서는 매력적인 소녀들과 압사라들로 대체된다. 레이스 같은 분홍빛 사암으로 지은 사원과 풋풋한 청년 호위병들의 매력과 조화를 설명하기 위해 그로즐리에(Riboud, 1993)는 그것을 창조한 사람들이 '천상의 무용수들보다 젊은 수도승을 더 좋아한 것 같다'고 말했다.

평면이 T자형인 중앙 사당의 양옆에는 두 개의 '도서관'이 있다. 반타이이 스레이는 고푸라가 있는 세 개(또는 네 개)의 담으로 둘러싸여 있으며, 이 고푸라들은 그것이 속해 있는 담에 따라 고푸라 I, II, III으로 불린다. 사원의 놀라운 특징 가운데 하나는 이 사원이 다른 어떤 크메르 사원보다도 작다는 것인데, 다른 크메르 사원의 거의 반밖에 안 되는 이 규모는 특히 높이가 1.3미터밖에 안 되는 문과 한 변의 길이가 1.6미터에서 2미터밖에 안 되는 사당 내부의 크기에서 두드러지게 나타난다.

그리하여 '도서관'의 박공벽들 또한 아주 낮은 부조로 아주 조그맣게 조각된 이야기들을 보여준다. 하지만 동쪽과 서쪽에 있는 고푸라의 박공벽은 그보다 훨씬 높은 부조로 조각된 더 큰 그림으로 장식되어 있다. 두번째 담에 있는 '긴 회랑' ― 이것은 '도서관'이 아니다 ― 의 일부도 사원으로 들어가는 둑길 양옆의 회랑들처럼 부조로 장식되어 있다.

여기에서는 순전히 장식을 위한 장식도 곳곳에서 발견되는데, 그중에는 정교한 덩굴과 잎사귀 모양의 소용돌이 꼴 장식, 연꽃, 신화 속 동물이 있다. 게다가 마카라는 끊임없이 나타나며, 코끼리를 타고 있는 인드라도 아주 흔하다(그림 63, 87쪽).

이야기 부조에서 조각가들은 열편(裂片)이 있는 나뭇잎 같은 박공벽 모양을 최대한 고

116

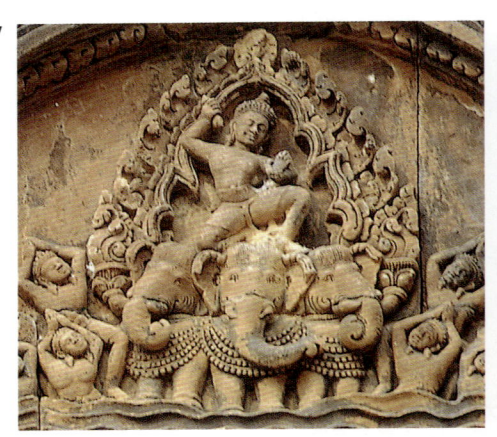

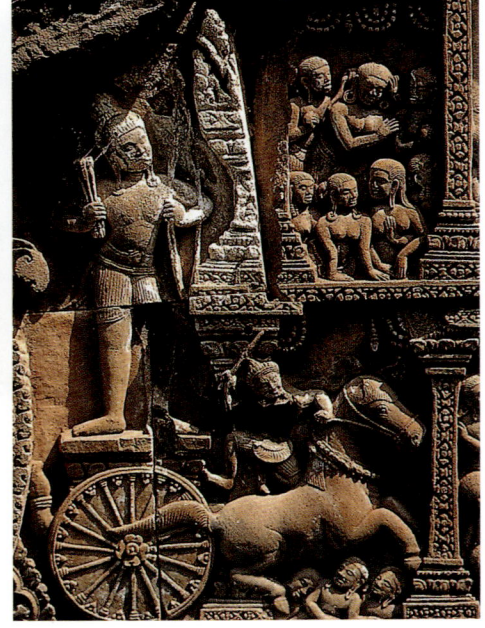

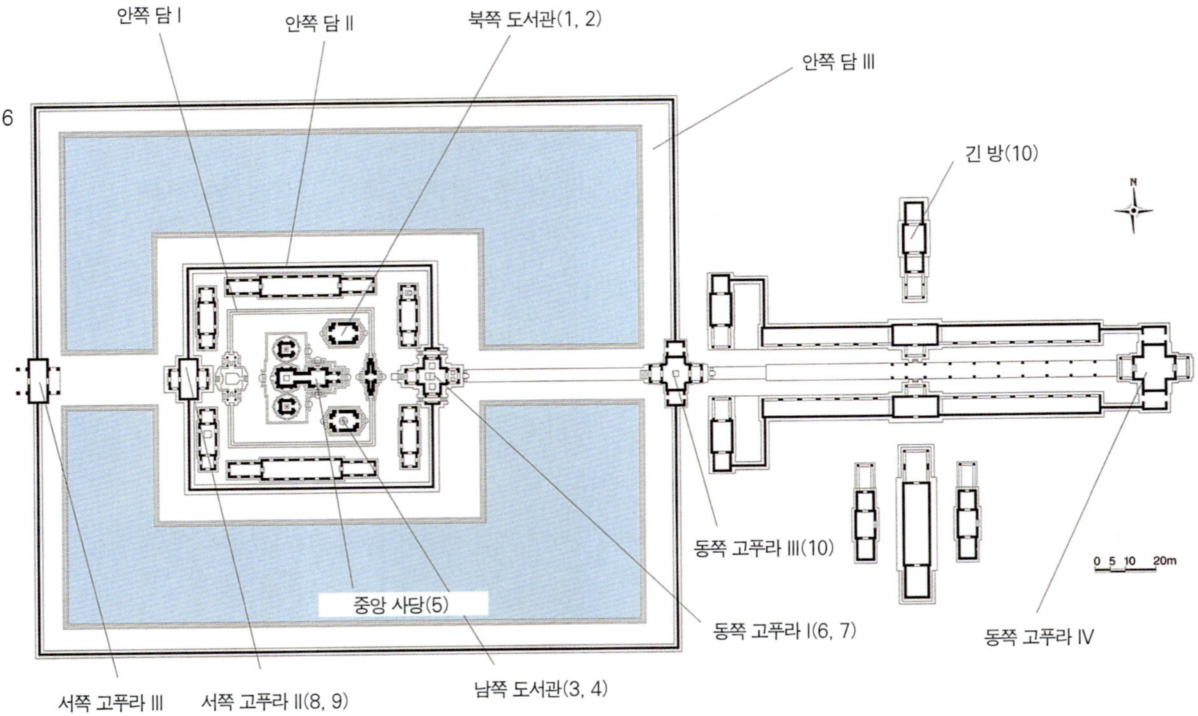

117

118

116 반티아이 스레이 평면도

117 인드라의 비가 그려진 박공벽에서 인드라의 모습을 보여주는 세부, 북쪽 '도서관'

118 마차를 타고 있는 크리슈나. 크리슈나가 캄사를 죽이는 장면을 그린 부조의 세부(사진 : M. 프리먼)

려해 장면에 나오는 주요 인물을 눈에 띄게 잘 배치하고, 그렇게 함으로써 작품의 주제를 분명히 했다. 그리고 일관된 구조는 어찌 보면 좀스러울 정도로 작고 깔끔한 조각과 부정할 수 없는 이야기의 생동감(폭풍우가 아주 사실적으로 묘사된 것을 보라)으로 보완했다. 네 개의 박공벽을 위해 선택한 주제는 양옆에 있는 두 사당에 모신 신과 관계가 있다. 비슈누 사원을 바라보고 있는 북쪽 '도서관'에는 크리슈나 전설에 바친 부조들이 있고, 마하데바 사원에 해당하는 남쪽 '도서관'은 시바와 관련된 장면들을 보여준다. 이 부조들은 골루베프(Parmentier, Goloubew, and Finot, 1926)에 의해 처음 해석되었고, 나중에 다른 학자들에 의해서도 해석되었다. 그들의 분석 결과는 아래에 설명되어 있다.

설명 앞의 번호는 평면도에서의 위치를 가리킨다.

1. 북쪽 도서관, 서쪽 박공벽

크리슈나가 캄사 왕을 죽인 이야기(그림 48, 73쪽, 그림의 세부는 그림 118, 134쪽)는 앙코르와트 중앙 탑에 있는 박공벽에도 나와 있지만, 이 이야기가 크메르 예술에 나타나는 경우는 드물다. 이 일은 화려하게 장식된 기둥 또는 원주를 피라미드 같은 형태로 쌓아 올리고 상부에 사원에 있는 돌탑 같은 구조물을 얹은 궁전에서 일어난다. 궁전의 장식적 요소들은 종교적 이미지가 없는 것만 빼면 다른 사원들의 것과 비슷하며, 이를 보면 부서지거나 썩기 쉬운 요소로 이루어진 건축에서 크메르 조각가들이 나무로 얼마나 뛰어난 솜씨를 발휘했는지 알 수 있다.

그리고 이 장면에서는 주요 인물인 크리슈나와 그의 사악한 이모부 캄사가 다른 인물보다 크게 그려져 있어, 그들의 중요성이 강조되는 동시에 원근법적 효과를 낳고 있다.

이 일화는 『바가바타 푸라나』와 『하리방샤』에서 비중 있게 다루어졌다.

2. 북쪽 도서관, 동쪽 박공벽

인드라의 비(그림 62, 86쪽). 이 극적인 장면의 아랫부분은 젊은 크리슈나와 그의 형 발라라마가 마차를 타고 아름다운 숲에서 동물들에게 둘러싸여 있는 목가적인 장면을 보여준다. 그리고 그 윗부분에서는 갑자기 폭풍이 휘몰아치고 있으며, 인드라가 코끼리를 타고 번개를 손에 들고 있다(그림 117). 그러나 여기서 예술가들이 그리고 있는 것은 큰 홍수가 아니라 뜨거운 건기가 끝났음을 알려주는 자비로운 큰비이다. 구름은 물결 모양의 선으로, 내리는 비는 빗금을 그리고 있는 많은 선으로 묘사되어 있으며, 그 가운데 물을 상징하는 나가의 모습이 보인다.

이 이야기가 정확히 어떤 원전에 나오는지는 말할 수 없지만, 아무래도 우기를 서정적으로 그리고 있는 『하리방샤』 65장의 브린다바나 숲에서의 크리슈나와 발리라마 이야기인 듯하다.

3. 남쪽 도서관, 서쪽 박공벽

카마를 재로 만드는 시바(그림 119) : 서쪽 박공벽은 마하요기(틀어 올린 머리 아래 '옴'이라는 글자가 새겨져 있다)의 모습으로 조각된 시바가 석가사나 자세(편안한 자세)로 앉아, 명상을 하는 그를 방해하려고 그에게 설탕으로 만든 화살을 겨누고 있는 사랑의 신 카마를 바라보는 구도로 되어 있다. 그는 자신의 오른쪽에 있는 아내 우마에게 묵주를 주며 갖고 있으라고 하는데, 이 자세는 우마가 명상을 하고 있는 시바에게 사랑의 신 카마가 그에게 화살을 쏘려 한다는 것을 경고하기 위해 묵주를 주는 것으로 해석할 수도 있다. 카마는 결국 목적을 이루지 못하고 시바의 세번째 눈에서 발사된 광선에 잿더미가 된다.

카일라사 산의 계단에는 라바나가 산을 뒤흔드는 부조에서 볼 수 있는 사람들과 똑같은 사람들로 구성된 군중이 있는데, 한 가지 다른 점은 맨 아랫단에 더 많은 사람들이 황소 난디와 온순한 사슴과 뒤섞여 있는 것이다.

부조 아랫부분에 숲속에 은거하고 있는 브라만들이 보이는 것으로 보아, 이것은 아마 『라마야나』 23장에 나오는 발라 칸다 이야기와 관계 있을 것이다.

4. 남쪽 도서관, 동쪽 박공벽

카일라사 산을 뒤흔드는 라바나(그림 20, 59쪽) : 동쪽 박공벽의 부조에서는 시바가 카일라사 산에서 아내 우마와 함께 왕위에 앉아 있다. 그리고 두 사람 모두 산을 흔들어 들어올리려 하는 라바나를 바라보고 있는데, 산은 메루 산처럼 3단 피라미드로 그려져 있고 배경에는 숲이 펼쳐져 있다. 맨 아랫단을 보면, 산이 뒤흔들리자 실생활에서는 크메르인에게 알려져 있지 않았던 사자와 함께 여러 동물들이 겁에 질려 사방으로 달아나고 있다.

119 카마를 잿더미로 만드는 시바(사진 : M. 프리먼)

120 항사를 탄 브라흐마

121 아수라를 드 갈래로 찢어버리는 크리슈나

피라미드의 두번째 단에서는 사람 몸에 짐승 얼굴을 한 초자연적인 존재들이 열띤 토론을 벌이고 있는데, 그 가운데 (박공벽 왼쪽에 다른 것들보다 크게 그려져 있는) 하나는 손가락으로 시바 신을 가리키고 있고, 새의 머리를 한 다른 존재는 라바나에게 뭐라고 말하는 것 같다. 피라미드의 세번째 단에서는 고행자들이 그들의 아내와 함께 있는데, 어떤 이들은 손가락으로 라바나를 가리키고 있는 듯하고, 어떤 이들은 시바를 바라보며 제발 말려달라고 간청하는 듯하다. 그리고 피라미드의 꼭대기에서는 시바가 아내 우마와 함께 앉아 있는데, 깜짝 놀란 우마가 믿을 것은 당신밖에 없다는 듯 요염한 자세로 시바에게 바짝 달라붙어 있고, 시바 신은 오른쪽 발끝으로 산이 흔들리지 않도록 누르고 있다.

남쪽 도서관에 그려져 있는 이야기는 모두 시바 신의 전설에 관한 것들이지만, 모두 똑같은 원전에 나오는 이야기 같지는 않다. 동쪽 박공벽에 그려져 있는 것들은 『라마야나』의 일곱번째 권 『라바나누그라하 무르티』에 나오는 일화들을 충실히 재현한 듯하고, 서쪽 박공벽에 있는 것들은 칼리다사가 펴낸 걸작 『쿠마라상바바』('전쟁 신의 탄생')에 나오는 이야기이다.

5. 중앙 사당

모두 하나의 T자형 단 위에 세워져 있는 주요 사당의 세 탑과 지성소는 아주 화려하게 장식되어 있다. 문과 가짜 문은 신화에 나오는 인물들로 장식된 상인방과 작은 박공벽으로 둘러싸여 있는데, 이들은 난디를 타고 있는 시바, 신성한 거위 항사를 타고 있는 브라흐마(그림 120), 들소를 타고 있는 니르티 또는 야마, 공작을 타고 있는 스칸다, 대개는 머리가 셋 달린 코끼리를 타고 있는 인드라(그림 63)이며, 특히 인드라의 모습은 여러 번 반복해서 그려져 있다.

여기서 가장 흥미로운 것은 비라다가 시타를 유괴하려는 장면(중앙 탑, 서쪽 문 상인방, 그림 30, 61쪽)과 수그리바와 발린이 싸우는 장면(중앙 탑, 북쪽 문 상인방, 그림 122), 크리슈나가 캄사를 두 갈래로 찢어버리는 장면(북쪽 탑, 북쪽 문 상인방, 그림 121), 크리슈나가 악마를 죽이는 장면(북쪽 탑, 남쪽 문 상인방, 그림 123), 심벌즈를 연주하는 두 사람의 음악에 맞춰 이상한 소녀가 춤을 추는 장면(북쪽 면, 중앙 탑, 그림 124)이다. 특히 호기심을 끄는 것은 낯선 두 인물이 결투를 벌이고 있는 장면인데, 이들은 라마와 락샤사 타타카일 수도 있지만, 그들 아래에 싸움의 원인인 멧돼지가 그려져 있는 걸로 보아 아르주나와 시바일 가능성이 높다. 어쩌면 이 동물은 이 신전을 건립한 브라만 야즈나바라하('제물로 바치는 신성한 멧돼지')를 상징하는 것일지도 모른다.

6. 동쪽 고푸라 I, 서쪽 면

이것은 첫번째 담에 있는 고푸라 가운데 유일하게 정식 고푸라이다. 여기 있는 부조들은 모두 시바 신에 관한 이야기들이지만, 서쪽 면에는 흉포한 형상의 두르가로도 알려져 있는 우마(시바의 아내)가 사자의 도움을 받아 여덟 개의 팔로 뱀에게 칭칭 감겨 있는 악마와 싸우고 있는 모습이 박공벽에 그려져 있고, 상인방에는 말의 머리를 한 신이 두 락샤사의 머리를 붙잡아 들어올리고 있는 모습이 그려져 있다(그림 126).

7. 동쪽 고푸라 I, 동쪽 면

박공벽에 아름다운 춤추는 시바(그림 127)가 그려져 있으며, 주요 입구를 통해 사원으로 들어가다보면 금방 눈에 띈다. 상인방에는 신이 코끼리와 사자와 맞붙어 싸우고 있는 모습이 그려져 있다.

8. 서쪽 고푸라 II, 동쪽 박공벽

이것도 『라마야나』에 나오는 발린과 수그리바의 싸움을 그린 부조로 장식되어 있다(그림 41, 69쪽). 원숭이 전사들은 둘 다 크메르 왕족 같은 차림새와 보석 장식을 하고 있다.

하지만 여기에는 다른 이야기도 그려져 있다. 오른쪽 구석에는 막 화살을 쏜 라마와 그의 뒤에 웅크리고 앉아 원숭이들을 향해 손짓을 하고 있는 그의 형 락슈마나가 그려져 있고, 왼쪽 구석에는 수그리바에게 마지막으로 몇 마디 충고를 하러 가다가 라마의 화살을 맞고 죽어가는 발린을 그의 아내가 경건히 떠받치고 있는 모습이 그려져 있다.

9. 서쪽 고푸라 II, 서쪽 박공벽

이 박공벽은 프놈펜 국립 박물관으로 옮겨져 현장에서는 볼 수 없다(그림 73, 95쪽). 이것은 『마하바라타』에 나오는 쿠룩셰트라 전투 때 비마와 두리오다나가 벌인 싸움을 그리

122 수그리바와 발린의 싸움

123 악마를 죽이는 크리슈나

124 심벌즈를 연주하는 두 사람의 음악에 맞춰 춤을 추는 소녀   125 두르가, 서쪽 고푸라 I, 서쪽 면

고 있는데, 여기에 묘사된 것은 판다바 형제인 비마가 적인 카우라바 형제의 두리오다나를 향해 뛰어올라 마지막 일격을 가하려 하는 결정적인 순간이다. 그러나 르 보뇌르가 지적했듯이 이 장면은 정반대로 해석될 수도 있다. 그러니까 땅에 발을 단단히 붙이고 있는 비마가, 공중으로 뛰어오른 두리오다나가 땅에 떨어지는 순간을 기다려 그에게 마지막 화살을 쏘려고 하는 장면일 수도 있다는 것이다. 강한 자일수록 많이 움직일 필요가 없다는 것을 생각하면 이 해석이 훨씬 그럴듯해 보이기도 한다.

오른쪽에는 판다바 형제 네 명이 조용히 앉아 싸움을 지켜보고 있고, 왼쪽에는 팔이 넷 달린 크리슈나가 서 있으며, 그 옆에는 발라라마가 자루가 길고 끝에 칼날이 두 개 달린 크메르의 전형적인 무기 프칵을 들고 있다.

10. 동쪽 고푸라 III, 서쪽 박공벽

이 벽도 기메 박물관으로 옮겨져 현장에 존재하지 않는다(그림 67, 91쪽). 이것은 사악한 아수라, 순다와 우파순다 형제의 불화로 우주 전체가 혼란에 빠져 황폐해지자, 이를 막기 위해 신들이 창조한 압사라 틸로타마의 이야기를 보여주고 있다. 이곳에 새겨진 부조는 두 형제가 압사라의 팔을 하나씩 잡고 서로 그녀를 차지하려고 말다툼을 벌이고 있는 순간을 '포착'했다.

11. 긴 방들

주요 입구로 가는 둑길 옆에서 여러 개의 긴 방을 볼 수 있는데, 이들은 거의 황폐해져 있다. 이곳의 박공벽은 난디를 타고 있는 시바와 우마(남쪽의 긴 첫번째 방, 그림 128), 사자-신(나라싱하)의 형상을 하고 나타난 비슈누 신이 히랑가카시푸 왕의 가슴을 날카로운 발톱으로 찢어발기는 장면(북쪽 긴 첫번째 방, 그림 130)으로 장식되어 있다. 동쪽 고푸라 III에 가까운 곳에는 북쪽에 라마와 락슈마나가 칼을 휘두르고 있을 때 락샤사의 왕 라바나가 시타를 유괴하는 장면(그림 17, 46쪽)이 그려진 박공벽이 있었다(Glaize, 1944).

126 말의 머리를 한 신이 두 락샤사의 머리를 붙잡아 들어올리고 있다

127 춤추는 시바

128 황소 난디를 타고 있는 시바와 우마

129 아르주나와 키라타(사냥꾼)로 변장한 시바, 혹은 라마와 락샤사 타타카가 싸우는 장면

130 날카로운 발톱으로 히랑가카시푸 왕의 가슴을 찢어발기는 비슈누

131 드바라팔라

바푸온

이 사원은 1060년쯤 우다야딧야바르만 2세(1050~1066)가 앙코르 지역에 있던 그의 수도 한가운데에 지어 시바 신에게 바친 것이다. 인상적인 3단 피라미드로 된 이 건축물의 아름다움, 수백 개의 부조를 포함한 이곳의 장식적인 요소와 견줄 수 있는 것은 앙코르 와트뿐이다. 그러나 이것은 앙코르 지역에 있는 사원 가운데 가장 튼튼하지 못한 건축물이기도 하다. 여러 번 붕괴되어 몇 번이나 재건되었으며, 지금도 프랑스 극동 학교에 의해 복구되고 있다. 이 사원을 둘러싸고 있는 네 개의 담 가운데 유명한 이야기 부조로 장식되어 있는 것은 두번째 담에 있는 고푸라들뿐이다.

1. 동쪽 고푸라 II, 동쪽 면

남쪽에는 『라마야나』에 나오는 장면, 즉 시타가 자신의 정절을 증명하기 위해 불의 시련을 겪는 이야기가 있다. 이를 보면 라마의 무릎 위에 앉아 있던 젊은 공주가 화형대 위에서 머리 위로 손을 높이 치켜들고 불의 신 아그니를 비롯한 신들에게 남편에게 안전히 돌아갈 수 있도록 자신을 불길로부터 보호해달라고 빌고 있다. 이 장면 뒤에는 라마가 전차 푸슈파카에 올라 전군을 이끌고 아요디아 왕국으로 개선해 아버지가 죽은 뒤 빼앗긴 왕권을 다시 찾는 장면이 나온다. 푸슈파카는 궁전 모양의 신비한 전차로, 신성한 항사들이 끌고 있어 하늘을 날아다닐 수 있다. 이 장면 다음에는 홑소를 타고 있는 마에슈바라가 나오고, 윗부분에는 라마와 시타가 왕좌에 앉아 있다.

이어서 또다른 부조에서도 『마하바라타』의 일화를 볼 수 있는데, 아르주나의 고행으로 알려져 있는 이 장면에서 키라타(사냥꾼)로 변한 시바는 맷돼지로 변한 락샤사 무카를 막 죽이려 하고 있다(그림 61, 84쪽).

북쪽에도 역시 『마하바라타』에 나오는 쿠룩셰트라 전투 이야기가 그려져 있는데, 여기서는 주요 등장인물의 행동에만 초점을 맞추어, 악사들의 무리 위에서 판다바 가의 우두머리가 카우라바 가의 우두머리인 비슈마와 싸우러 나가고, 비슈마가 결투를 벌이다 수많은 화살을 맞고 마차에서 떨어져 죽는 장면이 그려져 있다. 이 부조에서는 등장인물들이 그들이 타고 있는 말보다 크게 그려져 있고 비슈누도 그가 누워 있는 건물보다 크게 그려

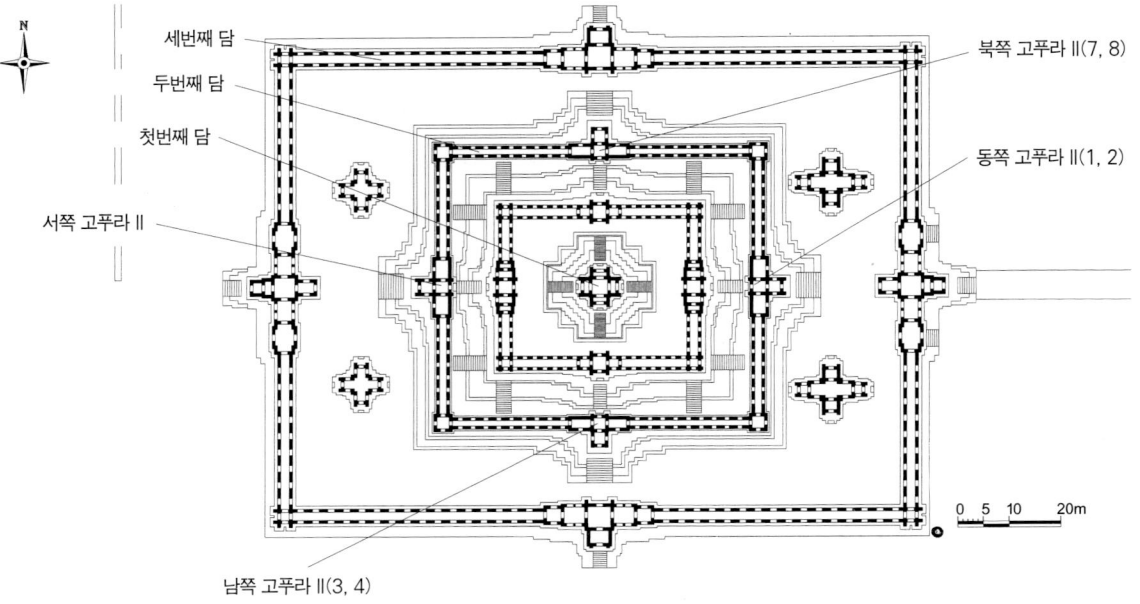

132 바푸온 사원의 평면도

져 있는 것이 눈에 띈다. 그리고 옆에는 이 전투의 다른 장면들과 사소한 이야기들이 새겨져 있는데, 그 가운데는 한 남자가 한 여자의 사롱을 벗기는 장면도 있다.

2. 동쪽 고푸라 II, 서쪽 면

북쪽에는 길들인 코끼리들을 이용해 교묘하게 야생 코끼리를 잡는 장면과 함께 짐마차와 하인들을 그린 일련의 장면이 있고, 고행자들의 삶을 그린 그 뒤의 장면에서는 왼쪽에서 한 궁수가 여자에게 화살을 쏘고 있다. 그리고 그 근처의 부조에는 씨름을 하는 남자들과 원숭이, 코끼리가 그려져 있다.

남쪽에는 호랑이를 사냥하는 남자의 부조 밑에 한 여자를 두고 결투를 벌이는 장면, 또는 목을 베는 장면이 있다. 왼쪽에는 동물과 맞붙어 싸우는 사람들과 숲속의 고행자들, 여자들, 활을 쏘는 사람들이 있고, 왕이 여자들 가운데에서 왕위에 오르고 있다.

3. 남쪽 고푸라 II, 남쪽 면

서쪽에는 일상을 그린 장면, 한 고행자가 호랑이에게 쫓겨 나무 위로 올라가는 장면, 사냥꾼이 바람총으로 새를 잡는 장면, 황소들이 서로 맞서고 있는 장면, 고행자들이 기도하는 장면, 한 여자가 아기와 놀고 있는 장면이 그려져 있다.

그러나 여기에는 그 밖에도 『바가바타 푸라나』에 나오는 크리슈나의 어린 시절에 일어난 일화 세 가지도 그려져 있다. 크리슈나는 어려서부터 굉장한 힘을 가지고 태어났다. 그래서 아직 요람에 있을 때에도 이모부인 캄사 왕이 새로 태어난 조카에게 왕위를 빼앗기고 죽임을 당할 것이라는 예언을 듣고 보낸 괴물들을 목 졸라 죽인다. 세 개의 부조는 이 이야기를 보여주고 있다.

1. 그림에서 볼 수 있듯이, 그 당시의 헤롯 왕이라 부를 수 있는 캄사 왕이 사내아이들을 모두 죽이라는 명령을 내리자 한 사람이 미친 듯이 사납게 다이의 팔다리를 잡고 산에 있는 바위에 내려치려 하고 있고, 옆에는 그를 기다리고 있는 작은 시체들이 쌓여 있다(그림

133 크리슈나의 어린 시절에 일어난 두 가지 일화, 남쪽 그푸라 II, 남쪽 면 (사진 : EFEO)

133, 아랫부분).

위의 부조에서는, 한 남자와 그의 아내가 앉은 채 잠들어 있는데(그림 133, 가운데), 오른쪽에서 그들은 서 있는 모습으로 다시 나타나 어린 사내아이를 팔로 붙들고 있다. 이것은 크리슈나의 목숨을 구하기 위해 아기를 몰래 바꿔치기하는 장면이다.

2. 그 위에서는 황소들이 올라서 있는 2단으로 된 테라스 사이에서 크리슈나가 머리가 여섯 개 달린 나가 칼리야를 두 갈래로 찢어버리고 있다(그림 47, 73쪽).『바가바타 푸라나』에 따르면, 세 부분이 뾰족하게 올라와 있는 모자를 쓴 어린 크리슈나가 커다란 황소의 뿔을 잡고 그것을 9미터나 멀리 내던졌다고 한다. 그런데도 여전히 황소가 덤벼들려고 하자 신은 황소를 제압해 바닥에 쓰러뜨리고 뒷다리를 잡아 몸통을 비틀어버렸다.

3. 캄사 왕을 죽이는 크리슈나. 또다른 부조를 보면 캄사 왕이 미친 코끼리를 이용해 또다시 자기 조카를 죽이려 하는 장면이 그려져 있다. 그러나 크리슈나는 코끼리의 꼬리를 낚아채 그것을 멀리 던져버린다. 그리고 결국 예언대로 사악한 캄사는 자기가 죽이려 했던 조카에게 죽임을 당한다. 여기서 우리는 능지처참을 당한 그의 시체를 신이 두 손으로 찢어버리는 장면을 볼 수 있다.

4. 남쪽 고푸라 II, 북쪽 면

동쪽 아랫부분에는 고행자들의 삶을 그린 장면이 있는데, 어떤 사람은 항아리에 든 것을 휘젓고 있고, 어떤 사람은 소화불량에 걸린 듯하며, 어떤 사람은 병들었거나 죽어가고 있는 듯하다.

그리고 아래에는 원숭이들이 거대한 락샤사와 싸우는 장면, 하누만이 아카시아 숲에서 시타를 만나는 장면 등 『라마야나』에 나오는 장면들이 그려져 있다. 그리고 또다른 부조에는 비슈누의 삶이 묘사되어 있는데, 두 번은 일상적인 모습으로 그려져 있다. 벽의 일부가 잘려나간 서쪽에는 숲 속 장면이 그려져 있는데, 그곳에는 고행자들과 사람들, 동물들이 있고 재미있는 싸움 장면도 있다.

5. 서쪽 고푸라 II

불안한 상태이기는 해도 지금껏 원래 상태를 유지하고 있는 유일한 고푸라이다.

134 궁녀들. 서쪽 고푸라 II, 서쪽 면
135 마차에서 벌이는 전투. 서쪽 고푸라 II, 서쪽 면
136 쿰바카르나 이야기. 서쪽 고푸라 II, 동쪽 면
137 라마와 락슈마나인 듯한 두 사람이 있는 궁전. 서쪽 고푸라 II, 서쪽 면
138 세 마리 말이 끄는 마차를 타고 있는 라마. 북쪽 고푸라 II, 북쪽 면

서쪽 면 : 북쪽으로는 웅장한 전투 장면과 동물들이 그려져 있고, 몇몇 악사들 밑에는 코끼리를 탄 무사와 궁수, 그리고 빗발치는 화살을 뚫고 지나가는 무사가 그려져 있다.

동쪽을 향한 판에는 한 무리의 악사와 궁전에서 아름답게 단장을 하고 있는 여인들(그림 134), 궁전에 라마와 락슈마나인 듯한 사람이 활을 들고 있는 장면(그림 137)이 있고, 그 위에 항사가 끄는 하늘을 나는 궁전이 있는데, 그곳에는 머리가 셋이고 팔이 넷인 신이 옥좌에 앉아 있다. 서쪽을 향한 판에는 또다시 북 치는 사람들과 마차에서 벌이는 전투 장면(그림 135)과 함께 아마도 아르주나의 고행 가운데 특히 『마하바라타』에서 아르주나가 시바에게 신기한 무기를 받는 것을 보여주고 있는 듯한 장면이 그려져 있다.

동쪽 면 : 3단으로 구성되어 있는 이 부조에서는 쿰바카르나 깨우기(그림 136)에 관한 이야기를 보여주고 있다. 이 일화를 그린 부조(그림 36, 64쪽)를 보면, 원숭이들이 쿰바카르나를 깨우기 위해 북을 치고 그의 머리를 때리고 막대기로 찌르고 작은 코끼리에게 옆구리를 찌르게 하지만 그는 여전히 깊은 잠에 빠져 있다. 그러나 잠이 깨자 쿰바카르나는 락슈마나가 보낸 수많은 원숭이들과 싸우게 되고, 결국 원숭이들의 다리를 들어 공중으로 내던지거나 집어삼켜버린다.

6. 서쪽 고푸라 II, 동쪽 면

북쪽으로는 신화 속에 나오는 씨름과 전투, 그리고 동물들이 벌이는 혼전이 펼쳐져 있고, 남쪽에서는 사람들과 원숭이들이 싸움이 벌이고 있는데 조그만 코끼리에 기대어 죽어가는 인물이 한가운데에 아주 크게 그려져 있다. 그리고 거기서 멀지 않은 곳에서는 멧돼지들이 싸우고 있고, 한 사람이 인간의 머리를 한 괴물에게 화살을 쏘고 있으며, 신화에 나오는 말들이 서로 얼굴을 바라보고 있다.

7. 북쪽 고푸라 II, 북쪽 면

동쪽으로는 『라마야나』에 나오는 장면을 그린 부조가 있어 랑카 전투에 관한 이야기를 여럿 볼 수 있다.

맨 아래 부조에서는 세 마리 말이 끄는 마차를 타고 있는 라마(그림 138)를, 그 위에 있는 판에서는 원숭이와 락샤사의 싸움(그림 139)을 볼 수 있다. 그리고 이어지는 판에서는 하누만이 사람의 얼굴을 한 괴물들이 끄는 라바나의 마차에 뛰어올라 머리가 열 개에 팔이 천 개나 되는 라바나의 얼굴을 상처 입히려 하고 있다(그림 140). 그다음에는 라바나가 사람의 얼굴을 한 말이 끄는 마차 위에 똑바로 서 있다(그림 141). 그는 라마가 쏜 화살을 되쏘는데, 라마는 한 발은 하누만의 머리를 딛고 한 발은 하누만의 꼬리를 딛은 이상한 자세로 균형을 잡고서 라바나의 말 중 한 마리의 머리를 비틀고 있다.

다음 판에서는 하누만이 시타에게 반지를 주고 있는데, 이때 시타는 라바나의 궁전에 포로가 되어 붙잡혀 있다(그림 35, 64쪽). 이 에피소드는 아카시아 숲에서 일어나는데, 여기서 하누만은 시타에게 반지를 줌으로써 자신에게 주어진 임무를 충실히 수행했음을 증명한다.

139 원숭이와 락샤사의 싸움. 북쪽 고푸라 II, 북쪽 면
140 라바나의 마차로 뛰어오른 하누만. 북쪽 고푸라 II, 북쪽 면
141 마차에 서 있는 라바나. 북쪽 고푸라 II, 북쪽 면
142 사람의 머리를 한 동물들이 끄는 신비한 마차에 타고 있는 라마. 북쪽 고푸라 II, 북쪽 면

그 위에 있는 다른 판에서는 라바나가 사람의 얼굴을 한 동물들이 끄는 그의 신비한 마차를 타고 있다(그림 142).

회랑의 첫번째 창문에는 동물을 소재로 한 장식들이 죽 늘어서 있다.

서쪽에는 동물과 작은 무늬 같은 장식적 요소 외에 랑카 전투를 또다시 보여주는 부조가 있다. 여기서는 라바나의 아들 가운데 하나인 인드라지트가 라마와 락슈마나에게 활을 쏘자 그것이 뱀으로 변해 그들을 칭칭 감고, 이를 본 원숭이들이 깜짝 놀라 비명을 지른다(그림 143, 아래의 판). 그러자 가루다가 하늘에서 내려와 그들을 풀어주고 상처를 치료해준다(그림 143, 위의 판).

또다른 판에서는 『라마야나』에서 라마가 친구처럼 지낸 원숭이들에게 작별 인사를 한 뒤 항사가 끄는 푸슈파카를 타고 아요디아 왕국으로 돌아가는 이야기를 보여준다. 그리고 이 근처에는 코끼리 두 마리가 서로 맞서고 있고 한 고행자가 뭔가 휘젓고 있는 부조 아래 라마와 락슈마나가 수그리바와 동맹을 맺는 장면이 그려져 있다. 여기서 수그리바는 바닥에 꿇어앉아 형 발린 때문에 말라야 산으로 쫓겨난 것을 한탄하고 있다. 그다음에는 라마가 발린을 죽인 이야기가 그려져 있는데, 이 사건은 수그리바와 발린이 싸우고 있을 때 일어난다. 이때 라마는 자신과 동맹을 맺은 수그리바의 승리를 확실히 하기 위해 매복해 있다가 뒤에서 활을 쏘아 발린에게 치명적인 상처를 입힌다.

143 위의 판 : 가루다가 라마와 락슈마나를 풀어주려고 하늘에서 내려온다
아래의 판 : 라마와 락슈마나가 뱀에게 칭칭 감겨 있다. 북쪽 고푸라 II, 북쪽 면(사진 : EFEO)

8. 북쪽 고푸라, 남쪽 면

동쪽으로는 황소와 말들이 마주 보고 있고, 이어서 또다시 『라마야나』에서 라마와 수그리바가 락슈마나 앞에서 동맹을 맺는 장면이 나온다. 서쪽으로는 사람과 동물이 싸우는 장면들이 있고, 한쪽 구석에서는 시타가 아카시아 숲에 있다.

바닥에 있는 벽돌 덩어리들은 아마도 이 고푸라에서 나온 것 같은데(1997), 여기에는 쿠룩셰트라 전투, 아르주나의 마차를 모는 크리슈나, 시타가 라바나의 궁전에 붙잡혀 있을 때 그녀에게 반지를 주는 하누만(그림 35, 64쪽), 마주 보고 있는 두 마리 코끼리, 동생 발린에게 쫓겨난 뒤 바닥에 꿇어앉아 울고 있는 수그리바를 위로하고 있는 라마와 락슈마나(그림 32, 64쪽)가 그려져 있다.

프놈 치소르

이 사원은 사원 이름의 기원이 된 산의 봉우리 동쪽에 자리잡고 있다. 수리아바르만 1세가 통치하던 11세기 초, 즉 1018년 이후에 지어졌으며, 그때는 수리아파르바타라고 불렸다. 이는 '수리아의 산'이라는 뜻이다. 이 사원은 야소다라푸라로 가는 길에 연결되어 있었고, 나중에 자야바르만 7세가 같은 자리에 휴게소를 세웠다.

사원에는 바닥에 있는 계단을 통해 접근할 수 있는데, 여기서 동쪽을 향해 뻗어 있는 둑길을 따라 걸어가면 이곳을 둘러싸고 있는 두 개의 담 입구의 작은 방을 지나 커다란 바라이에 닿게 된다. 이곳의 유적은 주요 지성소의 탑과 그것을 둘러싸고 안마당에 배치되어 있는 여덟 개의 건물, 그리고 다시 그것을 둘러싸고 있는, 지금은 황폐해진 담으로 구성되어 있다. 중앙 탑은 시바링가에게 바친 것이고, 북쪽 탑은 비슈누에게 바친 것이다.

거의 알려져 있지 않은 이 사원에 대해서는 1902~1911년에 뤼네 드 라종키에르가 언급한 바 있고, 1921년에는 그로즐리에가, 그리고 1968년에는 다장스가 언급했다.

이곳은 벽돌을 쓴 탓에 조각상이 거의 없으나, 박공벽과 상인방은 일부 남아 있다. 그러나 그중 일부는 미완성이거나 황폐해진 상태이다. 여기서 다룬 주제들은 비슈누, 시바, 인

◀ 143a 동쪽을 향해 바라본 프놈 치소르의 전경
▲ 144 춤추는 시바가 그려져 있는 박공벽. 그 밑에 있는 상인방에는 인드라가 머리가 셋 달린 코끼리를 타고 있는 모습이 새겨져 있다

145 비슈누의 배우자가 비슈누의 다리를 받치고 있는 모습이 새겨져 있는 반쪽짜리 박공벽

드라, 락샤사의 어깨 위에 있는 쿠베라처럼 독립된 신상이거나 시바의 춤(당시 인기 있었던 주제), 비슈누 트리비크라마(비슈누의 세 걸음), 라마의 탄생, 우유의 바다 휘젓기, 사자와 코끼리와 싸우는 크리슈나, 브라흐마의 탄생과 같은 전설 속의 장면들이다. 이 가운데 가장 쉽게 볼 수 있는 조각 부조는 다음과 같다.

인드라가 머리가 셋 달린 코끼리를 타고 있는 모습이 새겨져 있는 상인방과 그 위에 춤추는 시바가 그려져 있는 박공벽(그림 144).

비슈누가 머리가 셋 달린 나가 아난타에 누워 있는 모습이 새겨진 반쪽짜리 박공벽. 바닥에 있는 반쪽에서는 그의 배우자가 무릎에 그의 발을 받치고 있다(그림 145). 박공벽 밑에 있는 상인방에서는 신이 마카라 위에 있다. 그리고 다른 박공벽에서는 시바와 우마가 난디를 타고 있고, 그 밑에 있는 상인방에는 마카라에 올라앉아 있는 신이 새겨져 있다.

이야기 부조가 있는 위치에 따른 색인 155

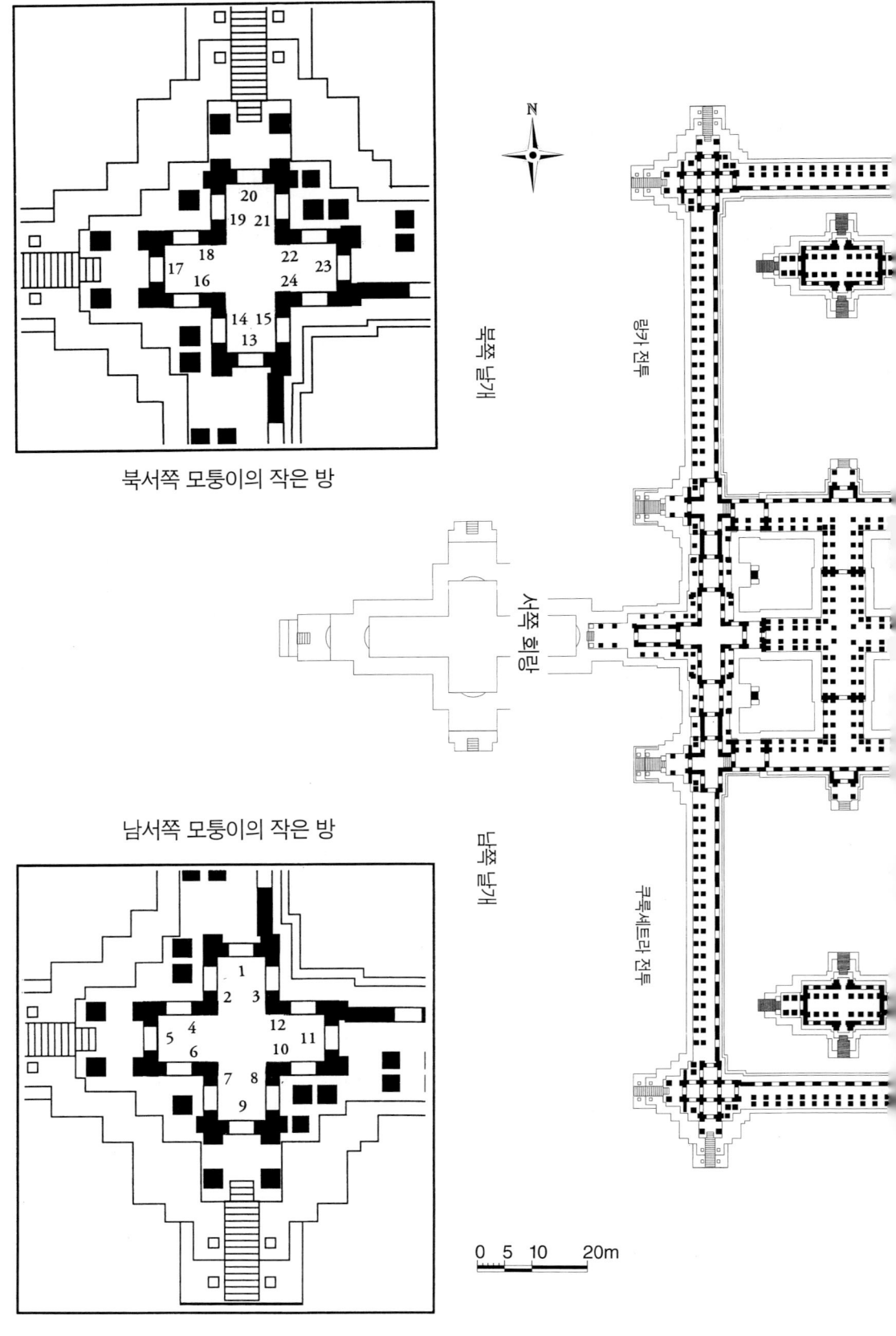

북서쪽 모퉁이의 작은 방

남서쪽 모퉁이의 작은 방

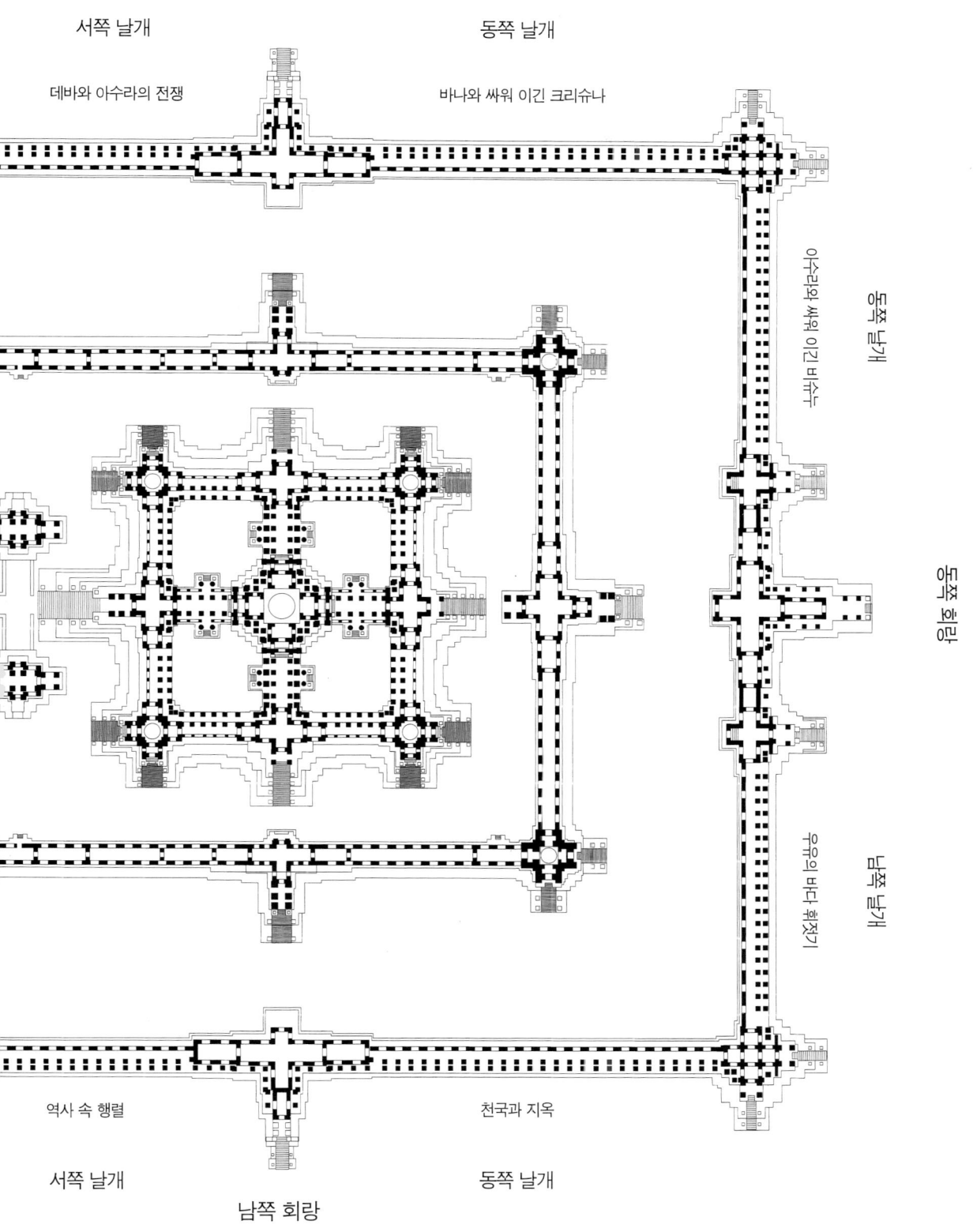

146 앙코르와트 평면도. 모퉁이의 작은 방 확대

앙코르와트

이 사원은 12세기 초반에 수리아바르만 2세(1113~1150)가 수리아바르만 1세의 옛 앙코르 시 남동쪽에 지었다. 이곳은 비슈누 신에게 바친 사원이었으나, 주요 문이 서쪽으로 나 있는 것은 아마 이것이 장례 사원이기도 한 탓이었을 것이다. 이곳은 네 담을 이루고 있는 회랑에 둘러싸여 있는데, 세번째 회랑은 서쪽 모퉁이에 있는 두 개의 작은 방과 함께 유명한 이야기 부조로 장식되어 있다.

이곳은 전통적인 크메르 건축물 중 가장 웅장한 건물이자 세계에서 가장 큰 종교 유적지이다. 이곳은 실제적인 필요에 의해 중앙 지성소에서 바깥쪽으로, 그리고 아래쪽으로 지어졌으며, 초기에는 아마 서쪽 입구에 관심이 쏠려 있었을 것이다. 그래서 세번째 담의 회랑 부조는 왕의 재위 기간이 끝날 때쯤, 그러니까 1140년쯤에야 제작되기 시작했을 것이며, 그래서 이중에는 세부가 완성되지 않은 것들도 있었고 아직 시작하지 않은 것들도

147 주요 입구의 모습

남아 있었다. 또한 북동쪽 부조는 16세기에야 완성되었으며, 이때 조각가들은 아마 기존에 있던 밑그림을 바탕으로 하여 부조를 새겼을 것이다. 그래서인지 이곳 부조들은 이전의 부조에서 볼 수 있는 창조성이 결여되어 있으며, 조각의 질도 조잡하다. 그래도 가루다를 타고 있는 비슈누처럼 크게 조각되어 있는 것들은 작게 조각된 것들보다 나은데, 이는 아마 작은 것들은 빈 곳을 채우기 위해 즉석에서 바로 조각한 경우가 많은 탓일 것이다.

회랑

1. 서쪽 회랑, 남쪽 날개 : 쿠룩셰트라 전투(50미터 길이의 하나의 판에 새겨져 있다)

이 결정적인 전투는 쿠룩 평원에서 벌어진다. 판다바 형제 가운데 가장 왕자다운 풍모를 지닌 사람은 아르주나이다. 그의 전차는 가장 가까운 친구인 크리슈나가 몰고 있다. 이 판을 조각한 사람들은 전투를 두 부분으로 나누어, 한쪽에는 왼쪽에서 오고 있는 카우라바 군(그림 148, 149)을 그렸고, 다른 한쪽에는 오른쪽에서 오는 판다바 군(그림 150)을 그렸다. 이 둘은 중간에서 만나고, 여기서 전투가 시작된다. 그리고 다른 부조에서처럼 두 군

148 전장에 나가는 카우라바 군 전사들(사진 : J. 폰카르)

149 카우라바 군 전사들(사진 : J. 폰카르)

150 전장에 나가는 판다바 군 전사들(사진 : J. 폰카르, 뒷페이지

대가 적을 향해 서로 진격하면서 전투가 시작되는 격렬한 혼전 양상을 보이지만, 다른 부조에서와는 달리 초자연적인 존재나 괴상한 인간 또는 동물은 등장하지 않는다. 차림새가 비슷한 두 군대는 '역사 속 행렬'에 그려져 있는 크메르 군과 아주 비슷하다. 마차나 코끼리를 타고 있는 우두머리들은 데바와 전설적인 영웅들이 쓰는 원뿔 꼴의 무쿠타를 쓰고 있다. 병사들은 아래쪽에서 열병식을 하듯 행진하고 있는데, 어떤 이들은 갑옷의 가슴받이를 하고 있고 어떤 이들은 가슴에 둥근 방패를 들고 있다. 그리고 한 무리의 병사들이 장대에 매달린 징을 들고 가면서 행진에 맞춰 그것을 둥둥 친다.

여기에는 다수의 장군들도 표현되어 있는데, 조각가들의 요구에 따라 그들은 하나같이 전형적인 자세, 즉 한 손에는 활, 다른 한 손에는 화살을 들고 있다. 이런 위협적인 자세는 행렬의 처음부터 끝까지 거의 변함이 없다. 이 부조는 좀 혼란스러워 보이지만, 옷차림과 머리 장식, 무기는 세부까지 아주 자세히 그려져 있고, 반은 장식적이고 반은 사실적으로 그려진 말들은 아주 우아한 자세를 취하고 있다.

부조의 하단에는 죽은 사람들과 부상당한 사람들이 누워 있는데, 여기서도 위쪽을 보면 한 무사가 침대에 눕힐 수 없을 정도로 엄청나게 많은 화살을 맞고 쓰러져 있다. 그것은 판다바 군의 총사령관 아르주나의 화살을 맞고 쓰러진 카우라바 군의 총사령관 비슈마(그림 72, 94쪽)이다. 자신의 몸을 꿰뚫은 화살 때문에 공중에 떠 있는 비슈마는 그의 가족에게 유언을 남기고 있는 중이다. 그런데 유언이 얼마나 길었는지, 마치는 데 천 년이 걸렸다고 한다.

부조의 가운데로 갈수록 전투는 더욱 혼전 양상을 띤다(그림 151). 그래서 전사들의 팔다리가 마구 뒤엉켜 있지만, 전사들의 양식화된 장식적 태도는 전투에 엄숙함과 웅장함을 준다. 무사들의 어떤 자세는 마치 곡예 같다. 장군들은 활을 쏠 때 겨냥하고 있는 사람을 보기 위해 왼팔을 거의 비현실적으로 보일 정도로 머리 뒤쪽까지 죽 잡아당기고 있다.

부조의 중앙으로 가면 『바가바드 기타』에 나오는 유명한 대화의 주인공들이 나온다. 마차 위에 서 있는 아르주나와 그의 마부가 된, 팔이 넷 달린 크리슈나가 그들이다(그림 71, 93쪽). 장면은 오른쪽 끝으로 갈수록 차분해진다. 부조가 상당한 대칭 구도를 보여주기 때문이다. 그래서 오른쪽으로 가면 카우라바 군이 판다바 군으로 바뀌었을 뿐, 왼쪽 행렬을 그대로 옮겨놓은 듯하다.

151 한가운데에 있는 전투 장면(사진 : J. 폰카르)

152 조신들 사이에 있는 브라만교 사제(사진 : J. 폰카르)

153 왕과 대신들(사진 : J. 폰카르)

154 왕비와 공주, 궁녀들(사진 : J. 폰카르)

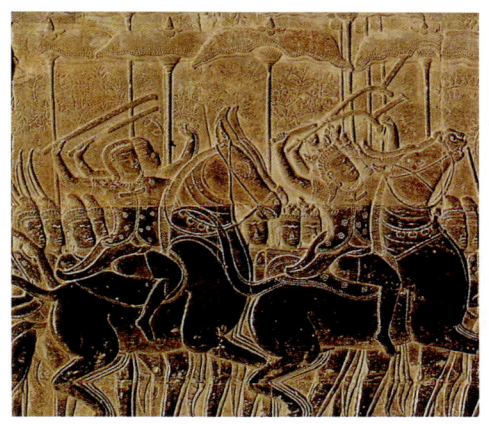

155 아주 자세히 새겨져 있는 일부 대장들의 말

156 프칵을 들고 코끼리를 타고 있는 왕

여기서 한 가지 주목할 것은 인도네시아의 보로부두르 사원에 있는 부조와 달리 이 부조에서는 등장인물들과 옷차림이 모두 눈에 띨 정도로 인도가 아니라 크메르에 맞게 조정되어 있다는 것이다(Fontein, 1990).

2. 남쪽 회랑, 서쪽 날개 : 역사 속 행렬(길이가 100미터가 넘는다)

이 부조는 사후명이 파라마비슈눌로카인 수리아바르만 2세를 다루고 있다(그림 3, 17쪽). 윗단에서는 왕이 화려하게 장식된 옥좌에 앉아 엄숙하게 알현을 받고 있는 걸 볼 수 있다. 그는 편안하고 자연스러우면서도 품위를 잃지 않은 자세로 앉아, 곁에 앉은 사람들에게 지시를 내리고 있다. 그리고 그의 주위에는 그의 참모들과 성직자들이 빙 둘러서 있고, 병사들은 공손하게 무리지어 있다. 왕의 신분은 의전상 필요한 14개의 파라솔과 그것을 보완하고 있는 커다란 부채 같은 것으로 알 수 있다.

최근에는 수많은 방문객들이 존경과 숭배의 표시로 왕의 상에 금박을 입혀놓았는데, 이와는 대조적으로 악마와 같은 인물이나 미움을 받는 인물은 빈랑나무를 씹고 뱉은 침으로 더럽혀져 있다.

왕을 둘러싼 무리 중에는 브라만 사제도 보이는데, 이는 높이 틀어 올린 머리 모양으로 알아볼 수 있다(그림 152). 다른 사람들보다 약간 크게 그려져 있어 주요 대신 중 하나임을 알아볼 수 있는 한 사람(그림 153)은 몸을 앞으로 향하고 있으나 얼굴은 고개를 돌려 왕을 바라보고 있으며, 충성과 복종을 나타내는 전형적인 자세로 오른손을 가슴에 얹고 있다.

그 아랫단에는 왕비와 공주, 궁녀의 행렬(그림 154)이 있는데, 가장 지위가 높은 사람들은 덮개가 있는 그물 침대나 가마를 타고 있고, 그 뒤로 하인과 노예들이 따르고 있다. 그들은 사슴이 사는 숲을 가로질러 가며, 새들(그림 111, 128쪽)로 가득한 나무에서 열매를 따기도 한다.

부조의 두번째 부분에서는 병사들이 산에서 내려가고, 보병들은 코끼리를 타고 있는 장군과 고관들을 호위하며 행군 대열로 퍼레이드를 하고 있다.

이 행렬의 주요 인물은 21명인데, 왕과 왕실 사제 라자호타와 19명의 대신이 그들이다. 대신들은 밑에 각자 이름과 칭호가 새겨져 있고, 곁에는 그들의 지위에 걸맞은 수만큼 파라솔이 세워져 있다. 장군과 고관들은 아주 당당한 자세로 코끼리 위에 서 있는데, 왼발은 전쟁 때 쓰는 안장을 딛고 오른발은 코끼리의 엉덩이를 딛은 채 창과 가죽으로 만든 커다란 방패를 들고 있다. 마하우트(코끼리를 부리는 사람)는 코끼리 목에 앉아 있다(그림 91, 109쪽). 장군들은 보병들과 마찬가지로 아랫도리에 삼포트를 두르고 있고, 한쪽으로 여민 허리띠 밑으로 길게 옷자락을 내리고 있다. 병사들은 동물 머리로 장식된 투구를 쓰고 둥근 방패를 들고 있으며(그림 153), 일부 대장들의 말은 아주 자세히 조각되어 있다(그림 155). 대개의 경우에 왕(그림 156)과 장군들은 특유의 자루가 긴 몽둥이 프칵을 들고 있다. 이 도구는(바욘의 부조에서는 일반인이 쓰는 것을 전혀 볼 수 없지만) 오늘날에도 캄보디아에서 사용되고 있다. 프칵은 인도네시아에서 들어왔으며, 따라서 인도에는 알려져 있지 않았다. 이 행렬은 단조로울 정도로 계속되는데, 대열의 끝으로 가면 보조를 맞춰 앞서가고 있는 병사들을 뒤쫓아가기 위해 병사들이 보폭을 넓혀 걸음을 빨리하고 있는 것이 보인다.

몇 번이나 반복되는 틀에 박힌 자세에 약간의 변화를 주려는 듯 조각가들은 여기에 몇 가지 재미있는 장면을 집어넣었다. 그래서 한 장군이 탄 코끼리는 벌레에 쏘인 듯 갑자기 관객을 향해 고개를 돌리고 있고. 부조의 4분의 3 지점에는 갑자기 군인들의 행렬에 사제들의 행렬이 끼어들어가 있다. 브라만 사제들은 머리를 틀어 올려 뒤통수에 높게 쪽을 찌고 작은 종을 울리고 있으며, 왕실 사제인 라자호타는 오늘날 큰 사원의 주지승처럼 그물 침대를 타고 있다(그림 157). 그리고 신성한 불이 담긴 궤가 그 뒤를 따르고 있는데, 군을 호위하고 있는 궤는 전쟁을 축복하고 신들의 관심을 끌기 위한 것이다. 수많은 짐꾼들 앞에는 나팔을 불고 북을 치고 고둥을 부는 사람들이 있고, 많은 사람들이 나무 메로 징을 치고 있다. 그런데 이 무리에서도 괴상하게 춤을 추는 꼭두각시 두 명이 있고, 기수들은 휘장을 여러 개 던져 한꺼번에 돌리는 묘기를 보여주고 있다. 오늘날에도 캄보디아에서는 종교적인 행렬에 꼭 이런 꼭두각시들이 따라다닌다. 부조의 끝에는 색다른 사람들의 무리가 있는데, 이들은 사치스런 옷차림에 장식을 늘어뜨린 긴 조끼를 입고 깃털 서너 개와 구슬 꾸러기를 다섯 개나 엮은 이상한 머리 모양을 하고 있다. 장군들은 팔찌와 목걸이를 비롯한 많은 장식으로 뒤덮여 있고(그림 158), 병사들은 뺨 아래 문신을 했으며 인상이 투박하다. 다행이 이들의 이상야릇한 차림새에 대한 의문은 부조에 새겨진 '그들은 시암 족이다'라는 문구가 풀어준다. 그들은 크메르 군에 합병된 듯하다.

157 그물 침대를 타고 가는 왕실 사제 라자호타(사진 : J. 폰카르)
158 팔찌와 목걸이를 비롯한 많은 장식으로 뒤덮여 있는 시암 족 장군(사진 : J. 폰카르)
159 노예들이 지고 가는 가마를 탄 귀부인(사진 : J. 폰카르)
160 노예들이 실어 나르고 있는 귀족들(사진 : J. 폰카르)
161 남상주와 가루다가 떠받치고 있는 천상의 궁전(사진 : J. 폰카르)
162 압사라들이 천상의 궁전에 있는 하늘에서 춤추고 있다(사진 : J. 폰카르)

3. 남쪽 회랑, 동쪽 날개 : 천국과 지옥(길이가 60미터쯤 된다)

처음 부조가 시작되는 곳을 보면 이것이 위에 덧붙인 세 단으로 이루어져 있다는 것을 알 수 있다. 그리고 그곳에 새겨져 있는 문구는 위에 있는 두 단은 사람들을 천국으로 인도하고 아래에 있는 한 단은 지옥으로 인도한다는 것을 말해준다. 하지만 위 두 단에서도 귀부인(그림 159)과 귀족들(그림 160)은 노예들이 메고 가는 가마를 타고 있지만, 평민들은 조용히 걸어가고 있고 어떤 이들은 아이와 함께 가고 있다.

천국에 있는 사람들은 남상주(男像柱)와 가루다가 떠받치고 있고(그림 161) 하늘에서는 압사라가 춤을 추는 천상의 궁전(그림 162)에서 조용하고 평화롭게 살고 있다. 천국에 살고 있는 19명의 남자들은 역사 속 행렬에서 본 19명의 대신을 나타낸 것일지도 모른다.

지옥을 선고받은 사람들은 시간과 죽음의 신 야마 앞에 줄지어 서 있는데, 그는 물소 위에 앉아 여러 개 달린 팔에 몽둥이를 들고 휘두르고 있다(그림 65, 89쪽). 심판을 하는 것은 그이지만, 선고를 하는 것은 다르마(왕족의 옷차림을 하고 있다)이며, 치트라굽타(그림 66, 90쪽)가 그를 도와 착한 사람들에게는 상을 내리고 나쁜 사람들은 부조 하단에 있는 여러 지옥에 던지는 일을 한다. 부조는 아주 잔인하고 믿을 수 없을 정도의 다양한 일련의 고문을 보여주는데(그림 68~70, 91쪽과 그림 163, 164), 아래에는 조각가들이 가학적이고 괴팍하기 그지없는 상상력으로 생각해낸 32가지 고문 가운데 몇 가지가 언급되어 있다.

각각의 고문에는 저마다 그것이 어떤 죄를 지은 사람이 받는 고문인지 새겨져 있다. 먼저 자기 입속에 발을 집어넣고 있는 악마들이 사기꾼과 도둑의 혀를 집게로 뽑은 다음 물살이 거친 악취 나는 강에 던져버린다(이들이 갈 지옥이 12가나 되는 것을 보면 당시 도둑질이 성행했던 모양이다!)

'눈물을 흘리는 지옥'에서는 불의를 저지른 사람을 쇠사슬에 묶어 팬 다음 쌍날이 있는 칼로 사정없이 베어버리고, 거짓 증언을 한 사람은 산 채로 살갗을 벗겨 나무에 매달아놓은 다음 절구에 넣고 갈아버린다. 또 남을 해치거나 남의 재산을 빼앗은 사람은 납과 주석을 녹인 웅덩이에 던져버린다. '뼈를 부러뜨리는 지옥'에서는 정말로 몽둥이로 뼈를 부러뜨린다. 그리고 남의 정원이나 집, 연못을 망가뜨린 사람들은 목에 말뚝을 박고, 은밀히 남의 아내를 유혹한 사람(예를 들면 사랑의 '묘약'을 써서)이나 자기보다 계급이 낮은 배우자에게 구혼한 사람은 사나운 새들에게 갈기갈기 찢겨 끈적끈적한 고름이 가득한 호수에 던져진다. 음탕한 여자들은 머리채를 잡혀 질질 끌려가 골수로 가득한 호수에 집어던 져지는데, 왜 그런지는 모르겠으나 이것은 '유방이 축 늘어진 여자들'과 관계가 있다는 문구로 보아 그런 벌을 받으면 남자를 유혹할 수 있는 힘이 줄어드는 모양이다. 자신의 지위를 이용해 남의 물건을 훔친 관리들은 가마솥에 머리부터 집어넣는다. 베어서는 안 될 나무를 베거나 신성한 곳을 더럽힌 사람은 '가시투성이인 손바닥 나무 숲'(선인장)에 보내 목을 바이스로 꽉 조여버리거나 줄에 거꾸로 매달아놓는다. 꽃을 훔치거나 무례하게도 신성한 정원에서 꽃을 꺾은 사람은 머리에 못을 쾅쾅 박거나 개나 맹금에게 먹히는데, 이는 '극악무도한 범죄자들'이 받는 고문과 아주 비슷하다. 마지막으로 도둑질을 한 사람들은 '추운 지옥'에서 특별한 고문을 받게 되는데, 이 지옥에 떨어진 사람들은 차가운 물에 던져져 잔뜩 오그린 채 오돌오돌 떨고 있다. 이러한 모습들은 모두 틀림없이 수리아바르만 2세가 다스리던 시대의 생활상을 생생히 보여주고 있을 것이다.

4. 동쪽 회랑, 남쪽 날개 : 우유의 바다 휘젓기(약 50미터)

이곳에는 창조 신화가 아주 자세하고 상세하게 묘사되어 있다. 시바를 비롯한 신(데바)들은 불로장생의 영약(암리타)을 만들어내어 혼돈으로부터 질서를 창조하기 위해 우유의 바다를 휘저으면서 비슈누가 아수라로 대표되는 악과 맞서도록 돕는다. 부조 중앙에 있는 비슈누(비슈누 상은 완성되지 않았다)(그림 64, 89쪽)는 중심축 역할을 하는 만다라 산 위에 서 있고, 만다라 산은 거북이(비슈누의 둘째 화신, 그림 7, 23쪽)가 떠받치고 있다. 여기서 비슈누는 데바와 아수라가 우유의 바다를 휘젓는 것을 감독하고 있는데, 이들은 축을 휘감는 밧줄 역할을 하는, 머리가 다섯 달린 거대한 나가 바수키(그림 165)를 잡고 서로 잡아당기고 있다.

(『바가바타 푸라나』에 따르면) 비슈누 위에서 날아다니고 있는 것은 비슈누의 또다른 화신이다. 그러나 인드라 신일 가능성도 배제할 수는 없다. 특히 비슈누의 원반 위에 서 있는, 채 완성되지 않은 두 인물이 모두 인드라를 상징하는 코끼리 아이라바타와 말 우차이슈바라를 나타낸 것이라고 본다면 더욱 그러하다.

부조의 맨 윗단(세번째 단)과 아랫단을 보면, 윗단에는 우아하게 날아다니는 압사라가 무수히 그려져 있는 반면 아랫단에는 바다 생물이 가득한데, 바다를 휘저으면서 일어난

163 지옥 장면(사진 : J. 폰카르)

164 지옥 장면(사진 : J. 폰카르)

165 아마도 비비슈나인 듯한, 머리가 여러 개 달린 아수라가 나가 바수키의 머리를 잡고 있다(사진 : M. 프리먼)

166 우유의 바다 휘젓기(사진 : M. 프리먼)

소용돌이에 가장 가까이 있는 것들은 온통 산산조각 나 있다. 그러나 바다를 휘젓는 것이 생생히 그려져 있는 장면의 왼쪽과 오른쪽에는 저마다 데바와 아수라의 예비군들이 있다. 그들은 필요하면 언제든지 뛰어들 태세를 하고 바다를 휘젓는 것을 뚫어지게 바라보고 있다. 그런데 한 아수라는 옆에 있는 아수라에게 고개를 돌리고 뭔가 이야기하고 있고, 바다를 휘젓는 장면에 더 가까이 서 있는 한 아수라는 그의 우두머리와 함께 손가락으로 나가의 거대한 머리를 가리키고 있다. 그러나 데바 쪽 예비군은 훨씬 규율이 잘 잡혀 있어, 열을 흐트러뜨리는 이가 하나도 없다. 그들 뒤에는 마차를 끄는 말과 전쟁 때 쓰는 가마를 얹은 코끼리가 있고, 이 모든 것 뒤에는 깃발과 파라솔의 숲이 펼쳐져 있다.

르 보뇌르(1989)에 따르면 이 부조에는 모순되는 부분이 몇 가지 있다. 먼저 비슈누는 아래쪽 왼발을 만다라 산에 걸치고 있어 만일 날아가지 않았다면 그 역시 우유의 바다를 휘젓는 동작에 따라 뱅글뱅글 돌았을 것이다. 또 지상군인 데바와 아수라 군이 어떻게 바다 한가운데 있는 만다라 산으로 갈 수 있었을까? 게다가 이 부조에는 모든 초자연적인 노력의 유일한 목표인 암리타가 담긴 항아리가 빠져 있다.

창세 신화를 그린 이 도상에 『라마야나』가 끼친 영향은 (하누만이라기보다는) 수그리바로 보이는 원숭이가 데바 편에 서서 나가의 꼬리를 잡고 있는 것과 아수라의 머리 장식을 하고 있는, 아마도 라바나의 형제이며 라마의 동맹자였던 비비샤나인 듯한 장군이 존재하는 것에서 알 수 있다. 그러나 이것은 암리타를 마시고 싶어 몰래 이 행렬에 끼어든 라후일 수도 있다. 하지만 그는 발각되어 비슈누에게 목이 댕강 잘린다. 그러자 그에 대한 복수로 라후는 정기적으로 해와 달을 삼켜버려 일식과 월식이 일어나게 한다.

따라서 우유의 바다 휘젓기라는 비슈누 신화에서, 우리는 역시 기품 있는 인간의 모습으로 변한 신의 아바타를 찬양하고 있는 비슈누 신에 관한 텍스트인 『라마야나』의 신선한 영향을 볼 수 있다.

5. 동쪽 회랑, 북쪽 날개 : 아수라와 싸워 이긴 비슈누(약 50미터)

이것은 양쪽에서 덤벼드는 아수라 떼에 맞서 비슈누가 — 늘 그렇듯 — 가루다를 타고 싸운 이야기이다. 어떤 아수라들은 커다란 새를 타고 있고, 어떤 아수라들은 용이나 신화 속의 말이 끄는 수레를 타고 있다. 아수라 장군의 코끼리와 싸운 가루다와 비슈누의 용맹함 덕분에 신은 승리를 얻게 된다.

이 부조는 크리슈나가 바나와 싸워 이긴 이야기를 그린 다음의 부조와 마찬가지로 우리가 지금껏 본 부조들에 비해 솜씨가 눈에 띄게 떨어진다. 이것들은 16세기에 조각되었는데, 아마도 그 지역에서 고용된 외국 예술가들이 스텐실을 이용해 옛날에 있던 밑그림을 가지고 새긴 듯하다(Le Bonheur, 1995) 16세기의 크메르 비문에 따르면, 12세기에 미완성인 채 남아 있던 이 부조는 앙 찬 왕의 통치 기간에 다시 마무리 작업이 시작되어 아마도 그의 아들 파라마라자 1세가 통치하던 1563~1564년에 끝난 듯하다.

6. 북쪽 회랑, 동쪽 날개 : 바나와 싸워 이긴 크리슈나(약 60미터)

『하리방샤』에서 따온 이 이야기는 아니룻다의 모험에 관한 것이다. 아니룻다가 자기 딸과 결혼하고 싶어한다는 말을 듣고 아수라 바나는 그를 잡아 가둔다. 그러자 이 소식을 들은 크리슈나가 발라라마와 프라디움마와 함께 아니룻다를 구하러 쇼니타푸라로 달려간다. 크리슈나는 이 도시에 들어가기 전에 가루다의 도움으로 전설의 '다섯 개의 불'을 끄고 아수라 군을 전멸시킨다. 전투는 크리슈나가 바나의 목을 베면서 절정에 이른다.

부조에서 이 장면은 가루다가 비슈누를 어깨에 싣고(그림 54, 78쪽) 데바 대군 속에 나타나는 것으로 시작된다. 원뿔형의 무쿠타를 쓰고 있는 것으로 보아 데바 군임을 알 수 있는 그들은 전투대형으로 행진하며 악사들의 뒤를 따르고 있다. 비슈누는 여기서 팔이 여덟 개 달린 것으로 그려져 있는데, 그는 전통적 소지물인 화살과 창, 원반, 소라, 곤봉, 번개, 활, 방패를 들고 휘두르고 있다. 그의 얼굴은 셀 수 없을 정도로 많으며, 원전에서는 그 수가 천 개를 헤아린다고 한다. 그는 두 영웅과 함께 가고 있는데, 가루다의 날개에 타고 있는 그들은 그의 동생 발라라마와 그의 아들 프라디움나일 것이다.

그들이 도시 앞에 다다랐을 때 적은 싸울 준비가 되어 있었고, 불의 벽이 세 영웅 앞을 가로막는다. 하지만 원전에 따르면 가루다가 갠지스 강물을 끌어올려 비를 내려 불을 끈다(그림 49, 73쪽). 그러나 부조에서는 가루다가 화염을 이루고 있는 벽을 깨끗이 꺼버리는 것만 보여주고 있다. 그리고 화염 건너편으로 가면 가루다 옆에 아그니가 있다. 아그니는 여기서 머리가 여섯 개에 팔이 네 개인 것으로 그려져 있으며(그림 52, 76쪽), 무소를 타고 싸울 준비를 하고 있다. 크리슈나의 군대는 바나의 군대를 전멸시키기 위해 신속히

167 시바에게 경의를 표하는 크리슈나
168 시바
169 중국식으로 그려진, 전장 위에 점점이 떠 있는 구름들
170 16세기에 부조의 완성을 도운 중국 장인들이 그린 불길

도시로 진격해 들어가 공격을 감행한다. 치열한 혼전이 벌어지고 군사들은 서로 뒤엉켜 싸운다. 이때 크리슈나가 가루다를 타고 다시 나타난다. 이번에 크리슈나는 팔이 네 개밖에 없고 활과 원반, 곤봉을 가지고 싸운다. 그러나 그가 종자들을 이끌고 다시 나타났을

때는 얼굴이 천 개, 팔이 여덟 개다. 진격해 들어간 그는 마침내 바나와 정면으로 맞서게 된다. 바나의 마차는 (기괴하게 생긴) 신화 속 사자 두 마리가 끌고 있다.

아수라 바나가 천 개나 되는 팔을 마구 휘두르지만, 크리슈나는 그것을 두 개만 남겨놓고 모두 잘라버린다. 그리고 마지막 일격을 가하려고 하는데 시바가 끼어들어 자비를 구한다. 앞서 바나에게 불멸을 약속한 탓이다. 마침내 무수한 전투 끝에 크리슈나는 신성한 마법의 무기의 힘으로 전쟁을 승리로 이끈다.

이 이야기의 결말은 부조의 맨 왼쪽 끝에 그려져 있다. 여기서 우리는 시바가 중국인 같은 모습으로 높은 단(아마도 산을 상징하는 듯하다) 위에 서 있고, 그보다 낮은 단에 머리가 천 개 달린 크리슈나가 바나와 싸워 이긴 뒤 시바 앞에 무릎을 꿇고서 경의를 표하고 있는 것을 볼 수 있다(그림 167). 그리고 시바와 크리슈나 사이에 있는 가장 낮은 단에는 가네샤와 크리슈나의 아내 파르바티(어쩌면 스칸다일지도 모른다)가 있고, 산 양쪽에는 고행자들과 새의 모습을 한 처녀(킨나리)들이 가득 차 있다.

시바(그림 168)는 위에서 말한 대로 크메르인이 아니라 중국인 같은 모습으로 표현되어 있는데, 타원형 얼굴에 길고 가는 턱수염을 기르고 목도리와 보석으로 치장하고 있으며, 머리에는 장식 띠를 몇 개나 두르고 있다(고행자치고는 좀 이상한 모습이다). 그리고 여기서 그는 전형적인 원반(차크라)이 아니라 검을 들고 있으며, 캄보디아에서는 드물지만 중국에서는 흔한 삼각형의 빗금무늬로 장식된 왕좌에 앉아 있다. 전쟁터에 떠 있는 구름 역시 불의 화염(그림 170)과 마찬가지로 중국식으로 그려져 있다. 이 부조는 16세기에 중국인 장인들이 완성한 것으로 알려져 있다.

7. 북쪽 회랑, 서쪽 날개 : 데바와 아수라의 전쟁(100미터가 넘는다)

이것은 우주의 정의와 질서를 회복하기 위해 신들이 악마 아수라들과 벌인 우주적 전투를 표현한 것이다.

힌두교 만신전의 위대한 신들이 자신의 무기를 들고 전통적인 탈것에 몸을 실은 채 전쟁의 대열에 참여하고 있다. 전쟁에 참여한 21명의 신들은 시바와 브라흐마, 스칸다, 수리아, 아슈타딕팔라스(팔방을 지키는 수호신), 인드라, 바루나, 바유, 야마, 쿠베라 등이다. 신들은 저마다 쓰고 있는 투구의 모양만 다른 아수라들과 싸우고 있는데, 이 일련의 우주적 전투는 등장인물이 모두 뒤얽혀 혼전을 벌이는 가운데 일어난다. 일부 동물이 아주 사실적으로 그려져 있는 것과 장군들의 자세가 강조되어 있는 것이 눈에 띤다.

부조 중앙으로 가면, 부의 신 쿠베라가 다리를 쫙 벌리고 아수라의 어깨에 올라타 있는 것과 불의 신 아그니가 무소가 끄는 수레를 타고 있는 것, 그리고 얼굴이 여섯 개인 불의 신 스칸다(그림 25, 59쪽)가 공작의 어깨에 올라타 있고 이 공작이 다리로 수레를 끄는 괴물을 꼼짝 못하게 붙들고 있는 것을 볼 수 있다. 또 인드라(그림 24, 59쪽)는 그의 코끼리 아이라바타를 타고 있는데, 아이라바타는 네 개의 엄니로 적을 번쩍 들어올리고 있다. 그러자 이런 광경과 시끄러운 종소리에 놀라 사자들이 뛰어오르면서 마차가 뒤집어지고, 비슈누는 그중에서도 한가운데 자리를 차지하고서 무시무시한 아수라 칼라네미(그림 26, 61쪽)와 맞서고 있다. 머리가 여러 개 달린(그러나 보이는 것은 일곱 개뿐) 칼라네미는 활을 들고 있고, 동시에 많은 팔로 곤봉과 검을 휘두르고 있다.

정의의 신 야마(그림 27, 61쪽)는 물소가 끄는 수레를 타고 뒤따르고 있고, 시바(그림 28, 61쪽)는 혹이 둘 달린 황소가 끄는 수레를 타고 있으며, 브라흐마(그림 23, 59쪽)는 늘 그렇듯 항사를 타고서 마법의 무기 브라마스트라를 들고 있다. 또한 태양신 수리아(그림 21, 59쪽)는 말 네 마리가 끄는 수레를 타고 있으며, 물의 신 바루나(그림 22, 59쪽)는 말처럼 고삐를 채운 나가에 타고 있다. 그리고 마지막으로 누구인지 분명히 알 수 없는 신 열 명이 그 뒤를 따르고 있다.

전쟁의 위기는 계속되고, 우리는 고통을 이기지 못해 몸부림치는 육체들을 볼 수 있다. 머리가 다섯 개 달린 나가가 전사들과 뒤얽혀 있는 모습은 공포감마저 자아낸다. 용감무쌍한 가루다를 타고 있는 비슈누는 두 말 사이에 균형을 잡고 서서 이 장면을 압도하며 병사들에게 명령을 내리고 있다. 혼전은 계속되어(그림 171) 무사들은 온갖 곡예와 같은 자세로 전투를 하고 있고, 전투는 몇 배나 치열해져 부조의 맨 윗단은 구름 같은 화살이 밭고랑을 이루고 있다. 그러나 결국은 선과 조화를 대표하는 데바들이 악과 무질서를 대표하는 아수라들을 물리친다.

8. 서쪽 회랑, 북쪽 날개 : 랑카 전투(약 50미터)

이용할 수 있는 공간은 모두 빈틈없이 채우고 있는 이 다소 혼란스런 육탄전 장면은 아

171 무사들이 온갖 곡예와 같은 자세를 취하며 치열하게 싸우고 있다(사진 : J. 폰카르)

주 자세히 재현되어 있어, 마치 살아 있는 듯한 수많은 인물들이 비할 데 없이 격렬하게 싸우고 있으며 그에 걸맞은 태도와 자세를 취하고 있다.

들라포르트(1880)에 따르면, 인도에서는 발미키의 시가 자주 재현되지만 이보다 강렬하고 생동감 있게 그려진 적은 없었다. 원숭이들 가운데 사상자는 그리 많지 않으나 피로에 절어 있는 듯하다. 그러나 전투가 그들에게 유리하게 전개되면서 다시 원기를 회복한 원숭이들은 또다시 놀라운 무공을 세운다. 마법의 화살을 맞고 부상당한 원숭이들도 있지만, 화살의 힘을 제거하는 주문을 제대로 외운 원숭이들은 다시 일어나 싸울 자세를 취한다. 그러나 깃털 달린 화살을 맞은 일부 원숭이들은 목숨을 잃고 바닥에 쓰러져 있다. 무사들은 잠시 싸움을 멈추고 그들의 무기를 훨씬 치명적인 것으로 만들어줄 주문을 외운다. 거인 군대의 보병들은 끌로 조각한 자루가 달린 긴 칼과 창, 투창, 곤봉을 들고 있고, 어떤 병사들은 방패를 들고 있다. 그러나 원숭이들은 돌과 나뭇가지밖에 들고 있지 않으며, 아예 무기가 없는 경우도 허다하다. 그래서 그들은 보는 대로 적을 물어뜯거나 부상자나 사상자에게 빼앗은 무기로 무장을 한다. 또한 원숭이들은 기괴한 동물들이 끌고 있는 적군의 왕과 장군들의 마차를 장식하고 있는 깃발과 파라솔을 발톱과 이빨로 갈가리 찢어버린다. 조각가들은 앙코르 조각에서 근육을 정의하려는 시도에 따라 원숭이의 몸을 그렸다. 그래서 그들은 원숭이의 근육이 얼마나 강한지 강조하기 위해 그것을 반복해서 보여주며, 울룩불룩하게 솟아 있는 그들의 이두박근과 팔뚝, 허벅지, 종아리를 털로 뒤덮여 있는 원숭이라기보다는 인간의 그것에 가깝게 그리고 있다.

이 부조를 한눈에 훑어보는 것은 불가능하다. 우리는 단조로움이나 반복을 피하기 위해 이 일화의 세부와 싸우는 사람들의 자세를 아주 변화무쌍하게 그려낸 조각가들의 뛰어난 솜씨와 상상력에 놀랄 뿐이다. 싸움이 어찌나 치열한지 전사들은 완전히 서로 뒤엉켜 있다. 벌 떼처럼 움직이며 치열하게 싸우는 이 장면은 부조에 엄청난 생기를 불어넣어준다. 게다가 익살스러움과 격렬한 뒤엉킴은 어릿광대들을 보고 있는 것인지 아니면 분노한 전사들을 보고 있는 것인지 알 수 없게 할 정도이다. 그들은 모두 익살스럽게 찡그린 얼굴과 놀란 표정으로 서로 마주 보고, 죽이고, 팔다리를 자르고, 눈을 파낸다.

우리는 부조 중앙에서 이 드라마의 주인공들을 발견할 수 있는데, 라마가 화살이 빗발치는 가운데 하누만의 어깨에 올라서 있는 것이다(그림 173). 그리고 그 뒤에는 라마의 동생 락슈마나가 있고, 배신당한 왕자 비비샤나는 깃털 장식이 있는 투구를 쓰고 있다. 그들은 주위의 소동과는 대조적으로 아주 품위 있게 조용히 서 있다. 그리고 그들과 멀지 않은 곳에 라바나(그림 172)가 있는데, 머리가 열 개이고 팔이 스무 개인 라바나는 옆모습이 아주 유별난 괴물들이 끄는 아름답게 장식된 수레 위에 당당히 서 있다.

두 적대자들 사이에 아주 놀라울 정도로 차분한 장면이 펼쳐지는데, 정면으로 보이는 두 괴물 위에 올라선 원숭이 닐라가 거대한 락샤사 프라하스타의 몸을 어깨 위로 들어올리고 있고(그림 182, 183쪽), 동시에 다른 원숭이가 밑에서 이 거인을 공격하고 있다. 그리고 옆에서는 락샤사 모호다라가 탄 코끼리가 원숭이에 의해 넘어지고 있는데, 세 군데가 뾰족하게 솟아 있는 무쿠타를 쓴 코끼리 얼굴에 엄청난 공포가 드러나 있다(그림 175).

마찬가지로 라바나의 아들 가운데 하나인 나란타카는 사나운 원숭이 상가다의 공격을 받고 있는데, 상가다는 먼저 그의 말을 베어버린다(그림 176). 그다음은 쿰바카르나의 아들들 차례다. 먼저 니쿠마는 하누만의 공격을 받고 있고(그림 174), 쿰바는 수그리바의 공격을 받고 있다(그림 178). 다른 곳에서는 한 원숭이가 팔로 락샤사를 붙잡고 돌로 치명타를 가하려 하고 있고(그림 177), 어떤 원숭이들은 굵은 나뭇가지로 적을 후려치고 있다

172 머리가 열 개이고 팔이 스무 개인 라바나가 괴물들이 끄는 그의 수레 위에 서 있다(사진 : J. 폰카르)

▲ 173 하누만의 어깨에 올라서 있는 라마. 그의 곁에 동생 락슈마나와 배신당한 왕자 비시샤나가 있다(사진 : J. 폰카르)

▶ 174 하누만의 공격을 받는 니쿠마

175

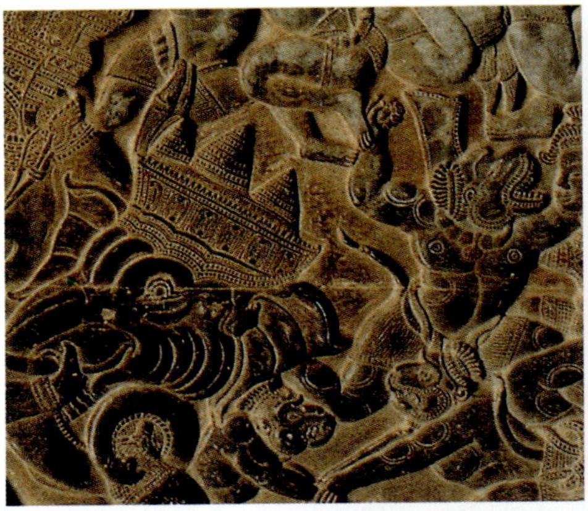

176

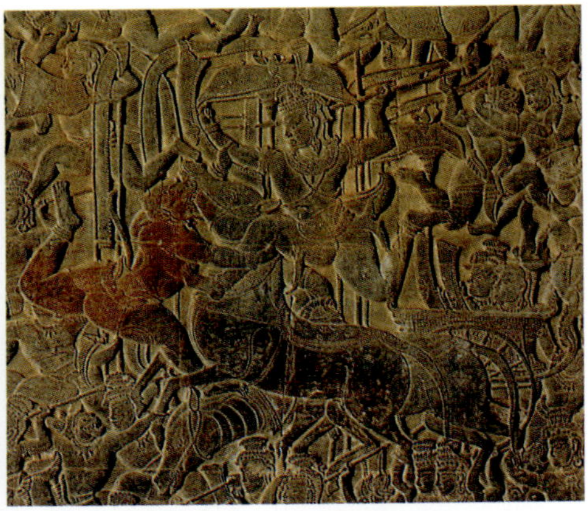

177

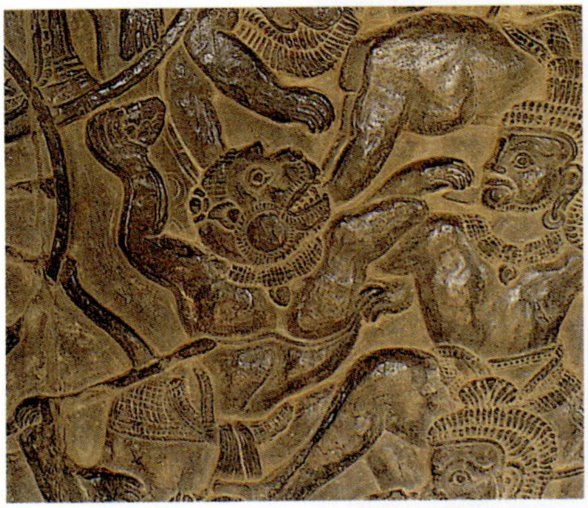

178

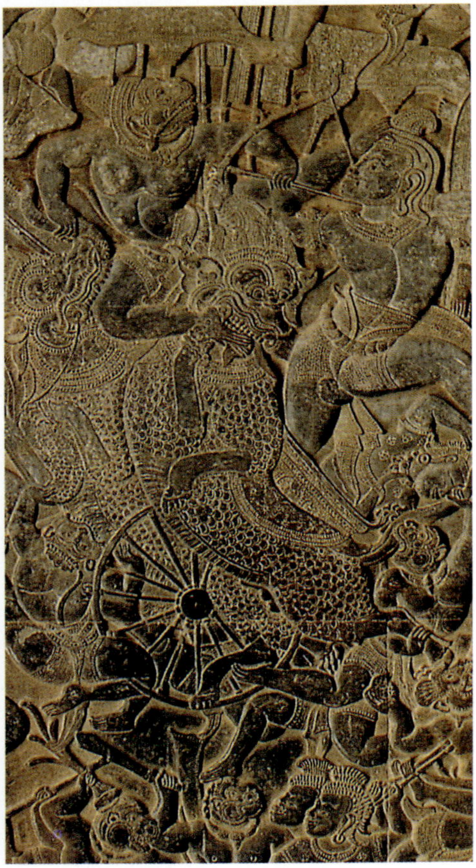

179

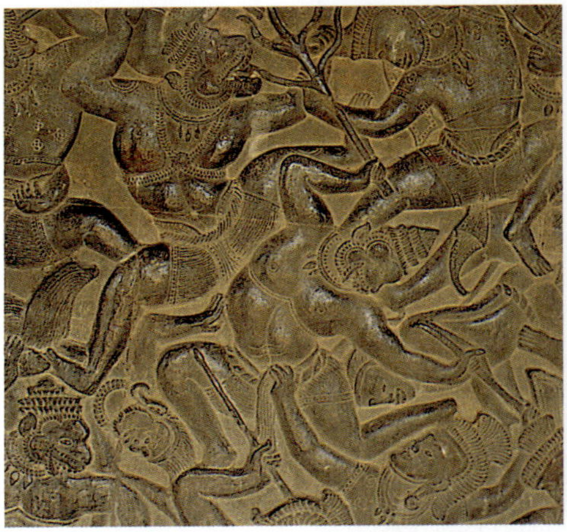

175 원숭이에 의해 넘어지는, 세 부분이 뾰족하게 솟아 있는 무쿠타를 쓴 코끼리의 얼굴

176 사나운 원숭이 상가다의 공격을 받는, 라바나의 아들 가운데 하나인 나란타카(사진 : J. 폰카르)

177 락샤사를 붙잡고 돌로 치명타를 가하려는 원숭이

178 수그리바의 공격을 받는 쿰바(사진 : J. 폰카르)

179 원숭이가 굵은 나뭇가지로 적을 후려치고 있다

(그림 179).

전투는 갈수록 치열해져 전사들이 곡예라도 하는 듯 서로 뒤엉킨 가운데 여러 가지 신비한 사건들이 일어나면서 라바나는 마침내 전쟁에서 패한다

그리하여 시타는 라마에게 돌아오지만, 뜻밖의 문제가 발생한다. 라바나의 궁전에 너무 오래 있었다는 이유로 그녀의 정절을 의심한 라마가 그녀를 받아들이려 하지 않은 것이다. "내가 널 구했다"라고 라마가 말한다. 그러나 그는 잔인하게 덧붙인다. "하지만 라바나가 널 욕보였으니 넌 다시는 내 것이 될 수 없다." 그러나 실은 그녀를 그렇게 오랫동안 붙잡아두었어도 라바나는 그녀를 건드리지 않았다. 시타는 자신의 순결을 주장하지만, 라마는 그녀에게 화형대 위에서 불의 시련을 겪도록 한다.

이 모든 일화에서 조각가들은 『라마야나』 이야기를 글자 그대로 따랐다. 그래서 장면마다 그것이 어떤 장면인지 알 수 있고, 등장인물 또한 누가 누구인지 말할 수 있다. 이와 같은 사건들은 생동감과 활기를 한순간도 잃지 않은 채 50미터나 되는 부조 끝까지 계속된다.

남서쪽 모퉁이의 작은 방

십자 모양의 이 작은 방의 사방에는 부조가 새겨져 있는데, 이곳에는 물이 침투해 보존 상태가 좋지 못하다.

1. 북쪽 문 위

여기에 새겨진 것은 『라마야나』에 나오는 장면으로, 라마가 황금 사슴 마리카를 죽이고 있다. 라마가 마리카에게 정신을 파는 틈에 라바나는 시타를 쉽게 납치할 수 있게 된다.

2. 북쪽 방향, 동쪽 벽

여기에는 크리슈나가 고바르다나 산을 들어올리는 『하리방샤』의 장면이 새겨져 있다. 크리슈나가 발라라마와 함께 인드라의 분노로 쏟아지는 폭우로부터 양치기와 양 떼들을 보호하기 위해 팔로 산을 들어올리고 있다. 바위를 나타내기 위해 작은 마름모꼴 무늬를

많이 사용한 것이 눈에 띈다.

3. 북쪽 방향, 서쪽 벽

우유의 바다 휘젓기를 묘사한 『바가바타 푸라나』의 한 장면이 새겨져 있다. 윗부분에서 해와 달을 나타내는 두 개의 원반을 볼 수 있다.

4. 서쪽 방향, 북쪽 벽

이 벽에 새겨진 것이 무슨 이야기인지는 원래 확인되지 않았다. 그래서 1944년 글레즈는 이것이 라바나가 카멜레온으로 변해 인드라의 여인들이 있는 방으로 몰래 들어가는 모습을 보여주는 것이라는 의견을 내놓았다. 그러나 나중에 그는 이것이 시바가 고행자들의 아내의 질투심에 자극받아 고행자들의 자제력을 시험하기 위해 발가벗고 소나무 숲에 나타나는 시바 바크샤타나 무르티(『브라만다 푸라나』) 이야기를 그린 것이라 여겼다(그림 181). 하지만 전혀 다르게 해석할 수도 있는데, 이것은 시바와 브라흐마가 누가 진짜 우주의 창조자인지 다투다가 그만 시바가 브라흐마를 죽여버리는 장면이라고도 볼 수 있을 것이다. 다른 모든 해석에서처럼 시바는 죄를 갚기 위해 12년 동안이나 발가벗은 채 허리에 두를 간단한 옷(비크샤타나 무르티)도 없이 거지가 되어 돌아다녀야 했다.

5. 서쪽 문 위

크리슈나가 어린 소년이었을 때 양어머니가 그를 돌절구에 묶어놓자 그것을 끌고 다니며 아르주나 나무 두 그루를 뿌리 뽑은 『하리방샤』의 이야기를 그린 듯하다(그림 46, 73쪽).

6. 서쪽 방향, 남쪽 벽(창문 위)

이 부조에서는 라바나가 시바와 우마가 앉아 있는 옥좌가 놓인 카일라사 산을 마구 흔들고 있는 모습을 볼 수 있다. 라바나는 여기서 팔과 머리가 여러 개 달린 모양으로 그려져 있다.

시바는 발미키의 책에서 이야기하는 것과는 달리 발로 산을 눌러 라바나를 짓눌러버리지 않고 그냥 조용히 인도인의 자세로 앉아 있다. 예술가들이 야크사와 비다다라, 싯다가 라바나에게 시바에게 무릎 꿇고 빌라고 타이르는 순간을 그린 것이다. 그래서 시바는 라

180 프랄람바(?)의 살해와 불을 끄는 크리슈나. 남서쪽 모퉁이의 작은 방, 남쪽 문 위(사진 : EFEO)

181 시바 비크샤타나 무르티. 남서쪽 모퉁이의 작은 방, 서쪽 방향, 북쪽 벽(사진 : EFEO)

182 원숭이 닐라와 거대한 락샤사 프라하스타의 싸움(사진 : J. 폰카르)

184 발린을 죽이는 라마. 남서쪽 모퉁이의 작은 방, 남쪽 방향, 동쪽 벽(창문 위) (사진 : EFEO)

185 슬퍼하는 원숭이들. 남서쪽 모퉁이의 작은 방, 남쪽 방향, 동쪽 벽

183 죽어서 배우자 타라의 품에 안겨 있는 발린. 남서쪽 모퉁이의 작은 방, 남쪽 방향, 동쪽 벽(사진 : M. 프리먼)

바나의 문안을 받으며 느긋이 앉아 있고, 라바나는 그냥 산에 손을 대고 있을 뿐이다.

7. 남쪽 방향, 서쪽 벽(창문 위)

여기에는 시바가 카마를 재로 만들어버리는 이야기가 그려져 있다. 사랑의 신 카마가 시바에게 설탕으로 만든 화살을 쏘려고 하는 순간, 시바는 산꼭대기에서 명상을 하고 있고 그의 곁에는 우마가 있다. 방해를 받자 화가 난 시바가 불운한 카마에게 번개를 때리고, 번개를 맞은 카마는 배우자 라티의 품에서 죽는다.

8. 남쪽 문 위

프랄람바(?)의 살해와 불을 끄는 크리슈나가 그려져 있다(그림 180).

9. 남쪽 방향, 동쪽 벽(창문 위)

라마가 발린을 죽이는 『라마야나』의 장면이 그려져 있다. 윗부분에는 서로 적이 된 형제 발린과 원숭이 왕 수그리바의 결투 장면이 그려져 있는데, 라마는 자신의 동맹자 수그리바의 승리를 확실히 하기 위해 덤불 속에 숨어 있다가 발리에게 치명적인 화살을 쏘는 반칙을 한다(그림 184).

아랫부분에는 죽은 발린이 배우자 타라의 품에 안겨 있는데(그림 183), 타라는 세 부분이 뾰족하게 솟은 무쿠타 스타일로 머리를 빗었다. 밑에서는 또 그의 원숭이들이 슬퍼하고 있는 것도 볼 수 있다(그림 185). 문 쪽에 가까운 부조는 여러 단으로 되어 있으며, 다양한 태도와 표정의 원숭이들을 보여준다. 프르질루스키(1921)는, 발린이 등에 화살을 맞은 것으로 그려져 있는데 라마는 마치 화살을 장전하듯 한 손에 (화살 없이) 활을 들고 있고 한 손에는 화살 꾸러미를 들고 있다는 사실을 지적했다. 그렇다면 발린을 죽인 것은 어쩌면 라마가 아닐지도 모른다. 아마도 조각가들은 라마가 저지른 반칙의 영향을 희석시키기 위해 원전에서 벗어난 표현을 했을 것이다.

10. 동쪽 방향, 남쪽 벽

보존 상태가 좋지 않은 이 부조가 무엇을 이야기하는 것인지는 확인되지 않았다. 중앙에 앉아 있는 사람은 아마 명상을 하거나 고행자 무리에게 가르침을 베풀고 있는 시바일 것이다.

11. 동쪽 문 위
이 부조도 무슨 이야기를 하고 있는지 확실히 밝혀지지 않았으나, 아마 크리슈나(또는 비슈누)가 인드라에게 바치는 공물을 받고 있는 것을 그렸을 것이다.

12. 동쪽 방향, 북쪽 벽
강에서 열리는 드바라바티 왕국의 축제를 그렸다. 노 젓는 사람들(위에 얹어놓은 듯이 새겨져 있다)이 있는 배 두 대가 있고, 배 위에서는 압사라들이 날아다니고 있다. 위에 있는 배에서는 사람들이 장기를 두고 있고, 아래에 있는 배에서는 사람들이 아이들과 놀고 있다. 오른쪽에서는 닭싸움이 벌어지고 있다. 오늘날 태국에서 벌어지고 있는 로이 크라통 축제와 비슷하다는 의견이 제시되기도 했다.

북서쪽 모퉁이의 작은 방

이 십자 모양의 작은 방도 남서쪽 모퉁이의 작은 방처럼 온통 화려하게 장식되어 있으며, 부조 중 일부 장면은 보존도 잘 되어 있을 뿐 아니라 조각 솜씨도 뛰어나다.

13. 남쪽 문 위
여기에는 라마가 카반다를 죽이는 『라마야나』의 장면이 그려져 있다. 몸집이 거대한 락샤사 카반다의 머리는 그의 넓은 어깨 위가 아니라 배에 붙어 있다.

14. 남쪽 방향, 서쪽 벽(창문 위)
여기 조각된 장면은 무엇을 표현한 것인지 아직도 확인되지 않았다. 윗부분에 아름다운 압사라들이 팔이 네 개 달린 비슈누에게 몰려와서 앉아 있는 그에게 경의를 표하고 있는 모습이 그려져 있다.

15. 남쪽 방향, 동쪽 벽

여기서도 『라마야나』에서 라마가 시타를 얻기 위해 겨루는 활쏘기 시합에 관한, 시타의 스와얌바라(신부의 신랑을 뽑기 위한 경연 대회) 장면을 볼 수 있다. 자타카 왕의 궁정에서 우아한 차림의 시타 옆에 선 라마는 온 힘을 기울여 과녁을 향해 화살을 쏘고 있고, 밑에는 쫓겨난 후보자들이 줄지어 있다(그림 29, 61쪽).

프르질루스키(1921)는 이 부조가 어쩌면 드라우파디에 관한 이야기일지도 모른다고 하면서, 그렇다면 활을 쏘는 사람은 라마가 아니라 아르주나일 것이라고 주장했다. 『라마야나』에서는 라마가 힘을 과시하기 위해 활을 들어올려 구부리지만, 『마하바라타』에서는 아르주나가 솜씨를 시험하면서 화살을 과녁에 정확히 맞춘다. 부조를 보면 과녁은 새가 꽂혀 있는 바퀴인데, 이것은 어쩌면 『마하바라타』에 나오는, 회전하는 얀트라 같은 "공중 기계 장치"(Adip. 185, 10)일지도 모른다. 그렇다면 조각가들은 발미키의 『라마야나』를 그대로 따르지 않고 다른 원전이나 지역 전설을 토대로 했다는 말이 된다. 아니면 그들이 『라마야나』에 나오는 이야기를 『마하바라타』에 나오는 이야기와 혼동했을 수도 있다.

16. 서쪽 방향, 남쪽 벽(창문 위)

시타가 하누만을 만나는 『라마야나』의 장면이 그려져 있다. 시타는 라바나에게 붙잡혀 있을 때 간신히 하누만과 몰래 작은 아카시아 숲에서 만난다. 공주는 친절한 락시니 트리자타의 시중을 받으며 하누만에게 반지를 주어 그가 자신의 사명을 다하였음을 라마에게 증명할 수 있는 증거로 삼게 한다. 아래에는 위에 덧붙인 단에 락샤사들이 있다.

17. 서쪽 문 위

『라마야나』에서 라마가 비비샤나와 동맹을 맺는 장면이 그려져 있다. 원숭이 무리에 둘러싸인 채 라마와 락슈마나가 형 라바나에게 쫓겨난 락샤사 비비샤나와 동맹을 맺고 있다.

18. 서쪽 방향, 북쪽 벽(창문 위)

여기에도 라마가 수레 푸슈파카를 타고 있는 것이 그려져 있다. 그는 승리를 거둔 뒤 대관식을 하기 위해 전에 라바나가 쿠베라에게 훔친, 향사가 끄는 화려하게 장식된 수레를 타고 아요디아로 돌아가고 있다. 세로로 긴 부조에는 기쁨에 들떠 춤을 추기도 하고 나팔을 불기도 하는 원숭이들의 모습이 새겨져 있는데 손상되어 있다. 전설에 따르면, 이때 라마는 비비샤나와 락슈마나, 수그리바, 시타와 함께 가고 있었다고 한다.

19. 북쪽 방향, 서쪽 벽(창문 위)

여기에는 시타의 시련이라는 유명한 일화가 새겨져 있다. 부조의 표면은 물이 스며들어 시타가 전혀 보이지 않을 정도로 훼손되었다. 시타는 라바나의 손아귀에서 벗어난 지 얼마 안 되어 자신의 정절을 증명하기 위해 불의 시련을 받았다. 지금 볼 수 있는 것은 여러 단에 걸쳐 익살스럽게 표현된 원숭이 무리와 화형대, 그리고 라마와 락슈마나, 수그리바, 하누만과 같은 인물의 흔적뿐이다.

20. 북쪽 문 위

거대한 비라다가 시타를 유괴하여 숲에서 그녀를 어깨에 짊어지고 가는 『라마야나』의 장면이 그려져 있다. 라마와 락슈마나가 화살을 쏘아 그를 공격하고 있다(그림 186).

186 시타를 유괴하려는 비라다. 북서쪽 모퉁이의 작은 방, 북쪽 문 위(사진 : EFEO)

이야기 부조가 있는 위치에 따른 색인

21. 북쪽 방향, 동쪽 벽(창문 위)

아마도 궁전에 앉아 있는 듯한 크리슈나에게 몇몇 사람들이 앉은 자세로 경의를 표하며 충성을 맹세하고 있는 것으로 보이는데, 그중에서도 특히 한 왕족이 눈에 띈다. 이 장면이 어떤 장면인지는 알 수 없으며, 크리슈나 밑에 완전히 뻗어 있는 두 사람의 몸뚱이와 그를 찾아온 사람들(죽거나 익사한 것 같다)은 더욱 호기심을 자아낸다. 크메르에 전해 내려오는 전설을 이야기하고 있는 듯하다.

22. 동쪽 방향, 북쪽 벽(창문 위)

이곳에는 라마의 가계에 대한 소개를 시작으로 라마에 대한 이야기가 몇 가지 더 새겨져 있다. 이 일화는 아마도 『바가바타 푸라나』의 "크리슈나의 가계에 대한 소개"에서 따온 듯한데, 당시 『라마야나』가 널리 인기가 있었던 탓에 여기서는 라마와 관련되어 있다. 사실 이 작은 방에 있는 12개의 부조 가운데 8개는 『라마야나』에 나오는 장면이다. 여기에 그려진 사건은 라마가 태어나기 전에 일어났으며, 라마는 작은 방의 다른 곳에서도 나온다.

비슈누는 나가 아난타 위에 누워 잠들어 있는데, 그 위에서는 압사라들이 날아다니고 그의 배우자 락슈미가 그의 발을 받치고 있다. 그 아랫단에는 그에게 (크리슈나로 변해) 지상에 내려와달라고 빌고 싶어하는 아홉 명의 살아 있는 신들의 행렬이 있다. 그들은 오른쪽에서부터 왼쪽으로 사자를 탄 케투("혜성"), 무소를 탄 아그니, 물소를 탄 야마, 머리가 셋 달린 코끼리를 탄 인드라, 말을 탄 쿠베라, 공작을 탄 스칸다, 향사를 탄 바루나, 야크샤의 어깨에 타고 있는 니르티이다. 아래에는 창문 옆에 있는 벽에 달(위)과 해(아래)가 있는데, 이것은 보기 드물게 정면으로 그려져 있는 두 마리 말이 끄는 수레 뒤에 커다란 원반으로 표현되어 있다. 이 이야기는 해와 달부터 시작해서 케투에서 끝나는 여덟 명의 신을 거쳐 이들의 행렬이 마침내 비슈누에게 가는 것으로 읽어야 할 것이다.

23. 동쪽 문 위

라마가 수그리바와 동맹을 맺는 『라마야나』의 장면으로, 라마와 그의 동생 락슈마나가 말라야 산에서 원숭이들의 왕 수그리바를 만나 동맹을 꾀하고 있다.

24. 동쪽 방향, 남쪽 벽(마하파르바타 산을 되찾아오는 크리슈나)

크리슈나가 가루다를 타고서(그림 187) 얼마 전에 악마 나라카에게 빼앗긴 메루 산 정상을 되찾아오고 있다. 이 이야기에서 인드라는 신과 왕의 아름다운 배우자들을 거의 모두 납치했을 뿐 아니라 인드라의 머리 셋 달린 코끼리 아이라바타까지 훔치려 드는 나라카를 굴복시킬 수 있도록 도와달라고 한다. 가루다는 아내 사티아바마와 함께 그려져 있고, 그 뒤를 그의 신하들로 이루어진 군대가 싸움에서 진 아수라 나라카의 유해를 들고 따라가고 있다.

르 보뇌르(1989)는 여기서 5번과 10번에 있는 크리슈나 이야기와 17번과 23번에서 라마가 동맹을 맺는 것, 그리고 22번과 18번에서 『라마야나』의 시작과 끝에 관해 말하고 있는 것에서 이야기의 연속성을 추적해냈다.

프르질루스키(1921)에 따르면, 카반다의 죽음(13번)과 비라다의 죽음(20번)에 관한 일화는 『라마야나』에 나오는 이야기와 다르다. 왜냐하면 『라마야나』에서는 두 형제(라마와 락슈마나)가 검으로 괴물 비라다의 팔을 잘라 죽이지만, 부조에서는 활과 화살로 죽이는 것으로 되어 있기 때문이다. 그리고 또다른 상인방에서는 두 형제가 괴물 카반다를 곤봉으로 때려죽이는 것으로 그려져 있으나, 프람바난(인도네시아)에서는 카반다가 활과 화살 때문에 죽는 것으로 되어 있다.

십자형의 지붕 덮인 안마당

서쪽에 있는 이 안마당은 첫번째 담의 회랑과 두번째 담의 회랑을 연결해, 피라미드와 같은 구조를 지닌 사원의 1층과 2층을 연결해주는 다리 역할을 하고 있다. 이것은 지붕이 덮인 공간을 더 많이 확보하기 위해 두 개의 회랑을 십자형으로 연결해 만들었으며, 주변에 있는 뜰보다 높이 올라와 있는 이곳에는 사방으로 뻗은 회랑 사이에 네 개의 '분지'가 있다(구조 탓에, 사용했을 때는 분명히 많은 양의 물이 스며나왔을 것이다). 지붕은 사각 기둥이 받치고 있는데, 기둥의 기단은 고행자들을 그린 부조로 장식되어 있었으나 지금은 거의 모두 심하게 훼손되었다. 연꽃 무늬가 새겨진 나무 천장이 있었던 흔적이 발견되었으며, 여기에는 색칠을 하고 금박을 입힌 흔적이 보인다.

회랑의 맨 끝에는 네 개의 작은 직사각형 박공벽이 있는데, 서쪽에는 우유의 바다 휘젓기, 북쪽에는 아난타 위에서 자고 있는 비슈누, 동쪽에는 비슈누와 (라바나를 포함한) 아수라들의 전투, 남쪽에는 비슈누가 처음 내딛은 세 걸음을 주제로 한 부조가 새겨져 있다.

안마당

1층과 2층의 안마당을 바라보고 있는 사당과 도서관 그리고 회랑의 문에는 모두 신화 이야기로 화려하게 장식된 박공벽이 있다. 그러나 대부분은 비바람에 침식되어 해석하기 어렵다. 가장 흥미로운 것으로는 다음과 같은 것들이 있다.

1층 안마당, 남쪽 중앙 박공벽

라바나의 아들 인드라지트가 쏜 마법의 화살에 맞아 락슈마나가 혼수상태에 빠진다(그림 188). 락슈마나는 결국 살아났지만, 원숭이 장군 수셰나(발린의 아내인 타라의 아버지)가 "락슈마나의 콧구멍에 영약"을 넣어 의식을 회복시키지 않았다면 죽었을 것이다(*Yuddha Kanda*, chapter 92). 원숭이들이 약초가 자라고 있는 산에서 바위 조각을 나르고 있는 게 보인다.

2층 안마당의 박공벽

이곳의 박공벽 중 하나는 인도의 첫번째 왕자 카운디냐가 이 나라를 침범하자(Bhandari, 1995) 나가 공주가 크메르 예술에서는 특이하게 여성 군대를 거느리고 그와 싸웠던 이야기를 하고 있는 것인지도 모른다(그림 189).

또다른 벽에서는 아마도 왕인 듯 보이는 인물이 마카라 머리를 한 사자의 발에 발을 딛고 파라솔을 든 사람들에게 둘러싸여 세 줄로 된 숭배자들 위에 서 있다.

안마당에는 비슈누(또는 시바)가 배우자와 함께 세 줄로 늘어서 있는 숭배자들 위에 있는 장면도 있다(그림 190).

187 마하파르바타 산을 되찾아오는 크리슈나. 북서쪽 모퉁이의 작은 방, 동쪽 방향, 서쪽 벽(사진 : EFEO)
188 인드라지트와 락슈마나. 박공벽, 1층 안마당
189 카운디냐가 캄보디아에 온 것을 그린 듯하다. 박공벽, 2층 안마당
190 세 줄로 늘어서 있는 숭배자들 위에 있는 비슈누(또는 시바)와 그의 배우자. 2층 안마당

반티아이 삼레

이곳은 앙코르의 기념비적인 유적 가운데 가장 완벽하고 보존이 잘된 것 가운데 하나이며, 장식 솜씨가 아주 뛰어나다. 12세기 중엽에 앙코르와트를 지은 지 얼마 안 되어 만들어졌다.

이 사원은 중앙 사당과 이것과 연결되어 동쪽으로 나 있는 긴 방, 이것을 둘러싸고 있는 첫번째 담의 회랑과 여기에 딸린 고푸라 네 개, 그리고 다시 이것을 둘러싸고 있는 두번째 담의 회랑과 여기에 딸린 고푸라 네 개로 이루어져 있다. 두번째 담에 있는 동쪽 고푸라는 미완성으로 남아 있다. 그리고 안뜰의 동쪽에는 우아한 '도서관' 두 개가 있다.

완성된 세 개의 고푸라에는 깊게 새긴 이야기 부조로 장식된 박공벽이 있다. 이 세 개의 고푸라는 사원 안의 고푸라보다 크고, 그것을 세운 기법이 다르며, 훨씬 아름답게 설계되었다. 사원 안에는 기둥 위에 세운 베란다의 커다란 박공벽이 있는데, 여기에는 『라마야나』에서 영감을 얻어 새겨진 원숭이들이 주도적인 역할을 한 랑카 전투에 관한 부조가 있다.

두번째와 첫번째 담에 있는 고푸라(여기에서 고푸라 II와 I로 표시되었다)의 박공벽 또한 '도서관'에 있는 박공벽과 마찬가지로 화려하게 장식되어 있다. 데바다(압사라)가 없는 것은 아마 이 사원이 완성되지 않은 탓일 것이다. 여기서는 이야기 부조가 있는 박공벽 가운데 몇 개에 대해서만 이야기한다.

1. 북쪽 고푸라 II

북쪽 면 : 부조 가운데 가장 보존이 잘된 이 부조에는 라마와 라바나가 전차를 타고 싸우는 것이 묘사되어 있다. 라마와 라바나는 높은 부조로 깊이 새겨져 뒤에 있는 원숭이와 아수라들보다 두드러져 보인다.

남쪽 면 : 하누만을 타고 있는 라마와 안가다(발린의 아들)를 타고 있는 락슈마나의 명령으로 원숭이들이 우르르 몰려가고 있다(그림 191).

2. 남쪽 고푸라 II

북쪽 면 : 원숭이들이 랑카 섬을 정복하기 위해 그곳으로 갈 둑을 쌓고 있다. 오른쪽에

191 하누만을 타고 있는 라마의 세부. 북쪽 고푸라 II의 남쪽 박공벽(사진 : M. 프리먼)

있는 반쪽짜리 박공벽에는 아수라를 죽이는 비슈누가 있다. 비슈누는 아수라의 머리카락을 잡고 있으며, 아랫단에는 킨나라(반은 인간이고 반은 새)와 숭배자들이 줄지어 있다.

남쪽 면 : 원숭이 장군 수세나가 락슈마나에게 인드라지트에게 입은 치명적인 상처를 치료할 영약을 갖다준다. (하누만이 아니라) 수세나가 상처를 치료하는 데 필요한 신비한 풀이 자라고 있는 카일라사 산에서 돌아오는 것이 보인다.

3. 서쪽 고푸라 II

서쪽 면 : 원숭이와 락샤사의 전투.

동쪽 면 : 비슈누가 두 아수라의 머리카락을 붙잡고 싸우고 있다. 오른쪽에 있는 반쪽짜리 박공벽에는 사자를 탄 비슈누와 공작을 탄 스칸다, 물소를 탄 야마를 포함한 신들의 행렬이 있다.

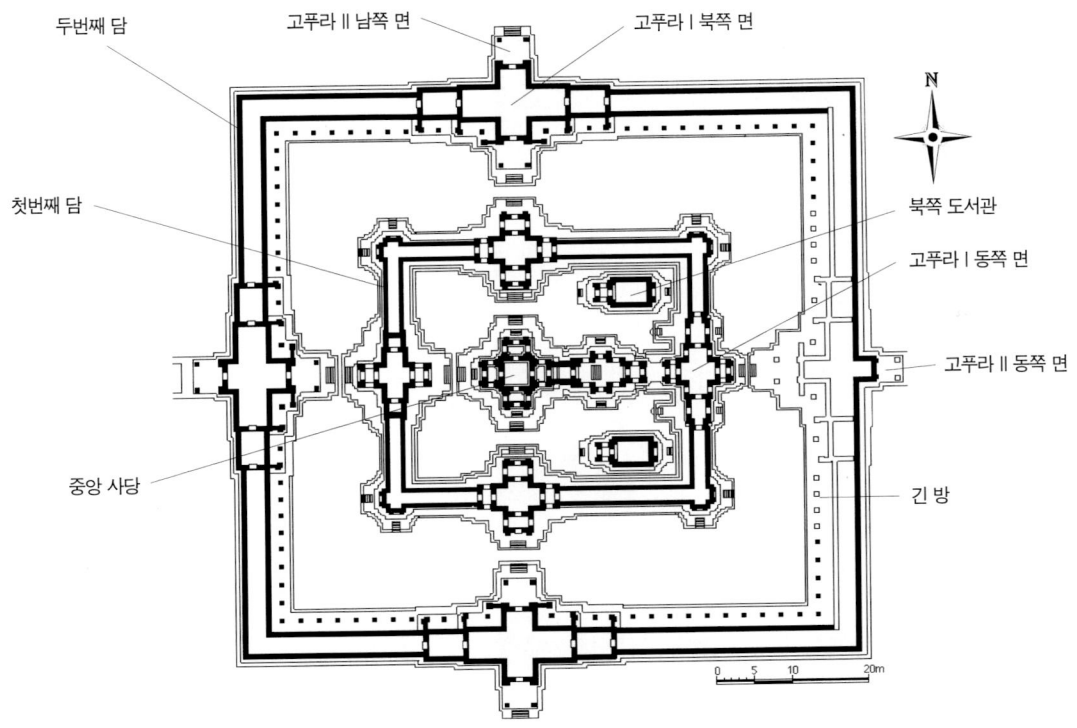

192 평면도

4. 동쪽 고푸라 II

동쪽 면 : 남쪽을 향한 보조 문 위에 나가 칼리야와 싸우고 있는 크리슈나와 우유의 바다 휘젓기(그림 193)가 있다. 후자는 두 단에 걸쳐 그려져 있고, 바다를 휘젓는 자루가 아랫단과 윗단을 꿰뚫고 있다. 윗단에서는 비슈누가 아랫단의 비슈누와 데바, 아수라를 지휘하고 있으며, 아랫단에서는 이들 중앙에 있는 거북이 쿠르마가 눈에 띈다.

북쪽 입구 위에는 비슈누가 가루다를 타고 있는 전형적인 모습이 그려져 있다.

서쪽 면 : 남쪽으로는 비슈누 트리비크라마, 즉 비슈누의 세 걸음을 보여주는 박공벽이 있고, 북쪽으로는 고바르다나 산을 들어올리는 크리슈나(그림 53, 76쪽)와 하늘에서 락샤사들을 공격하는 인드라가 있다.

193 우유의 바다 휘젓기

194 브라흐마의 탄생, 북쪽 도서관(사진 : M. 프리먼)

5. 북쪽 고푸라 I

남쪽 면 : 이 박공벽은 아랫부분만 읽을 수 있다. 여기에는 몇몇 소녀들과 춤추는 압사라 둘이 있는데, 소녀들 중 하나는 하프를 켜고 있고 셋은 가슴에 손을 얹고 경의를 표하고 있다(그림 198). 황소를 타고 있는 시바와 우마도 그려져 있다(그림 195).

6. 서쪽 고푸라 I

동쪽 면 : 해와 달의 결합. 해와 달이 저마다 동그라미 안에 있는 두 인간 신으로 표현되어 있고, 이들은 박공벽 윗단의 날아다니는 압사라에 둘러싸여 있다(그림 199). 가운데 단에는 고행자들이 무릎을 꿇고 줄지어 있고, 아랫단에는 숭배자들이 줄지어 있다.

서쪽 면 : 저마다 자기 탈것에 몸을 실은 신들이 보인다(그림 197).

7. 중앙 지성소

이 지성소의 탑은 일련의 박공벽으로 장식되어 있으며, 그중 일부는 『베산타라 자타카』의 이야기이다(Glaize, 1993). 비슈누 사원에 불교의 이야기가 있다는 것은 건물을 지은 사람의 종교에 대한 관용 정신을 보여준다.

지성소로 가는 긴 박공벽에는 공작을 탄 스칸다가 파라솔을 들고 있는 시종들에게 둘러싸여 있고, 가운데에는 팔을 올리고 있는 고행자들이, 아래에는 흔히 볼 수 있는 숭배자들이 줄지어 있는 모습(그림 196)이 표현되어 있다.

8. '도서관'

이곳의 부조가 모두 상태가 좋은 것도 아니고, 그 예술적인 가치도 천차만별이다. 가장 인상적인 것 가운데 하나는 북쪽 '도서관'의 서쪽 면에 있는 브라흐마의 탄생(그림 194)이다. 여기서 비슈누는 뚱뚱하게 살찐 아난타(머리가 용의 머리와 비슷하다) 위에 편안히 기대어 누워 있고, 그의 배꼽에서 뻗어나온 연꽃 줄기는 브라흐마가 춤추는 압사라에 둘러싸여 앉아 있는 꽃봉오리까지 쭉 뻗어 있다.

195 황소 난디를 타고 있는 시바와 우마   196 공작을 타고 있는 스칸다   197 자기 탈것에 몸을 실은 신들

198 하프를 켜는 악사

199 해와 달의 결합

톰마논과 차우 사이 테보다

이 조그만 두 사원 사이에는 '작은 우회로'가 가로지르고 있으며, 톰마논은 그 북쪽에 있고 차우 사이 테보다는 그 남쪽에 있다. 두 사원은 모두 11세기 말에서 12세기 초반 사이에 세워진, 브라흐마를 섬기는 사원이다.

(랜이 1972년에 말한) 톰마논에 있는 박공벽들은 일반적으로 보존 상태가 좋지 않다. 그러나 그 가운데에는 아직도 해독 가능한 것들이 있는데, 예를 들면 지성소 동쪽에 자리한 긴 방의 남쪽 문에는 시바가 옥좌에 앉아 있는 카일라사 산을 뒤흔들려고 하는 라바나 이야기가, 사당을 긴 방과 연결하는 문 위의 박공벽에는 발린이 수그리바와 싸우다 죽는 모습이 그려져 있다. 또한 동쪽 고푸라의 북쪽 날개에는 비슈누가 두 적의 머리채를 잡고 죽이는 장면이 있고, 서쪽 고푸라의 서쪽 박공벽에는 가루다를 탄 비슈누가 아수라들과 싸우고 있다. 거기에는 또 라마와 시타가 숲에서 서로 손을 잡고 있는 것으로 보아 두 사람의 재결합을 이야기하고 있는 듯한 박공벽도 있다(그림 201).

차우 사이 테보다는 많이 황폐해져, 이야기 부조 중 일부만 해석이 가능하다.

동쪽 고푸라의 박공벽들은 많이 파손되었는데, 그 가운데 둘은 『라마야나』의 이야기가 표현되어 있다. 남쪽 날개에 있는 것은 수그리바와 발린이 싸우고 있는 모습을, 북쪽 날개

200 시바가 옥좌에 앉아 있는 카일라사 산을 뒤흔드는 라바나

201 시타와 우마의 재결합. 두 사람이 숲에서 서로 손을 잡고 있다

202 무릎을 꿇고 있는 원숭이들에 둘러싸여 발린을 안고 있는 타라

에 있는 것은 원숭이들이 있는 장면을 보여준다.

바닥에는 부서진 박공벽 하나가 있는데, 이것의 윗단에는 브라흐마인 듯한 신이 압사라들이 떠받치고 있는 옥좌에 앉아 있고, 아랫단에서는 발린의 몸을 안고 있는 타라가 무릎을 꿇은 원숭이들에게 둘러싸여 있다(그림 202).

또 사원 여기저기에는 (시바와 우마가 황소 난디를 타고 있는 것을 비롯해) 시바와 비슈누의 이야기를 하고 있는 박공벽의 단편들이 흩어져 있다.

바욘

이 사원은 자야바르만 7세(1181~1219?)가 웅장한 성문 다섯 개가 있는 높은 성벽에 둘러싸여 있던 새로운 수도 중앙에 지은 것이다. 중앙 지성소에는 붓다가 안치되어 있었는데, 이는 힌두교 신들도 여전히 숭배되었지만 왕이 대승불교를 신봉했음을 보여준다. 그러나 조각된 부조 중 불교 세계에 대해 언급하고 있는 것은 거의 없으며, 크메르인의 일상생활을 보여주는 많은 장면은 그들이 보편적인 가치보다 지역 고유의 가치를 더 선호했다는 걸 말해준다.

이 사원의 특징으로는 원형으로 설계된 중앙 사당(그림 203)과 관세음보살의 거대한 얼굴(약 200미터)을 들 수 있는데, 이 둘은 크메르인의 종교와 우주에 관한 상징체계를 가장 인상적으로 보여준다(그림 205).

아마도 전에 있던 사원의 토대 위에 지은 듯한 이 사원은 입구가 동쪽을 향한, 세 단으로 된 사원-산으로 설계되었다. 여기서 바깥 회랑(140×160미터)이라고 부르는 세번째 담의 회랑은 역사적인 소재를 그린 부조가 장식띠를 이루고 있으며, 안쪽 회랑(70×80미터)이라고 부르는 두번째 담의 회랑은 종교 및 신화와 관련된 주제를 그린 이야기 부조로 장식되어 있다. 안쪽 회랑의 부조는 아무래도 나중에 덧붙인 듯하며, 그 시기는 아마 자야바르만 8세가 다스릴 때였을 것이다.

바깥 회랑

동쪽 회랑, 남쪽 날개

1. 숲을 배경으로 남쪽에서 북쪽으로 향하는 군사 행렬이 세 단에 걸쳐 아주 뛰어난 솜씨로 그려져 있다. 투창과 방패로 무장한 병사들(그림 206)은 대체로 머리가 짧거나 대머리이다. 하지만 아랫단에 있는 병사들은 염소 수염을 기르고, 머리카락을 색다르게 정수리로 빗어 올렸다. 몇몇 악사들이 그들과 동행하고 있는데, 그 가운데 작은 악사 하나는 막대기 두 개로 커다란 북을 치면서 폴짝폴짝 뛴다. 그들 옆에는 기사들이 있는데, 그들은

안장도 등자도 없이 말을 타고 있는 데 반해 군 수뇌들은 코끼리를 타고 있고, 코끼리를 모는 사람들은 그들의 전통적인 막대기를 들고 코끼리를 몰고 있다. 행렬의 끝으로 가면 군을 따라가는 민간인들이 나오고, 부조는 한층 밝아진다(그림 97, 114쪽). 그들은 덮개를 씌운 짐수레를 포함해 군수 물자를 실은 수레들을 끌고 가는데, 짐수레에는 오늘날의 것과 비슷한 제동장치가 달려 있다. 윗단에는 세 공주가 화려하게 장식된 가마를 타고 있고(그림 207), 다른 쪽 끝에는 신성한 불이 담긴 궤(앙코르와트의 '역사 속 행렬'에 있는 띠 장식에서 본 것과 비슷하다)가 있다.

2. 궁정으로 들어가는 문을 지나면 군사 행렬(그림 93, 110~111쪽)이 방향을 바꾸고, 윗단에서는 보존 상태가 나쁘긴 해도 실내와 몇몇 고행자들의 모습을 볼 수 있다. 이 행렬 역시 앞의 행렬과 별반 다를 게 없지만, 다른 게 있다면 코끼리 위에는 코끼리를 부리는

203 바욘 사원(사진 : M. 프리먼)

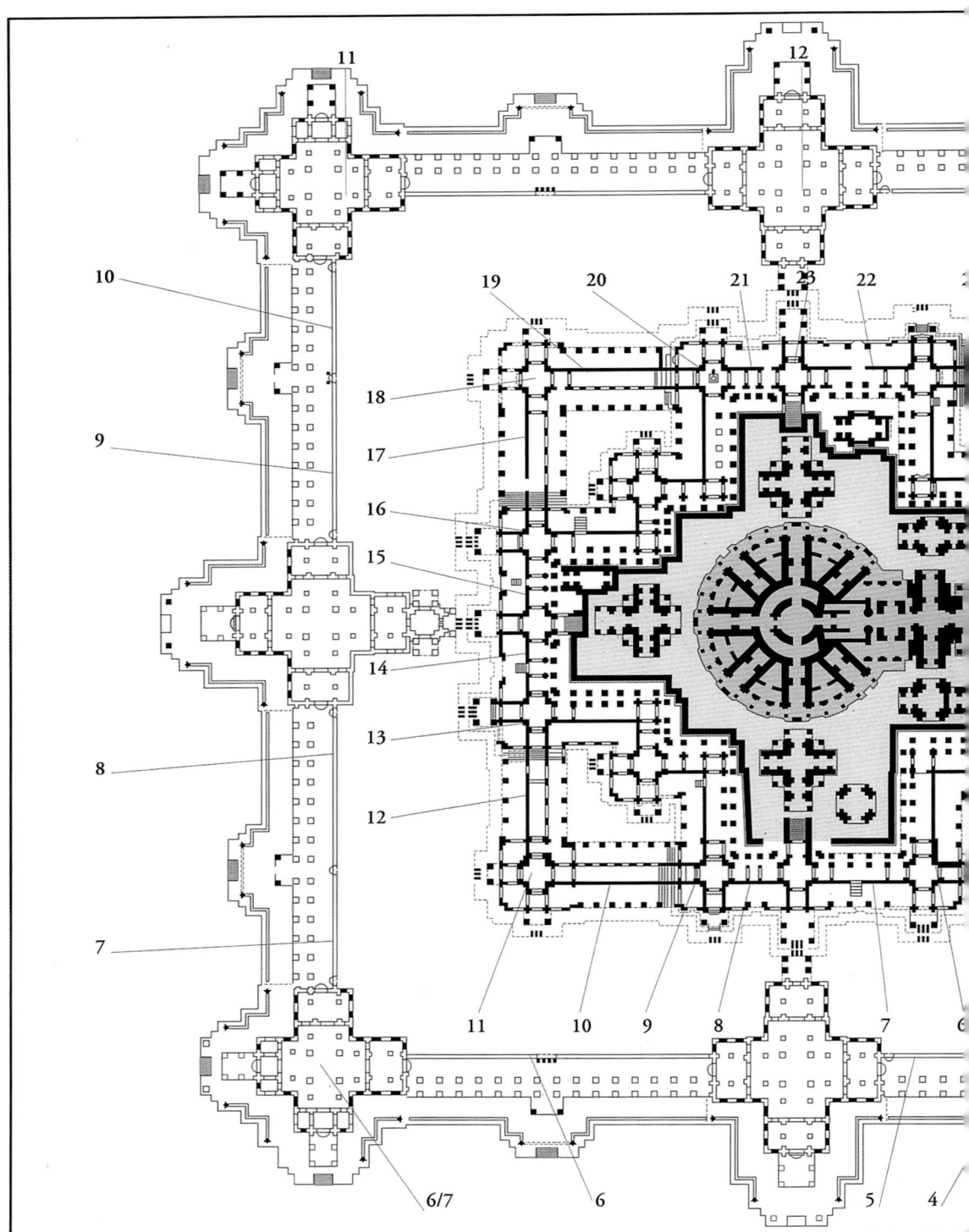

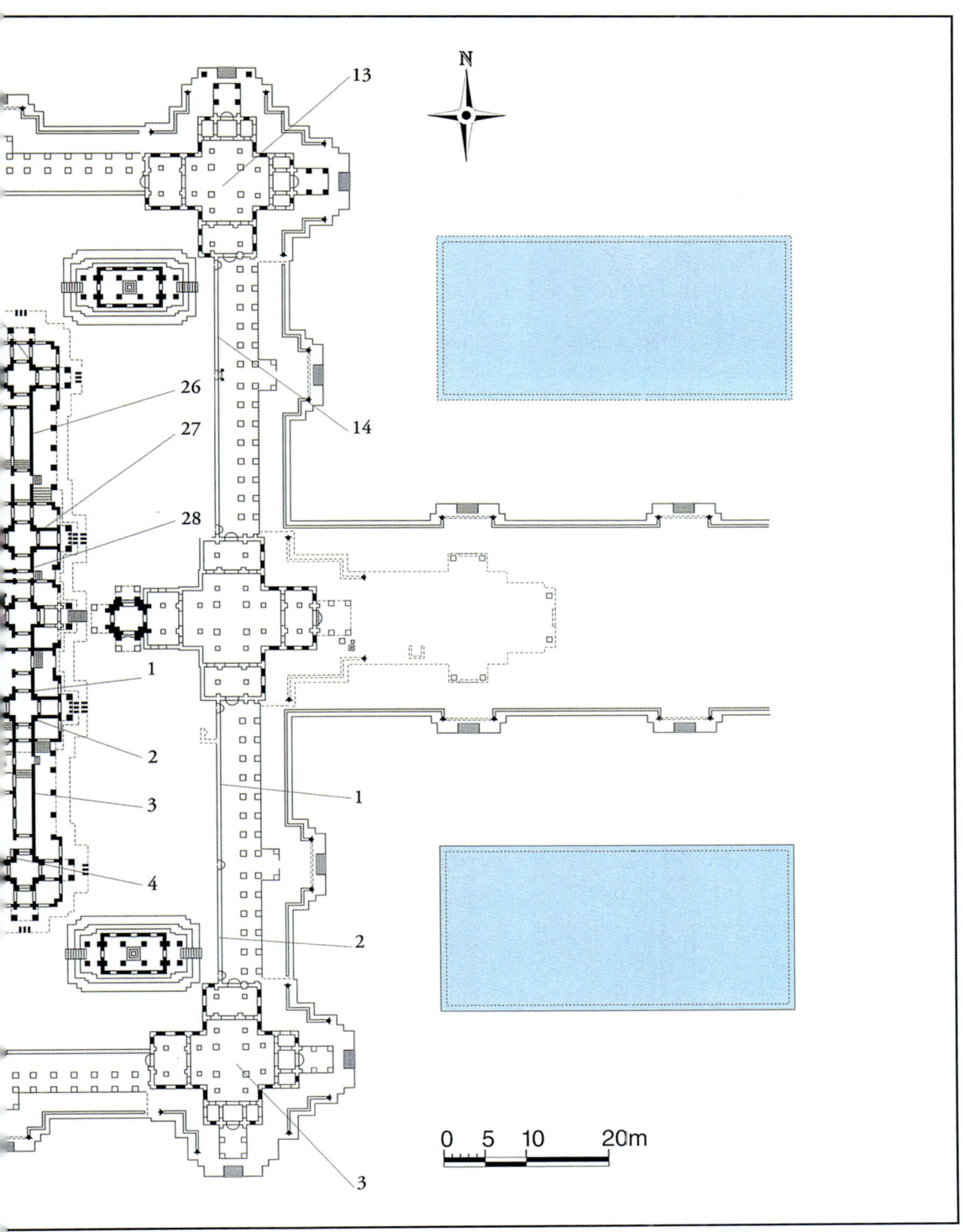

205 바욘의 중앙 사당에 있는 거대한 얼굴들
206 숲을 배경으로 행진하고 있는 군대와 그들과 동행하고 있는 악사들
207 화려하게 장식된 가마를 탄 공주들
208 야자나무에서 열매를 훔치는 동물들
209 나무에 묶어놓은 물소. 아마도 제물이 될 운명인 듯하다.
210 궁전에 있는 왕

사람만 타고 있다는 것이다. 나무는 사실적으로 조각되어, 동물들이 야자나무에서 열매를 훔쳐먹거나(그림 208) 원숭이들이 나뭇가지에서 놀고 있는 것을 볼 수 있다(그림 98, 115쪽). 두번째 단의 맨 왼쪽에는 물소가 나무에 묶여 있는데, 이것은 아마 틀림없이 제물로 바쳐질 운명에 있을 것이다(그림 209).

이 밖에 네 단에는 실내 장면이 나오는데, 새 몇 마리가 앉아 있는 집들의 지붕은 들보로 지은 것 같다. 그러나 독특한 머리 모양이나 옷차림새, 천장에 매달려 있는 것을 보면 이것을 새긴 조각가는 열띤 논쟁을 벌이고 있는 중국인 상인을 그리고 싶어했던 것 같다.

남동쪽 모퉁이의 작은 방

3. 이곳에 있는 조각은 완성되지 않았다. 첫번째 부조는 크메르인이 부조를 어떻게 조각했는지 분명하게 보여준다. 그들은 미리 준비된 듯한 벽에서 시작해 그것에 직접 조각을 했으며, 먼저 선을 그린 다음 조심스럽게 깎아 양감을 나타내고 마지막으로 매끄럽게 손질해 마무리했다.

오른쪽에서는 아주 매력적인 압사라 둘이 춤을 추고 있고, 가운데에서는 사람들이 부채질을 하며 조용히 앉아 있는 사람들에게 가려고 계단을 오르고 있다. 여기에는 고행자와 숭배자의 무리도 있다. 왼쪽에는 꼭대기에 삼지창을 얹은 세 탑의 윤곽이 그려져 있는데, 가운데 탑에는 링가를 모셔놓았다.

작은 방 모퉁이에 그려져 있는 해상 장면에서는, 뱃머리가 나가 머리 모양인 배들이 서로 마주 보고 있다.

남쪽 회랑, 동쪽 날개

4. 다른 곳에 비해 조각이 잘된 곳 중 하나인 이 부분은 12세기 말 크메르인(머리가 짧게 그려져 있다)과 참 족(연꽃을 거꾸로 세워놓은 듯한 모자를 쓰고 있다)이 벌인 해전을 묘사하고 있다(그림 94, 112쪽). 뱃머리가 화려하게 장식된 두 전함이 서로 격돌하고 있는 듯한데, 배 안에서는 사람들이 질서 정연하게 노를 젓고 있고, 위에는 투창과 활, 방패로 무장한 전사들이 줄지어 서 있다. 시체를 바다로 내던지면, 대개 악어들이 끌고 간다.

궁전에 있는 왕(그림 210)을 그린 부조를 보면 맨 오른쪽에 왕이 앉아 있는데, 그는 다

211 일상생활을 그린 장면. 여자와 아이들이 보인다

른 사람들보다 훨씬 크게 그려져 있다. 그는 전쟁 준비를 위한 회의를 주재하며 명령을 내리고 있는데, 그 밑에서 깡충깡충 뛰어다니는 사람은 꼭 지금도 프놈펜 강 축제에서 볼 수 있는, 노젓기를 응원하는 어릿광대 같다. 여기에는 또 나무들 사이에 (오늘날 거대한 호수에서 볼 수 있는 것과 비슷한) 여러 종류의 물고기가 아주 사실적으로 그려져 있는데, 이는 크메르인의 사고방식 때문이거나 이것을 새긴 예술가가 우기가 한창인 때를 그리고 싶었기 때문일 것이다.

이 단의 맨 아래쪽에 있는 강가에는 시장 풍경, 여자와 어린이(그림 211), 사냥하는 장면(그림 99, 116쪽), 야생동물이 공격하는 장면 등 일상생활의 온갖 소박한 장면들이 아주 재치 있고 천진난만하게 그려져 있다. 어떤 여자는 다른 사람의 이를 잡아주고 있고, 또 어떤 여자는 아이들과 놀고 있으며, 한 사람은 고통 때문에 몸을 구부리고 있는 병자를 보고 울고 있고, 왼쪽 끝에 있는 사냥꾼은 요즘 것과 비슷한 석궁을 쏠 준비를 하고 있다.

5. 문 너머에는 평저선을 타고 그물로 고기잡이를 하고 있는 부조가 있다. 평저선을 타고 있는 중국인인 듯한 사람들은 독특한 모자를 쓰고 있으며, 아마도 도르래를 가지고 배를 정박시키는 이상한 장치를 사용하는 것 같다. 한편 이보다 훨씬 납작한 평저선을 타고 있는 사람들은 온갖 종류의 놀이를 하고 있다. 그리고 맨 아래쪽에는 닭싸움을 비롯해 일상생활을 그린 장면들이 몇 가지 더 펼쳐져 있다.

그다음에는 아무런 이행 과정도 없이 갑자기 다섯 단에 걸쳐 궁전 장면이 나오는데, 각 단은 궁전의 각 층을 나타낸다. 공주들이 시녀들에게 둘러싸여 춤을 추거나 이야기를 하거나 장기를 두고 있는 장면 아래에는 검투사들과 씨름 선수들이 있고, 멧돼지 싸움도 벌어지고 있다. 다음 장면은 아마도 왕이 궁전을 접수하는 장면 같다. 지금도 캄보디아에서 행해지고 있는 대관식 전통에 따르면, 왕은 새로운 궁전에서 잠을 잠으로써 자기 목적을 달성할 수 있다. 왕은 부조에서 크게 그려져 있는, 누워 있는 인물이라는 것을 쉽게 알아볼 수 있는데, 안타깝게도 그는 여전히 팔다리를 편히 뻗지 못하고 있다.

해전은 계속되어, 아래쪽에서는 참 죽이 전함을 타고 와 상륙하고 있고, 위에서는 지상전이 벌어지고 있다. 전세는 머리를 완전히 깎고 가슴에 벨트를 두른 거인으로 보이는 크메르인이 장악하고 있다. 이어 평화가 다시 찾아오고, 왕이 궁전에 앉아 목수와 대장장이,

잔치 준비를 하는 요리사 등 모두 자기 일에 바쁜 신하들 사이에서 승리를 축하하고 있다.

맨 왼쪽에는 마지막 문 너머에 세 단으로 된 좁은 부조가 있는데, 이것은 전투 장면 아래서 대화를 하고 있는 사람들을 보여준다.

남쪽 회랑, 서쪽 날개

6. 남쪽 회랑의 이 부분에서는 맨 아랫단만 완성되었다. 여기서도 코끼리가 중요한 역할을 하는 군사 행렬(그림 214)을 볼 수 있는데, 코끼리 등 위에서 두 궁수가 조작하고 있는 일종의 석궁이나 바퀴에 얹은 투석기 같은 전쟁 도구들은 크메르 군에 대한 중요한 정보를 제공해준다. 병사들 가운데 일부는 언덕에서 내려오고 있다.

서쪽 구석에 있는 것은 아마도 신성한 코끼리를 목욕시키는 장면일 것이다. 사람들이 파라솔로 이 동물들을 보호하며 강으로 데려가고 있다. 이것이 강이라는 것은 부조의 맨 아래쪽에 있는 물고기 떼로 알 수 있다.

6/7. 모퉁이의 작은 방. 장식이 없다.

서쪽 회랑, 남쪽 날개

7. 이곳에도 조각되지 않은 곳이 여러 군데 있다. 아랫단에서는 무사들과 그들의 우두머리들이 코끼리를 타고 숲을 지나 산을 넘고 있는데(여기서 산은 작은 삼각형이 수없이 겹쳐져 있는 형태로 그려져 있다), 가운데로 가면 한 고행자가 제자와 함께 앉아 있고, 아래에서는 고행자 하나가 호랑이의 공격을 피해 나무 위로 올라가고 있다.

위에 있는 두번째 단에서는 사원의 건축과 관련된 몇 가지 재미있는 장면들이 펼쳐진다. 돌덩어리를 끌어올리는 막일꾼들과 그 위에 막대기(?)를 들고 서 있는 십장, 건축 자재를 나르는 사람들, 그리고 여러 사람들이 특수한 틀에 매달려 있는 돌덩어리를 매끈하게 다듬는 것을 볼 수 있다. 거기서 멀지 않은 곳에 있는 부조의 몇몇 장면은 고행자들의 생활을 엿볼 수 있게 해준다.

8. 문 너머에는 쾨데가 내전 장면이라고 말한 긴 부조가 있는데, 여기에는 일렬로 늘어선 집 앞에서 움직이고 있는 수많은 사람들이 그려져 있다. 아마도 길인 듯한 이곳에서 어

212 일상생활을 그린 장면
(사진 : J. 폰카르)

213 내전을 그린 장면
(사진 : J. 폰카르)

214 군사 행렬(사진 : J. 폰카르)

떤 남자들과 여자들은 서로 올러대고 있고, 한편에서는 사람들이 싸움 준비를 하고 있다(그림 213). 그런데 그 위에는 무릎을 꿇은 어떤 사람이 다른 사람들 앞에서 목이 베인 머리 둘을 받고 있는 듯한 모습이 묘사되고 있고, 그 위에서는 어떤 사람이 가마를 타고 궁전에서 기다리는 왕자에게 가고 있다. 그리고 근처에서는 사람들과 거의 벌거벗은 무사들 사이에 치열한 혼전이 벌어지고 있는데, 서로 구별이 되지 않는 무사들은 평범한 크메르인의 머리 모양을 하고 있다. 이 싸움에는 코끼리 몇 마리도 끼어 있다.

서쪽 회랑, 북쪽 날개

아랫단에 있는 부조만 완성되고, 윗단에 있는 부조에는 밑그림만 그려져 있다.

9. 막대기로만 무장한 군인들이 작고 둥근 방패를 든 군인들을 괴롭히고 있는 듯하며, 그들 앞에는 코끼리들이 있다. 그들은 작은 연못가에 있는데, 여기서는 거대한 물고기가 작은 사슴을 집어삼키고 있다(그림 215). 여기에 새겨진 짧은 비문은 고맙게도 우리에게 "사슴은 그것의 먹이다"라고 말해준다. 그러나 새우 밑에 있는 좀더 긴 비문에는 "왕이 싸우면서 패자를 뒤쫓는다"는 다소 이상한 말이 써 있다. 그러나 사실 이 부조는 윗부분에 관한 한 미완성 상태이다. 완성되었더라면 그곳에 중요한 인물들이 나와 있었을 것이다.

10. 문 너머에는 마모된 또다른 비문(마지막 비문)에 "이에 따라 왕은 숲에 은거하여 성인 인드라비사카를 찬미했다"고 쓰여 있다. 쾨데는 숲을 지나는 이 행렬이 왕이 베다의 전통에 따라 인드라를 찬미하는 의식을 하기 전에 특별한 은거에 들어가는 것을 그린 것이라고 믿었다.

이 행렬의 끝에는 여자들과 아이들이 있다. 늘 그렇듯 다른 사람들보다 크게 그려져 있는 왕은 여느 때처럼 코끼리 위에 서 있으며, 그의 앞에는 신성한 불을 담은 궤가 있다.

북서쪽 모퉁이의 작은 방

10/11. 이 작은 방에는 이야기 부조가 거의 없으며, 있는 경우에도 밑그림만 그려져 있다.

북쪽 회랑, 서쪽 날개

11. 이 벽은 아랫부분만 조각되어 있으며, 그것도 많은 부분이 밑그림만 그려져 있다.

215 작은 사슴을 집어삼키는 물고기

216 강을 그린 장면

첫번째 부조는 육상 선수들이 곡예를 하는 사람과 줄타기를 하는 사람, 경주마들과 함께 참여하는 재미있는 경기를 보여준다. 이 경기는 인드라비사카를 찬미하는 데 없어서는 안 될 공공 축제의 일환으로 행해지는 것이다. 왕이 있는 실내 장면 위에는 보기 드문 동물의 행렬이 있는데, 이를 통해 캄보디아에 서식하는 동물군을 짐작할 수 있다. 이것의 맞은편 끝에는 고행자들이 무리지어 숲에 앉아 있고, 굽이진 강가(그림 216)에서는 한 무리의 여자들이 선물을 받고 있는데, 바로 그 옆에 크게 그려져 있는 인물은 안타깝게도 조각이 완성되지 않았다.

문을 지나면 전투 장면이 몇 개 더 이어지는데, 참 족이 크메르인의 천적으로 다시 등장한다.

북쪽 회랑, 동쪽 날개

12. 이 벽은 양쪽 끝을 제외하고는 거의 완전히 무너졌다. 남아 있는 부분에서, 자주 묘사되는 참 족과 크메르 족의 전투 장면을 볼 수 있다. 참 족은 밀집 대형으로 서쪽에서 다가오고 있는데, 이번에는 산에서 후퇴하고 있는 것이 크메르인이며, 그들은 이에 대해 어떤 이의 제기도 하지 않는 것 같다. 이 회랑의 동쪽 부분은 처음부터 끝까지 활기가 넘치며 아주 사실적으로 그려져 있다.

북동쪽 모퉁이의 작은 방

13. 크메르 군과 코끼리의 행렬. 작은 방 중앙에는 아름다운 원형 받침대가 있는데, 이것은 흔히 브라흐마 상을 올려놓는 받침대처럼 생겼다. 이것의 양식은 바욘의 양식과 다르며, 오히려 10세기의 것처럼 보이지만, 그 기원에 대해서 쉽게 단정지을 수는 없다.

동쪽 회랑, 북쪽 날개

14. 엄청난 군세를 참 족과 크메르 족이 다시 한번 충돌하면서 이들은 치열한 혼전을 벌인다. 여기에 코끼리들까지 끼어들어, 그 가운데 한 마리는 자신과 맞서고 있는 코끼리의 엄니를 코로 둘둘 말아 뽑으려 한다. 코끼리 한 마리는 보기 드물게 정면을 바라보는 자세를 취하고 있다. 수많은 깃발과 휘장, 파라솔이 멋진 배경을 이루고 있다. 우위를 차지하고 있는 듯한 크메르 족 편을 보면 시야를 가리지 않으면서 적의 화살을 막는 장치인 거칠게 짠 틀이 있다.

안쪽 회랑

동쪽에서 들어갔을 때 유적이 우리의 오른쪽에 있다고 상상하고 설명을 계속하기로 한다. 이곳에는 일련의 부조가 죽 이어져 있는 진정한 의미의 회랑은 더이상 없고, 서로 별개의 것임이 분명한 독립적인 부속 건물과 방, 회랑의 일부를 잘라놓은 듯한 것이 있을 뿐이다. 따라서 여기에 있는 부조들은 개별적으로 살펴보아야 한다. 설사 하나의 주제가 일관되게 전개된다 하더라도 그것은 어쩌다 그럴 뿐이다.

동쪽 회랑, 남쪽 날개
1. 두 탑 사이의 방

남쪽을 향해 있는 벽에는 산속 풍경 안에 고행자들과 악사, 무용수, 숲 속의 동물들이 보이는 부조가 있다. 그리고 시바가 나타나 왼손을 높이 들고 문에 서 있다(그림 217). 문 위에 있는 상인방에는 도마뱀 같은 게 있는데, 크메르 도상에서 아직 설명되지 않은 이 요소는 앙코르와트의 남서쪽 모퉁이의 작은 방(4번을 보라)과 쿨렌 산에 있는 프놈 크발 스피안(크팔 스반)에서도 볼 수 있다. 이 부조는 글레즈가 말한 대로(Glaize, 1993) 라바나가 카멜레온으로 변신해 인드라의 궁전에 있는 여자들 방으로 몰래 들어가려는 것으로 해석하기보다는 시바 비크샤타나 무르티(82쪽)로 해석하는 편이 좋다. 이와 비슷한 장면이 북쪽 회랑의 서쪽 날개에도 조각되어 있다.

왼쪽으로는 시바가 작은 사원에 앉아 있는 것이 보이는데, 그다음에는 다시 그가 시종과 함께 산에서 내려와 숭배자에게 축복을 내린다. 멧돼지를 비롯한 야생동물들이 사는 산에는 위대한 현자 리시 앞에 송아지에게 젖을 먹이는 암소가 그려져 있다.

그리고 정면 왼쪽으로는, 잘 보이지는 않지만 왕족이 회의를 주재하고 있는 궁전 장면들이 거칠게 밑그림만 그려져 있다.

2. 작은 방

윗단에서는 오른쪽으로 왕이 궁전에서 고행자들에게 둘러싸여 있고, 밑에는 시골에서 사냥을 하는 장면이 있으며, 왼쪽(동쪽 면)에는 사원 근처에 있는 커다란 화로 앞에 브라만들이 서 있고, 사원 위에서는 압사라들이 춤을 추고 있다.

217 고행자의 요가 자세를 하고 있는 시바 비크샤타나 무르티

3. 낮은 회랑

문 오른쪽에는 궁전에서 공주들이 시녀들 사이에 있는 그림이 있다. 두 단에 걸쳐 그려져 있는 커다란 부조에서는 정면 왼쪽에 크메르 족과 참 족일 가능성이 높은 사람들이 서로 뒤섞여 있는, 자주 반복되는 군사 행렬이 보인다. 인접한 작은 방으로 이어지는 벽 모퉁이에는 코끼리 위에 왕족이 서 있고 그 앞에 신성한 불을 담은 궤가 있는 모습이 연속적으로 묘사되어 있다.

4. 남동쪽 모퉁이의 작은 방

여기 있는 부조에는 행진을 하는 무사들의 무리와 코끼리 위에 서 있는 장군이 그려져 있다.

남쪽 회랑, 동쪽 날개

5. 낮은 회랑

이 부조는 훼손되어 해석하기가 쉽지 않다. 여기에는 군사 행렬과 지위가 높은 두 사람이 벌이는 싸움, 그리고 같은 민족인 듯한 무사들이 서로 맞은편에서 오고 있는 것이 그려져 있다. 그다음에는 궁전 장면이 그려져 있는데, 한 남자가 야자나무에 올라가는 것이 보이고, 그 뒤에는 엄청나게 큰 물고기의 꼬리와 머리 사이에 거대한 가루다가 있다(그림 218). 이것은 메루 산을 둘러싼 거대한 대양을 상징하는 것으로, 여기서 메루 산은 고행자들과 동물들이 사는 산으로 그려져 있다. 다시 행렬 그림이 나오고, 고위 장성 하나가 궁전들 앞을 지나는데, 방들은 거의 장식 없이 비어 있거나 꽃향기를 맡거나 거울 앞에서 머리를 빗는 공주들이 차지하고 있다.

6. 작은 방

거구인 왕족이 사자와 싸우고 있는 장면(남쪽을 향해 있는 벽)과 코끼리와 싸우고 있는 장면(서쪽을 향해 있는 벽)이 그려져 있다. 여기서 그는 코끼리를 넘어뜨린 뒤 뒷다리를 잡고 있다.

7. 두 탑 사이

　동쪽을 바라보고 같은 벽에서 출발하면, 왼쪽에 군의 행렬이 있고, 그 위에 궁전을 떠나는 왕이 그려져 있다. 궁전에 있는 큰 방은 몇 가지 장신구(활, 화살통, 긴 자루가 달린 커다란 부채)만 있을 뿐 거의 비어 있고, 공주가 시녀들 사이에 앉아 있다.

　정면에는, 왼쪽에서 오른쪽으로, 거의 보이지 않는 전투 장면이 있고, 그 곁에 다른 왕과 그의 군대가 있다. 그리고 물가에 있는 궁전의 다른 건물에서는 사람들이 커다란 화로 둘레에 서 있다. 이 부조는 바위 표면이 떨어져나갔다.

218　가루다와 거대한 물고기
219　프라디움나 전설. 어부가 그물을 던지는 모습이 비바람에 많이 손상되었다
220　프라디움나 전설. 공주가 아기를 새장에 넣으려고 한다

그다음에는 악사들과 어깨에 빈 옥좌를 멘 사람들이 궁전에서 나오는데, 궁에는 여자들만 있고 왕은 보이지 않는다. 아랫단의 훼손된 부조에는 공주가 아기를 새장에 넣으려고 하는 게 그려져 있는데(그림 220), 마치 이 불쌍한 아이를 금방이라도 가까이 있는 연못에 던져버릴 것 같다.

그 옆에는 호사롭게 차려 입은 공주가 화려하게 장식된 바에 타고 있는 장면(그림 219)이 있는데, 그 앞에서 어부가 작은 배에 서서 그물을 던지고 있다. 공주가 탄 배 위에서는 압사라들이 날아다니고 있다. 연못에서는 커다란 연꽃 모양 받침대가 떠오르는데, 그것은 모습이 지워져 누군지 알 수 없는 어떤 상 또는 인물을 위한 것으로, 그 곁에 있는 숭배자들이 그에게 경의를 표하고 있다.

이 장면은 그 뒤 오른쪽에 있는 부조에 그려져 있는 전설의 도입부 역할을 하고 있을 수도 있다. 그것은 쾨데에 의해 크리슈나와 루크미니의 아들 프라디움나의 이야기로 확인되었다. 이 이야기에서 프라디움나는 악마 샹바라가 바다에 빠뜨리는 바람에 물고기 먹이가 되었는데, 어부들이 물고기를 그물로 잡는다(그림 221). 물고기 배를 가르면서 프라디움나(사실은 사랑의 신 카마이다)는 자유의 몸이 된다. 그러자 샹바라의 시녀 마야바티(사실은 카마의 아내 라티의 화신이다)가 그를 데려가 숨기고, 그는 결국 그녀와 결혼하고 샹

221 프라디움나 전설. 물고기가 집어삼킨 소년을 구해 나중에 마야바티에게 준다

바라를 죽인다. 여기서 우리는 물고기 배 속에서 살아 있는 소년을 볼 수 있는데, 왕이 그 물고기의 배를 가르라고 명령한다. 소년을 마야바티에게 주자 그녀가 손을 흔들며 그를 맞이한다.

남쪽 회랑, 서쪽 날개

8\. 두 탑 사이

서쪽을 향해 있는 판은 손상되어, 어떤 사람이 궁전에 누워 있고 그의 아내가 그의 침대 곁에 앉아 슬퍼하고 있는 것을 겨우 볼 수 있을 뿐이다.

그다음에는 시바와 관련된 많은 이야기들이 그려져 있는데, 남쪽을 향해 있는 정면에는 솜씨가 아주 서툰 부조에 시바 신이 한 번은 왕좌에 서 있는 모습으로, 한 번은 그를 신봉하는 사람들 속에서 활짝 핀 연꽃 위에 있는 모습으로 그려져 있다. 그의 신봉자들 가운데 하나는 바닥에 납작하게 누워 있고, 작은 수레에는 관이나 성골함 같은 것이 실려 있다. 그 뒤 왼쪽에는 관현악단의 반주에 맞춰 춤을 추고 있는 압사라들 위에서 삼지창을 들고 있는 시바의 모습이 그려져 있다.

9\. 작은 방

서쪽을 바라보면, 아래쪽에 궁전이 있고, 비둘기 몇 마리가 그 지붕에 앉아 있다. 그 위에는 사원이 있는데, 팔이 네 개 달린 비슈누 같은 인물이 삼지창을 들고 있는 시바 같은 인물에게 내려가는 것 같다. 남쪽으로 난 벽에도 비슷한 궁전이 있지만, 여기에는 네 팔이 가진 인물이 없고, 많은 문이 닫혀 있거나 가짜 문이다.

10\. 낮은 회랑

압사라들이 날아다니고 시바인 듯한 사람이 서 있는데, 브라만의 띠를 두르고 있는 이 사람에게 몇몇 브라만이 경의를 표하고 있다. 그다음에는 문이 닫힌 사원 뒤로 야생동물(호랑이가 사람을 잡아먹고 있다)이 사는 산이 펼쳐져 있다.

공주들이 연못가를 거닐고 있는데, 압사라 세 명이 연꽃 위에서 춤을 추고, 위에서는 시바가 신하들에 둘러싸여 천상의 궁전에 앉아 있다.

거기서 멀지 않은 곳에는 시바의 사원이 있는데, 이 사원은 물고기가 가득한 연못 한가운데 우뚝 서 있는 것으로 그려져 있다. 연못가는 고행자와 동물 들로 번잡한데, 호랑이 한 마리가 한 고행자를 뒤쫓고 있다. 신앙심이 깊은 다른 사람들은 궁전에서 이야기를 나누고 있고, 신 앞에는 많은 신봉자들이 무릎을 꿇고 있다. 부조의 중앙에서는 왕인 듯한 커다란 인물이 엎드려 비슈누 상에 경의를 표하고 있다(그림 223). 진짜 옷을 입고, 장신구를 걸친 비슈누 상은 나무로 만든 듯한 소박한 사원에 서 있는데, 그 주위에는 압사라들이 날아다니고 있다. 이 장면은 위에서 본 부조에 있는 장면과 비슷하다.

이어 왕이 비슈누 신전으로 순례를 가는 장면이 나오는데, 궁에서 나오는 행렬 속에 말들이 보이고, 궁전의 계단은 사자들이 지키고 있다. 그리고 그 위에서는 어떤 사람이 명령을 내리고 있는 듯하고, 한편에서는 많은 신하들이 바삐 떠날 준비를 하고 있다. 뒤에 있는 부조 끝에는 연못가의 정원을 거니는 공주들이 그려져 있는데, 그 가운데 하나가 연꽃을 꺾고 있다.

남서쪽 모퉁이의 작은 방
11. 앞의 부조와는 다른 기법으로 새긴 미완성 부조에 코끼리와 사람들이 그려져 있다.

222 시바 앞에 엎드려 있는 왕자 또는 왕(230쪽을 보라)

223 왕인 듯한 인물이 시바 상에 경의를 표하며 엎드려 있다

이야기 부조가 있는 위치에 따른 색인   221

서쪽 회랑, 남쪽 날개

12. 낮은 회랑

오른쪽으로는 여자들이 궁전에 있는데, 궁전의 큰 방은 비어 있다. 정면에는 (쾨데에 따르면) 아수라 군을 무찌르고 있는 비슈누가 네 손에 자신의 상징물들을 들고서 가루다 위에 서 있다. 그는 자신을 위해서 혹은 그 뒤에 있는 인물을 위해 그 자세로 있는 것 같기도 하다. 다음에는 궁전 장면이 있는데, 방이 비어 있다.

13. 작은 방

압사라들이 관현악단의 음악에 맞춰 춤을 추고 있는 궁전 장면이다. 남쪽을 향해 있는 왼쪽에는 여자들이 연못에서 수영을 하며 연꽃을 따고 있고, 연못가에는 한 고행자가 있다. 위에는 춤을 추는 사람들이 있고, 그 위에는 두 사람이 격렬하게 씨름을 하고 있는 장면이 있다.

14. 두 탑 사이

북쪽을 향해 있는 오른쪽에는 네 팔을 가진 비슈누 신을 숭배하는 장면이 그려져 있는데, 이것은 바깥 회랑에 있는 부조들보다 훨씬 완벽하게 처리되었다. 사원을 짓는 장면을 보면, 막일꾼들 가운데 어떤 사람들은 굴림대에서 미끄러져 내리는 돌 덩어리를 끌어올리고 있고, 어떤 사람들은 특수 지레를 이용해 돌 덩어리를 차곡차곡 쌓고 있으며, 어떤 사람들은 건축 자재를 실어 나르고 있다.

서쪽에는 사원의 낙성식이 그려져 있다. 여기에는 비슈누 신을 숭배하는 의식도 포함되어 있어, 건물 안에서 흘러나오는 물을 내보내는 가고일(소마수트라) 위에 비슈누 상이 놓여 있고, 하늘을 나는 압사라들과 음식을 나르는 수많은 하인들이 이 장면에 활기를 불어넣는다.

이어지는 강 축제 장면(너무 훼손되어 이에 대한 설명은 옛 기록에 의존할 수밖에 없다)에서는, 수많은 배에 둘러싸여 있는 화려하게 장식된 작은 배에서 사람들이 장기를 두고 있고, 한편에서는 닭싸움도 벌어지고 있다. (이것은 앙코르와트의 남서쪽 모퉁이에 있는 작은 방에 그려져 있는 드바라바티 왕국의 강 축제와 비슷하다.) 남쪽을 향해 있는 왼쪽에서는 궁전 장면 아래서 시바와 비슈누가 춤을 추고 있고, 고행자들의 일상을 그린 장면에서는 동굴에서 명상을 하는 고행자들과 연못에서 연꽃 사이를 헤치며 수영을 하고 있는 고행자들을 볼 수 있으며, 이들과 멀지 않은 곳에서는 새가 부리로 물고기를 잡는다.

서쪽 회랑, 북쪽 날개

15. 두 탑 사이

북쪽을 향해 있는 벽에는 궁전 장면이 있는데, 보존 상태가 좋지 않다. 그리고 서쪽을 보면 전사의 행렬이 세 단에 걸쳐 그려져 있는데, 그들은 대부분 기병이다. 지위가 높은 두 전사는 말이 끄는 수레를 타고 있다. 남쪽을 보면, 이 행렬이 계속 이어져 있다.

16. 작은 방

북쪽을 보면, 궁전에서 시녀들이 두 군주에게 옷을 입히고 있는 동안 공주들이 그들을 즐겁게 하고 있다. 그리고 왼쪽에는 계단식 피라미드 위에 닫집이 있는 사원이 있는데, 이것은 아마 화장장일 것이다. 서쪽을 보면, 브라만들이 집회를 열고 있고, 그들 가운데 일부는 불 주위에 있다. 맨 윗단에는 활을 쏘는 궁수가 있는데, 어떤 궁수는 활을 들고 있다.

17. 낮은 회랑

활 쏘는 장면이 또다시 나오는데, 그 왼쪽의 궁전에 왕이 있다. 이 커다란 부조는 길이의 대부분이 부서졌다. 이것은 우유의 바다 휘젓기를 그린 것인데, 남아 있는 것을 통해 이것이 원본에 충실하다는 것을 알 수 있다. 처음에는 브라만의 집회가 있고, 그다음에 날아다니는 새와 압사라들 밑에 나가의 몸이 있는데, 아수라들은 나가의 머리 쪽에 있고, 하누만이 돕는 데바들은 나가의 꼬리 쪽에 있다. 물고기가 가득한 단으로 그려진 바다 밑바닥에는 이 나가와 똑같은 것이 기어다니고 있다. 중앙에는 우유의 바다를 휘젓는 축이 기둥으로 표현되어 있는데, 이것은 관습적인 형태의 거북이 위에 놓여 있고 팔이 네 개 달린 인간의 형상을 한 신이 붙들고 있다. 앙코르와트에서처럼 연꽃 모양의 기둥머리 위에 있는 이 장면의 꼭대기에는 또다른 인물이 있다.

여기에는 또 해와 달을 나타내는 두 원반뿐 아니라 신과 악마들이 탐낸 불로장생의 영약 암리타를 담을 항아리(그림 224)도 보인다. 왼쪽을 보면, 새에 앉아 있는 신이 아수라 무리를 달래어 화해하고 싶어하는 듯한 장면이 있다. 아수라의 우두머리는 사나운 사자들이 끄는 수레 위에 서 있다.

18. 북서쪽 모퉁이의 작은 방

안쪽 구석에 있는 벽만 보존되어 있으며, 그곳에는 군사 행렬을 그린 장면이 있다.

북쪽 회랑, 서쪽 날개
19. 낮은 회랑

세 단에 걸쳐 궁전 장면이 그려져 있고, 그 뒤에는 두 단에 걸쳐 하인들이 공물을 들고 줄을 지어 그들보다 큰 인물에게 다가가거나 그를 따라가고 있는 듯한 장면이 있다. 그다음에는 (코끼리, 무소, 나가를 비롯한 뱀 등) 야생동물이 사는 산이 있는데, 그곳에는 연못과 문이 닫혀 있는 신전이 있다. 그 아래에는 그보다 큰 사원이 있는데, 이것 역시 문이 닫혀 있고, 드바라팔라가 입구를 지키고 있다.

고행자들이 무릎을 꿇고 왼쪽에서 오고 있는 또다른 종교 행렬을 반갑게 맞이하고 있는 듯한데, 이 행렬은 삼지창을 들고 있는 두 커다란 인물이 이끌고 있다. 이 장면이 화려하게 장식한 배 세 척이 있는 바닷가 장면이 된 걸 보면 그들은 이제 막 육지에 상륙한 모양이다. 배 세 척 가운데 두 척은 머리가 짧은 남자들과 삼지창을 든 군주가 타고 있고, 나머지 한 척은 꽃을 거꾸로 세워놓은 듯한 모자를 쓴 사람들이 타고 있는데, 이들은 가운데 있는 남녀 한 쌍을 둘러싸고 날아다니는 새들 밑에서 갖가지 재미있는 놀이를 하고 있다. 이 부조의 왼쪽에는, 다시 육지로 돌아가, 산에 있는 궁전에서 고행자들 사이에 여러 인물이 옥좌에 앉아 있는데, 적어도 그 가운데 하나는 삼지창으로 무장을 하고 있으며, 그는 어쩌면 시바일지도 모른다.

20. 작은 방

북쪽을 보면, 날아다니는 압사라들 아래에 팔이 열 개인 시바가 우주의 리듬을 조절하는 탄바다를 추는 모습이 서툴게 그려져 있다. 그의 오른쪽에는 비슈누가 있고, 그의 왼쪽

224 우유의 바다 휘젓기. 암리타를 담을 항아리가 그려져 있는 세부

226 황소 난디를 타고 있는 시바와 그의 배우자

225 비슈누와 브라흐마 사이에 앉아 있는 시바

에는 머리가 네 개 달린 브라흐마가 가네샤와 함께 있다. 이 밑에서는 게걸스럽게 먹는 라후밖에 안 보인다. 뒤에 있는 벽을 보면, 한쪽에 고행자들이 사는 산 위에 시바가 비슈누와 브라흐마 사이에 앉아 사납게 돌진하는 커다란 멧돼지를 내려다보고 있는 또다른 형태의 트리무르티(산스크리트로 '3가지 형태'라는 뜻으로, 힌두교에서 브라마·비슈누·시바의 삼신합일三神合一을 나타내는 말―옮긴이)가 표현되어 있다.

이야기 부조가 있는 위치에 따른 색인 225

21. 두 탑 사이

동쪽을 보면, 앉아 있는 시바를 고행자와 여자들이 둘러싸고 있는데, 그 가운데 첫번째 여자는 그의 아내 우마이며, 그의 곁에는 황소 난디도 있다.

북쪽을 향해 있는 정면에는 고행자들이 기도를 하고 있는 산 풍경 속에 시바가 나타나 왼손을 높이 들고 문에 서 있다. 그리고 문 위에 있는 상인방에는 동쪽 회랑(그림 217)의 남쪽 날개에서 본 것처럼 크메르 도상에서는 낯선 도마뱀이 있다. 글레즈(1993)는 그게 시바 비크샤타나 무르티(216쪽을 보라)를 나타낸 것일지 모른다고 했으나, 문에 서 있는 인물의 여성스런 모습을 보면 지상에 내려오는 강가(갠지스 강) 여신일 수도 있다.

그다음에 이어지는 것은 시바가 카마를 죽이는 장면(앙코르와트에서도 본 바 있다)이다. 이 판에는 높은 산에서 시바가 우마 곁에서 명상을 하고 있는데 사랑의 신 카마가 그를 화살로 쏘는 것과 시바가 이 무엄한 행위에 격노해 카마를 때려 그를 바닥에 쓰러뜨린 것 그리고 그의 아내 라티가 카마를 애도하는 것이 그려져 있다.

이다음에는 황소 난디가 언덕 위에 그려져 있는데, 이 판은 왕자가 산꼭대기에 있는 그의 궁전에 앉아 있는 장면으로 끝난다. 서쪽을 향해 있는 왼쪽에는 난디를 타고 있는 시바와 우마가 아주 서툰 솜씨로 새겨져 있다.

북쪽 회랑, 동쪽 날개

22. 두 탑 사이

동쪽을 향해 있는 오른쪽에는 난디를 탄 시바가 아내 우마를 자기 넓적다리에 앉히고서 머리가 여러 개 달린 나가 왕이 보이는 궁전을 지나고 있는 것이 그려져 있다.

(그림 226에서는 보이지 않지만) 정면에는 아마도 아랫단에 보이는 사람들이 들고 가는 인물을 화장할 준비를 하고 있는 장면이 그려져 있는 것 같다. 그 위에는 유골 단지와 꼭대기에 칼라의 머리를 얹은 화장터가 있다.

(쾨데에 따르면) 그다음에는 우리가 이미 곳곳에서 마주친 『마하바라타』에 나오는 이야기가 그려져 있는데, 이것은 아르주나와 사냥꾼으로 변장한 시바가 사실은 락샤사 무카의 화신인 멧돼지를 놓고서 서로 자기가 먼저 죽였다고 주장하며 싸운 것을 다룬 아르주나의 참회라는 이야기이다. 여기서 시바가 결국 자신의 정체를 드러내자 아르주나는 굴복하는

데, 그러자 시바가 아르주나에게 그가 앞으로 겪게 될 모험에서 그를 도울 파슈푸타라는 검을 준다.

문의 왼쪽에는 산꼭대기에 있는 궁전에서 어떤 사람이 여자들에게 둘러싸여 앉아 있다. 그러고 나서는 지금도 여전히 인기 있는 전설인 라바나가 카일라사 산을 흔든 이야기가 나오지만, 여기서는 시바에 의해 라바나가 거의 완전히 산에 눌려 납작하게 짜부라져 있는 것만 보여준다. 라바가가 그 산을 흔들어 시바를 노하게 만들었던 것이다(이 이야기는 앙코르와트와 반티아이 스레이의 부조에도 나오는데, 앙코르와트에서는 조각가들이 항사가 끄는 수레 푸슈파카를 그리는 걸 잊지 않았다).

서쪽을 향해 있는, 끝에 있는 판에는 위에 덧붙인 궁전 장면 두 개가 있다.

23. 작은 방

세 단에 걸쳐 보통 사람들의 행렬이 그려져 있는데, 그것에 대해서는 특별히 언급된 것이 없다.

24. 낮은 회랑

여기에는 여러 가지가 그려져 있다. 공물(?)을 나르는 하인들, 명상을 하는 고행자들, 그리고 그 밑에는 가장자리에 계단이 있는 연못이 있다. 그다음에는 앙코르와트의 실루엣을 연상시키는, 세 개의 탑이 있는 사원(그림 227)이 있는데, 이것의 꼭대기에는 삼지창이 얹혀 있고, 세 탑에는 저마다 상이 하나씩 안치되어 있다. 가운데 탑에 안치된 상은 외관이 손상되어 있는데, 두 가지 해석이 가능하다. 하나는 그게 시바 또는 링가이며 따라서 나머지 두 상은 비슈누와 락슈미라는 것이고, 다른 하나는 손상된 상은 붓다이며, 따라서 붓다와 함께 있는 두 상은 관세음보살과 타라(다라보살이라고도 한다. 관세음보살의 여성 배우자이다 — 옮긴이)라는 것이다. 야자나무를 배경으로 서 있는 이 사원은 마을 사람들이 공물을 바치는 순례 대상지인 것 같다. 저 멀리서는 시바가 수많은 압사라들 밑에서 숭배자들을 축복하고 있는데, 한 왕이 군대를 거느리고 그에게 가 소원을 빌려고 하는 듯하다.

그리하여 머리가 짧은 병사들과 악사, 코끼리, 말들이 보이는 평범한 행렬이 있고, 그 뒤를 따라가는 공주들은 가마뿐 아니라 커다란 궤와 황소가 끄는 닫집 달린 수레도 타고 있다. 이 행렬이 빈집들을 지나면, 이어 왕이 궁전에서 나와 바퀴가 여섯 개 달린 수레에 올라타는 게 보이고, 춤추는 몇 사람이 순례를 떠나는 밤의 흥을 돋우고 있다.

25. 북동쪽 모퉁이의 작은 방
세 단에 걸쳐 행렬의 단편적인 요소들이 그려져 있다.

동쪽 회랑, 북쪽 날개
26. 낮은 회랑
대규모 군사 행렬이 보이는데, 군인들은 두 가지 머리 모양을 하고 있다. 머리를 완전히 밀거나, 꽃을 거꾸로 세워놓은 듯한 모자를 쓴 것이다. 아래쪽에는 악사들의 행렬, 보병과 기병, 왕자가 탄 마차와 사람이 끄는 닫집 달린 수레가 있다. 그 위에는 신성한 불이 담겨 있는 듯한 궤와 빈 옥좌, 코끼리(심하게 훼손되어 있다)를 타고 활을 휘두르는 왕, 그리고 그 뒤를 따르는 대장들이 보인다. 이어 여섯 개의 바퀴 위에 항사가 올라앉아 있는 커다란 가마를 사람들이 끌고 가는데, 그 안에는 좌우 양쪽에 귀부인을 거느린 왕자가 타고 있다. 그리고 마지막으로 아이들 혹은 키 작은 사람들에게 둘러싸여 가마를 타고 가는 공주들이 보인다.

작은 문을 지나면, 전쟁에 나가기에 앞서 빈 옥좌 곁에 있는 시바 앞에 엎드려 신에게 간청을 하고 있는 왕자 혹은 왕인 듯한 인물이 그려진 작은 부조가 있다(그림 222, 221쪽).

27. 작은 방
계단에 둘러싸여 있는 연못에 배 두 척이 떠가는 게 보이는데, 물속에 가득한 물고기 가운데 두 마리는 사람 머리를 하고 있다. 물속에 뛰어든 두 잠수부는 뭔가 귀한 물건을 찾고 있는 듯한데, 그것은 아마 위에서 사람들이 어깨에 메고 가는 옥좌 같은 것에 실려 있는 형체 없는 물건일 것이다. 이 장면 위에서는 압사라와 새들이 날고 있다.

동쪽을 향해 있는 왼쪽에는 처음에는 성상을 파괴하는 행위로 해석된 장면이 그려져 있는데, 이것을 보면 성상 파괴자들이 사람들과 코끼리들이 잡아당기는 수많은 밧줄로 어떤 여인상을 넘어뜨려 파괴하는 것 같다.

227 세 개의 탑이 있는 사원

228 산에 있는 감옥에 갇혀 있던 여인을 구한다는 전설

229 병을 상징하는 뱀과 싸우고 있는, 레페르인 듯한 왕

그런데 보슈(1933)는 이것이 어떤 것을 파괴하고 때려 부수려는 것이 아니라 산에 있는 감옥에 갇혀 있는 여인을 풀어주려는 것이라는 훨씬 나은 해석을 내놓았다(그림 228). 그녀의 머리 밑에서는 사람들이 곡괭이로 바위 덩어리를 파헤치고 있고, 코끼리가 그것을 끌어올려 부수고 있다. 그리고 그 밑에서는 사람들이 불과 물(또는 초산)로 바위를 깨뜨리는 오래된 기술을 쓰고 있다. 따라서 이 장면은 왕 또는 왕자가 산을 지나가다 바위틈에서 노래를 하는 것 같기도 하고 구슬프게 우는 것 같기도 한 여자의 목소리를 듣고 산을 파헤쳐 그녀를 구해주었다는, 지금도 유명한 전설을 이야기하고 있는 듯하다. 왕은 그녀를 구해준 뒤 결국 그녀와 결혼했으며, 그러자 막혀 있던 샘물이 흐르기 시작했다.

그렇다면 이것은 이 부조와 앞서 사람들이 물속에 뛰어들어 헤엄치고 있는 장면이 그려져 있던 부조의 관계도 설명해줄 것이며, 그 경우 우리는 이 물을 치료 효과가 있어 숭배의 대상이 된, 새롭게 흐르기 시작한 신선한 샘물로 볼 수 있다. 그렇다면 이 경우 낮은 회랑의 마지막 부조에 있는 시바는 단순히 치료를 하는 리시를 그린 것이며, 왕은 그것을 마시고 목숨을 구해 그 앞에 엎드려 있는 것이 될 것이다. 그러나 이것은 그저 그럴듯한 가정일 뿐이다.

28. 두 탑 사이의 방

여기에는 골루베프에 의해 이른바 문둥이 왕의 전설로 확인된 것이 세 단에 걸쳐 그려져 있는데, 이것은 왼쪽에서 오른쪽으로 읽어야 한다. 먼저 왕이 궁전에서 왕좌에 앉아 있는데(그림 230), 왕의 곁에 그의 배우자가 있고 조신들과 무희들이 이들을 둘러싸고 있다. 그다음에는 그가 거대한 나가와 싸우는 모습이 보이고, 밑에서는 사람들이 모여 이 사건에 대해 웅성거리고 있다. 괴물이 뿜은 독 때문에 왕이 문둥병에 걸린 것이다. 한편에서는 그가 궁전에 그대로 앉아 신하들에게 명령을 내린다. 계단을 내려가는 그들은 병을 치료하는 고행자와 상의하러 바삐 숲으로 가는 듯하다. 그런데 숲에서는 이상한 일들이 일어나고 있다. 사람들이 죽어가거나 정신을 잃고 다른 사람 품에 쓰러져 있고, 또 어떤 이들은 혼자 걷지 못해 다른 사람이 부축해 걸어가고 있는데, 아무래도 성인 리시를 찾아가는 듯하다. 아니면 왕의 군인들이 어떻게든 빨리 이 성인에게 찾아가 왕을 치료할 약을 얻으려고 그곳에 먼저 와 있는 사람들을 내쫓고 있는 것인지도 모른다.

230 문둥이 왕의 전설. 왕이 그의 궁전에 앉아 있다

그다음에는 병든 왕을 둘러싼 여인들이 그의 병에 차도가 있는지 보려고 그의 손을 들여다보고 있다. 나중에도 그가 여전히 누워 있는 것을 볼 수 있는데, 이때는 그의 곁에 고행자가 서 있다.

프리아 칸과 타 프롬

이 거대한 두 사원은 12세기 말과 13세기 초에 자야바르만 7세에 의해 건설되었는데, 그는 프리아 칸은 자기 아버지에게, 타 프롬은 자기 어머니에게 바쳤다. 그러나 두 사원 모두 불교 사원이었기 때문에, 그곳에 있던 성상은 왕이 죽은 뒤 불어닥친 힌두교도들의 성상 파괴 열풍 속에서 거의 참화를 피하지 못했다. 하지만 크메르인의 종교 혼합주의에 따라 불교 성상과 함께 새겨진 힌두교 이야기들은 손상되지 않았다.

프리아 칸에서 힌두교에 바친 것은 지붕이 있는 북쪽 회랑이다. 여기에는 비슈누 이야기를 그린 부조들이 있는데, 그 가운데 특히 뛰어난 것은 고바르다나 산을 들어올리는 크리슈나를 그린 것들이며, 서쪽 회랑에서는 비슈누와 그의 화신들의 삶을 그린 부조와 아난타 위에 잠들어 있는 비슈누가 그려져 있는 박공벽(그림 42, 71쪽)을 들 수 있다. 세번

231 『라마야나』에 나오는 이야기

232 위대한 출발. 프리아 칸 (사진 : M. 프리먼)

째 담의 서쪽 고푸라에 있는 박공벽의 동쪽 면에는 (앙코르와트와 바욘에서처럼) "배에서 장기를 두는" 사람들이 그려져 있고, 서쪽 면에는 "랑카 전투" 이야기가 그려져 있다.

  프리아 칸에 비해 타 프롬에는 남아 있는 이야기 부조가 훨씬 적다. 그러나 그 가운데 특히 눈에 띄는 것은 남서쪽에서 두번째 담과 세번째 담 사이에 있는 탑의 박공벽에 그려져 있는 미래의 붓다의 위대한 출발 이야기(그림 232)이다. 이것을 보면 궁전이 모두 잠들어 있고, 왕자가 아버지의 궁전을 몰래 빠져나갈 수 있게 네 명의 신이 말의 발굽을 받쳐주고 있다. 여기에는 『라마야나』에 나오는 이야기(그림 231)도 그려져 있는데, 정확히 무슨 이야기를 하고 있는지는 아직 확인되지 않았다.

반티아이 치마르

이 주요 사원은 캄보디아의 북서쪽 끄트머리에 위치하고 있으며, 타이와의 국경에 근접해 있다. 자야바르만 7세가 세운 가장 중요한 건축물 가운데 하나인 이것은 잔혹한 전쟁에서 그의 생명을 구한 그의 아들 슈리드라쿠마라와 그의 네 전우에게 바친 것이다. 이 사원은 12세기 말과 13세기 초에 세워졌는데, 지금은 보존 상태가 아주 나빠 대부분 황폐해졌다. 그러나 지금까지 남아 있는 부조들은 아주 훌륭한데, 불행하게도 정치적 상황 탓에 몇 해 동안이나 이곳에 접근할 수 없었다.

여기서는 몇 가지 중요한 부조들만 살펴볼 텐데, 이 가운데 특히 유명한 것은 팔이 여러 개인 보살상이다. 실제로 서쪽 회랑 벽은 많은 관세음보살상(그림 233, 234)으로 장식되어 있는데, 그것들은 모두 머리는 하나인데 팔은 여러 개이다. 팔이 여덟 개인 상에서는 책과 묵주, 물병(쿤디카)을 확인할 수 있는데, 그의 곁에는 숭배자들이 있고, 그들 위에서

233 관세음보살(사진 : M. 프리먼)

234 관세음보살(사진 : M. 프리먼)

235　왕자와 싸우는 라후(사진 : M. 프리먼)

236　브라흐마의 숭배자들 밑에서 하프를 켜는 사람들(사진 : M. 프리먼)

237　황소와 사람 그리고 그의 수레를 집어삼키는 라후(사진 : M. 프리먼)

는 천상의 존재들이 연꽃과 화환을 든 채 날고 있다.

여기에는 또 힌두교 신화와 자야바르만 7세의 삶을 그린 부조도 많다. 아주 깊이 새긴 한 부조에는 한 고행자가 하프를 켜고 있는 가운데 브라흐마가 그의 거위(항사)와 함께 그에게 절을 하는 고행자(리시)를 축복하는 장면이 그려져 있다. 또 한 부조에는 해와 달을 집어삼켜 일식과 월식을 일으키는, 모든 것을 집어삼키는 신화 속의 괴물 라후 이야기가 그려져 있는데, 여기서는 라후가 왕자와 싸우는 것(그림 235)과 라후가 황소와 사람 그리고 그의 수레를 집어삼키는 것을 볼 수 있다(그림 237).

코끼리 테라스와 문둥이 왕 테라스

이 두 건축물은 자야바르만 7세가 다스리던 12세기 말쯤에 왕궁의 동쪽에 지어졌으며, 이른바 왕실 광장이라 불리는 곳을 바라보고 있다. 왕실 광장에서는 이곳의 부조들이 뚜렷하게 보인다.

코끼리 테라스

길이가 300미터가 넘는 이 벽은 사냥하는 장면 속에 코끼리들이 높은 부조로 그려져 있다. 이것을 보면 코끼리 두 마리가 호랑이를 잡았는데, 한 마리는 호랑이의 몸통을 잡고 있고 한 마리는 호랑이의 넓적다리를 잡고 있으며, 한쪽에서는 사냥꾼들이 멧돼지를 향해 창을 던지고 있다. 그런가 하면 한편에서는 코끼리 부리는 사람이 옆에 주인이 있는 걸 깜박 잊고 물병에서 물을 마시고 있는데, 주인이 그의 어깨를 툭툭 치며 다른 사람이 마실 물을 남겨놓으라고 한다.

이 테라스의 북쪽 끝에는 운동경기를 하는 장면을 그린 가장 흥미로운 부조가 있는데, 거기에는 말을 타고 창싸움을 하는 사람들, 씨름 선수들, 질주하는 전차들, 검투사들뿐 아니라 폴로 경기를 하는 사람들까지 볼 수 있다(그림 100, 116쪽과 그림 101, 117쪽). 이것은 왕이 백성들을 위해 궁전 앞 광장에서 베푸는 경기일 수도 있다.

한쪽 끝에 높은 부조로 아주 생동감 있게 그려진 부조에 대한 해석은 문제가 있다. 정면을 바라보는 머리가 다섯 달린 말이 색다른 머리 모양에 짧은 몽둥이를 들고 있는 무사들에게 둘러싸여 있는데, 이것은 등장인물들이 연꽃 받침에 발을 딛고 있어 늪에서 일어난 장면으로 간주되고 있다. 그리고 머리가 짧은 난쟁이들이 놀란 표정으로 말 다리 사이에 잔뜩 움츠리고 있는 장면은 이 말이 수리아 또는 발라하로 변한 관세음보살을 나타낸 것일지 모른다는 의견이 제기되었으나, 이 이야기가 무엇을 그린 것인지는 알 수 없다.

코끼리 테라스 뒤에는 왕궁의 우아한 연못들이 있는데, 그 둘레에는 장식적인 부조로 이루어진 장식 띠가 있다(그림 239).

238 나가와 가루다, 쿰반다 등 신화 속 존재들이 그려져 있다. 문둥이 왕 테라스 (사진 : M. 프리먼)

239 윗단은 인물을 그린 부조로, 아랫단은 물고기와 물속에 사는 동물을 그린 부조로 장식되어 있는, 왕궁의 정원에 있는 연못

문둥이 왕 테라스

코끼리 테라스 바로 북쪽에 있는 이 테라스의 꼭대기에는 이른바 문둥이 왕의 상이 서 있었다. 하지만 그것이 묘사하고 있는 것은 왕도 문둥이도 아니다. 입에 독니가 있는 것으로 보아, 지옥에 사는 존재를 나타낸 것일지도 모른다.

발굴 작업을 통해 외벽 뒤에 또 하나의 벽이 있는 게 발견되었는데, 이것 역시 전체가 장식되어 있다(그림 238). 외벽과 내벽의 부조들은 위에 덧붙인 단으로 이루어져 있는데, 여기에는 나가와 가루다, 쿰반다처럼 메루 산에 사는 온갖 신화 속의 존재들뿐 아니라 두꺼운 눈썹과 독니로 알아볼 수 있는 수많은 악마와 신성한 산 아래 있는 지옥에 사는 존재들로 보이는 것들까지 줄지어 그려져 있다.

반티아이 크데이

이 유적은 12세기 중엽에서 13세기 초에 대승불교 사원으로 지어졌다. 바욘 사원 양식과 같은 양식으로 지어졌으며, 이곳의 문 위에는 어마어마하게 큰 얼굴들이 얹혀져 있다(그림 240). 이런 형태의 모든 건축물에서 그랬던 것처럼 이곳의 부조에서도 불교 도상들은 제거되었다. 많은 상인방과 박공벽에는 불상을 치밀하게 지운 흔적이 뚜렷이 남아 있으며, 이와는 대조적으로 그 주위에 있는 숭배자들과 다른 장식적인 요소들은 고스란히 남아 있다.

이 유적은 금방이라도 허물어질 것 같은 아주 위험한 상태에 있으나, 몇몇 박공벽은 손상되지 않은 채 그대로 남아 있다. 그 가운데 특히 눈에 띄는 것은 다음과 같다.

240 위에 얼굴 탑이 있는, 동쪽 입구에 있는 고푸라

241 아름답게 장식된 사원의 불상이 지워져 있고, 바닥에 왕인 듯한 인물이 완전히 엎드려 있는 박공벽. 동쪽 고푸라 II

1. 서쪽 고푸라 I

동쪽 면 : 손상된 박공벽 윗단에는 사람들이 건물을 둘러싸고 있는 것이 그려져 있고 그 안에 라마와 시타가 서 있는 것이 그려져 있다(그림 242). 이 건물을 둘러싸고 있는 사람들은 어떤 동작을 하고 있는데, 아마 춤을 추고 있거나 라마가 아요디아에 돌아온 것을 기뻐하고 있을 것이다.

2. 북쪽 고푸라 I

남쪽 면 : 윗단에는 명상을 하고 있는 붓다가, 아랫단에는 코끼리 두 마리 사이에 서 있는 어떤 사람이 그려져 있다.

3. 동쪽 고푸라 II

네 단으로 된 박공벽 : 맨 윗단에는 아름답게 장식된 사원의 불상(그림 241)이 지워져

242 라마와 시타가 아요디아에 돌아와 그들의 궁전에 있는 모습이 그려진 박공벽. 서쪽 고푸라 I, 동쪽 면

243 바깥 회랑에 관세음보살의 얼굴이 새겨져 있는 북쪽 탑에는 『라마야나』에 나오는 장면을 그린 듯한 흥미로운 박공벽들이 있다

이야기 부조가 있는 위치에 따른 색인 **241**

있고, 그 아랫단에는 왕인 듯한 인물이 바닥에 완전히 엎드려 있다. 위에 덧붙인 맨 아래 두 단에는 숭배자들이 그려져 있다.

세 단으로 된 박공벽의 윗단에는 종자들과 압사라들 사이에서 붓다가 보리수 아래서 명상을 하는 게 그려져 있고, 아래 두 단에는 숭배자들이 줄지어 있다.

바깥 회랑에 관세음보살의 얼굴이 새겨져 있는 북쪽 탑에는『라마야나』에 나오는 장면(그림 243)을 그린 듯한 흥미로운 박공벽들이 있다.

타 네이

이 불교 사원은 12세기 말에 자야바르만 7세가 세웠다. 그러나 바깥 회랑에 있는 작은 고푸라들은 보다 뒤에 세워졌을 것이다. 자야바르만 7세가 지은 다른 사원들과 마찬가지로, 불교 이야기를 하고 있는 부조들은 손상되었다. 그러나 몇몇 흥미로운 박공벽은 제자리에 그대로 남아 있다.

1. 동쪽 고푸라 II

동쪽 면 : 관세음보살이 압사라와 날아다니는 인물들 사이에서 연꽃 위에 서 있는 모습이 그려져 있고, 아랫단에는 무릎을 꿇고 있는 숭배자들과 배가 불룩 튀어나온 신봉자들이 있다(그림 245).

244 말을 탄 사람이 칼을 휘두르고 있는 장면 아래 두 단에 걸쳐 숭배자들이 그려져 있다

2. 남쪽 고푸라 I

북쪽 면 : 아래쪽 박공벽에는 압사라에게 둘러싸인 궁전에서 커다란 인물이 무릎을 꿇고 두 아이를 축복하고 있는 게 그려져 있고, 그 아래에는 숭배자들이 줄지어 있다(그림 246).

3. 북쪽 고푸라 I

남쪽 면 : 말을 탄 사람이 칼을 휘두르고 있는 장면 아래 두 단에 걸쳐 숭배자들이 그려져 있다(그림 244).

4. 중앙 지성소

북쪽 면 : 파라솔을 들고 날아다니는 인물들에 둘러싸인 채 평저선 위에 서 있는 사람이 축복을 내리는 듯하다. 서쪽을 바라보는 박공벽에는 두 단에 걸쳐 붓다가 삭발 아니면 명상을 하고 있는 모습(파손되었다)이 그려져 있고, 그 아랫단에는 숭배자들 사이에 그의 말 발라하가 그려져 있다.

이 밖에 다른 박공벽들은 보존 상태가 훨씬 좋지 않은데, 몇몇 박공벽에서는 종자들에게 둘러싸여 보리수 아래서 명상을 하거나 숭배자들에 둘러싸여 높은 단 위에서 명상을 하는 붓다의 모습이 손상된 게 보인다.

245 관세음보살이 압사라와 날아다니는 인물들 사이에서 연꽃 위에 서 있고, 그 아랫단에는 무릎을 꿇고 있는 숭배자들과 배가 불룩 튀어나온 사람들이 기도를 하고 있다. 동쪽 고푸라, 동쪽 면

246 압사라들에 둘러싸인 궁전에서 커다란 인물이 무릎을 꿇고 두 아이를 축복하고 있다. 남쪽 고푸라, 북쪽 면, 아랫단

니악 포안

자야바르만 7세가 12세기 말에 세운 이 사원(그림 248)은 처음부터 상징성이 아주 강했다. 이곳에 있는 연못은 여기서 목욕을 하는 사람들의 죄를 씻기 위한 것이었고, 사원은 실존의 바다를 건너는 배처럼 지어졌다. 이곳은 아주 아름답게 장식되어 있으며, 이곳의 이야기 부조는 이 원형 섬의 사당에 있는 네 문에 커다랗게 새겨진 관세음보살에 집중되어 있다(그림 247). 이 관세음보살상 위에는 모두 붓다의 삶에서 일어난 일화를 말해주는 박공벽(많이 훼손되었다)이 있어, 동쪽에는 그의 삭발이, 북쪽에는 그의 위대한 출발이, 서쪽에는 그가 보리수 아래서 명상하는 것이 그려져 있으나, 남쪽 박공벽은 완전히 파손되었다. 네모난 연못을 둘러싸고 있는 네 개의 작은 예배당에도 많은 박공벽이 있는데, 이곳에도 불교를 주제로 한 것들이 그려져 있다(그림 249, 250). 사당을 둘러싸고 있는 연못에서 말 발라하에 관한 전설을 그린 조각상을 볼 수 있다(그림 88, 104쪽).

247 중앙 사당의 가짜 문. 서쪽 면

248 연못 한가운데 있는 중앙 사당의 모습(사진 : M. 프리먼)

249 남쪽 예배당의 박공벽

250 북쪽 예배당의 박공벽

프리아 팔릴라이

앙코르 톰의 북서쪽에 있는 이 사원은 상좌부 불교 사원이다. 이것은 아마 불교를 장려한 다라닌드라바르만 2세가 다스리던 시기(1150~1160)에 지어졌을 것이다. 그의 노력은 짧게 끝났지만, 30년이 지난 뒤 그의 아들 자야바르만 7세가 불교를 국교로 정했다.

이 사원은 앞에 나가 다리가 있어, 이것을 건너면 한참 뒤에 세워진 어마어마하게 큰 불상에 이른다. 십자형인 이 사원은 하나의 담으로 둘러싸여 있으며, 이 담에는 동쪽에 고푸라가 하나밖에 없다(그림 251). 이 고푸라는 평면이 남북으로 길게 뻗은 십자형을 이루고 있는데, 동쪽 면과 서쪽 면에는 박공벽이 있는 첫번째 입구와 두번째 입구가 있지만, 남쪽

251 프리아 팔릴라이에 하나밖에 없는 고푸라는 동쪽에 있다

이야기 부조가 있는 위치에 따른 색인 **247**

면과 북쪽 면은 입구가 없는 그냥 벽으로, 여기에는 박공벽으로 장식된 박공 구조가 있을 뿐이다.

건축적 요소와 도상학적 요소에 대한 연구에 따르면, 주요 사원은 12세기 후반에 세워졌으나 고푸라는 나중에, 그러니까 13세기에 덧붙여진 것 같다. 담이 고푸라의 박공 구조에서 갑자기 끝나는 것을 통해 이것은 이렇게 뚜렷이 구분되는 두 시기에 지어졌다는 것(Glaize, 1940)을 알 수 있다. 이 고푸라는 라테라이트(홍토)로 먼저 지은 담 위에 걸터앉은 형태로 지은 듯하며, 그래서 이 건물의 담 안으로 깊게 들어가 있는 것처럼 보인다. 부조에 있는 도상들은 그것을 새긴 솜씨는 천차만별이어도 몇 가지 보기 드문 요소들을 보여준다.

이 사원에 있는 붓다의 상은 자야바르만 7세가 죽은 뒤 일어난 성상 파괴 열풍에서 살아남았으며, 따라서 이런 현상을 설명하기 위해 다음과 같은 테제가 제기되었다. 즉 앙코르 시대에는 대부분 힌두교가 지배적이었지만, 아쇼바르만이 왕궁의 한쪽 구석에 텝 프라남을 짓게 해준 9세기 말부터는 상좌부 불교가 허용되었다. 그리고 자야바르만 8세 때 불어닥친 성상 파괴 열풍은 대승불교 사원을 겨냥한 것이었고, 따라서 상좌부 불교의 성상들은 그것을 피할 수 있었다. 이러한 관용은 앙코르 톰의 경내에 있는 프리아 피투의 N.486과 'x' 사원으로 알려진 사원에도 확대 적용되었다. 물론 이것들은 13세기 말이나 그보다 훨씬 뒤에 세워졌거나 개조되었을 수도 있지만. 프리아 팔릴라이의 중앙 사당은 1922년에 마르샬에 의해, 고푸라는 1940년에 글레즈에 의해 연구되었다.

프리아 팔릴라이의 부조는 불상이 파괴되지 않고 남아 있는 얼마 안 되는 부조 가운데 하나이다. 지금 바닥에 놓여 있는 다른 부조들도 중앙 사당에서 나온 듯하지만, 이 가운데 가장 중요한 부조는 다음에서 자세히 설명되는 십자형 고푸라에 있는 것들이다.

1. 중앙 사당

마르샬(1922)은 붓다가 나가 왕을 맞이하는 것이 그려져 있는 박공벽에 대해 기술하고 이것의 사진을 찍었다. 그가 나가 왕이라는 것은 그가 나가 머리 모양의 왕관을 쓰고 있는 것으로 알 수 있으며, 거기 나오는 또 한 인물은 세 끝이 뾰족한 왕관을 쓰고 있다. 붓다는 데바푸타에 둘러싸여 보리수 아래에 촉지인 자세(부미스파르사 무드라)로 앉아 있다. 아

252 서 있는 붓다. 고푸라의 동쪽 면

랫단에는 누군지 알 수 없는 사람을 중심으로 숭배자들이 셋씩 양쪽으로 줄지어 앉아 있고, 그 아랫단에는 흔히 볼 수 있는 숭배자들의 열이 있다. 사원에 있는 상인방 가운데 지금껏 남아 있는 것은 얼마 되지 않으며, 가장 보존이 잘되어 있는 것은 인드라가 머리 셋 달린 코끼리를 타고 있는 것이다.

2. 고푸라의 동쪽 면

주요 출입문에 있는 박공벽에는 붓다가 그를 따르는 종자들과 날아다니는 존재들에 둘러싸여 유연한 자세로 단 위에 서 있으며(그림 252), 그 아랫단은 두 줄로 늘어선 숭배자들로 가득하다. 아래에 있는 상인방에는 제자들 곁에서 왼쪽으로 누워 죽어가고 있는 붓다(그림 84, 104쪽)가 그려져 있다.

북쪽에 있는 둘째 출입문 위에 있는 박공벽에는 파릴리야카 숲의 기적이 그려져 있는데, 여기서 붓다는 숲속의 동물들(코끼리, 원숭이, 공작)에게 공물을 받고 있고, 서 있는 어떤 이에게서는 사발을 받고 있다(그림 83, 104쪽). 이 사원의 이름은 붓다의 삶에서 일어난 일화에서 비롯되었다. 팔릴라이는 붓다가 코삼비를 떠난 뒤 은거했던 숲 이름인 파릴리야카에서 왔으며, 붓다는 여기서 한 코끼리의 섬김을 받았다.

3. 고푸라의 북쪽 면

아무것도 없는 벽에 박공벽 두 개가 서로 겹쳐 있다. 아래 있는 박공벽의 윗단에는 붓다가 앉아서 오른손으로 미친 코끼리 날라기리를 제압하고 있다(그림 87, 104쪽).

위에 있는 박공벽에는 두 조각가에 의해 가부좌(디아나 무드라)를 틀고 있는 붓다의 형상이 돌에 새겨져 있으며, 그 아랫단은 줄지어 있는 숭배자들로 가득하다.

4. 고푸라의 서쪽 면

주요 문 위에 있는 박공벽에는 세 단에 가족 장면이 그려져 있다(그림 253). 아랫단에는 코끼리 세 마리가 왼쪽에서 오른쪽으로 숲을 지나고 있는데, 그들 뒤를 사람들이 맨발로 따라가고 있다. 여기서 두번째 코끼리는 코끼리를 부리는 사람이 끌고 가고 있지만, 세번

253 숲속의 코끼리들이 프리아 팔릴라이에 있는 고푸라의 서쪽 면에 있는 박공벽의 아랫단을 차지하고 있다

254 명상을 하고 있는 붓다. 프리아 팔릴라이에 있는 고푸라의 남쪽 면에 있는 위쪽 박공벽

째 코끼리에는 의자에 앉은 왕족이 타고 있다. 가운뎃단에는 왕관을 쓴 두 귀부인이 아기를 안고 있으며, 윗단에는 붓다가 커다란 두 부채 사이에 서서 양팔을 내리고 아이들 머리를 쓰다듬는 듯한 자세를 하고 있다.

북쪽 문 위에 있는 박공벽의 맨 윗단에는 붓다가 환하게 미소 짓는 얼굴로 한쪽 무릎을 세우고 그 위에 왼팔을 괴고 있는 라잘랄리타사나 자세로 나무 아래 앉아 있는 게 보인다(그림 79, 102쪽). 그의 양옆에는 두 사람이 무릎을 꿇고 있다. 가운뎃단에는 네 사람이 나무들 속에 있는데, 어떤 이는 끝에 무슨 꾸러미가 매달려 있는 장대를 메고 있고, 한가운데에는 선물로 보이는 원뿔꼴 물건이 있다. 아랫단에서는 흔히 볼 수 있는 숭배자들이 나무와 번갈아 가며 등장한다. 이것은 수자타의 공물을 받고 있는 붓다를 그린 것일 수도 있다.

5. 고푸라의 남쪽 면

아무것도 없는 벽에 박공벽 두 개가 서로 겹쳐 있고, 거기에 명상을 하는 붓다가 그려져 있다. 윗단에서는 그가 가부좌(디야나 무드라)를 틀고 있고, 아랫단에서는 촉지인 자세(부미스파르사 무드라)를 취하고 있는데, 양쪽 모두 그 아랫단에는 숭배자들이 줄지어 있다(그림 81과 82, 102쪽).

프리아 팔릴라이에서 멀지 않은 곳에서 마르샬(1918)은 북쪽으로 그가 "테라스 D"라고 이름 붙인 텝 프라남을 바라보는 불교 유적지에서 또하나의 흥미로운 박공벽을 발견하고 그것에 대해 설명했다. 여기 있는 부조는 세 갈래로 갈라져 있는 나가의 형상 안에서 세 단에 걸쳐 불교 이야기를 해주고 있는데, 윗단에는 붓다가 양식화된 보리수와 종자 사이에서 높은 단에 앉아 명상을 하는 게 그려져 있고, 가운뎃단에는 숭배자들이 줄지어 있으며, 아랫단에는 코끼리를 탄 마라의 군대가 붓다를 공격하고 있다.

프리아 피투

이 이름은 앙코르 톰의 왕실 광장 북동쪽에 있는 여러 사원과 테라스를 통틀어 일컫는 말인데, 그 어원은 역사적인 붓다에 앞서 존재한 많은 보살 가운데 하나인 비두라의 크메르어 발음에서 온 것 같다. 그의 모험담은 『베산타라 자타카』 앞에 있는 마지막 10개의 자타카 가운데 아홉번째 자타카인 『비두라판디타 자타카』에 이야기되어 있다. 글레즈는 1944년에 쓴 안내서(개정판, 1993)에서 이곳에 있는 사원들을 흔히 쓰는 글자 대신 숫자로 분류하여 자세히 기술했다. 그래서 글레즈의 첫째 사원은 't' 사원을 말하고, 글레즈의 둘째 사원은 'u' 사원을, 그의 셋째 사원은 'x' 사원을, 그의 넷째 사원은 'v' 사원을, 그의 다섯째 사원은 'y' 사원을 말한다. 아마도 바욘 시대 양식으로 지어진 듯한 't' 사원을 빼면, 이 사원들은 모두 앙코르와트 양식으로 건설되고 화려하게 장식되었다. 이것들은 지은 시기는 12세기에서 13세기 사이이다. 그리고 'x' 사원을 제외하고는 모두 힌두교 사원이다.

1. 't' 사원(글레즈의 첫째 사원)

원래 있던 곳에 있는 부조는 하나도 없지만, 바닥에 우유의 바다 휘젓기를 서툴게 새긴 상인방 조각 하나가 있다(그림 255).

255 우유의 바다 휘젓기를 보여주는 't' 사원의 상인방

256 역시 같은 이야기를 보여주는 'u' 사원의 상인방

2. 'u' 사원(글레즈의 둘째 사원)

북쪽을 바라보는 사당의 상인방에는 우유의 바다 휘젓기가 아주 훌륭한 솜씨로 새겨져 있다(그림 256). 그러나 여기에는 축 역할을 하는 막대가 없으며, 비슈누는 나가 바수키 위에 걸터앉아 있다. 밑에는 거북이가 있는데, 그 위에는 바다를 휘저으면서 태어난 인드라의 동물, 말 우차이슈라바와 코끼리 아이라바타가 있고, 역시 밑에 있는 인간의 형상을 한 인물 둘은 압사라 같다.

서쪽 상인방에는 트리무르티가, 남쪽 상인방에는 왼팔을 들고 있는 고행자의 모습을 한 시바가, 동쪽 상인방에는 칼라를 타고 있는 브라흐마가 그려져 있다. 서쪽에 있는 고푸라의 상인방에는 춤을 추는 시바와 가루다를 타고 있는 비슈누가 새겨져 있다.

3. 'x' 사원(글레즈의 셋째 사원)

이것(그림 257)은 타 투오트라고도 불린다(Marchal, 1918). 앙코르를 "포기"하기 전에 세워진 이 사원은 앙코르 시대의 상좌부 불교 사원의 특징을 가지고 있다(Giteau, 1975). 조각된 장식은 아마 앙코르 시대 이후에 나온 도상학적 요소들을 도입해 나중에 덧붙였을 것이다. 부조들은 중앙 지성소에 그대로 있거나 높은 테라스의 바닥에 흩어져 있다.

중앙 사당과 그 앞에 있는 작은 곁방들은 여러 불상으로 장식되어 있는데, 이것들은 모두 촉지인 자세(부미스파르사 무드라)를 하고 있으며(그림 258), 때로는 곁에 숭배자들이 있다. 동쪽을 바라보는 둘째 문의 상인방을 보면 붓다가 숭배자들에게 둘러싸여 있는데, 그들의 머리에는 후광 같은 것이 씌워져 있는 데 반해 붓다의 우슈니샤는 타이 식으로 끝이 뾰족한 불꽃 형태를 띠고 있다(그림 259). 사당 벽의 윗부분에는 두 단에 걸쳐 앙코르 시대 양식으로 차려 입고 앉은 붓다가 많이 그려져 있는 장식띠가 있다. 하지만 눈썹이 초승달 같고 미소짓는 입술이 둥그렇게 올라간 얼굴은 바욘 시대 이후나 그보다 더 늦은 시기의 양식으로 그려져 있다.

바닥에 있는 조각 파편에는 여러 가지 도상이 새겨져 있으나, 너무 산산조각이 나 명확히 분류하기가 어렵다. 그 가운데 주목할 만한 것은 복구하여 시엠 리압의 보관소에 갖다놓은 박공벽(그림 78, 100쪽)으로, 여기에는 붓다가 '삭발'을 하는 것이 그려져 있다(Giteau, 1975). 여기서 붓다를 둘러싸고 있는 인물들은 타이의 아유타야 양식의 영향을 강하게 받

257 글레즈의 셋째 사원인 'x' 사원

259 숭배자들에게 둘러싸여 있는 붓다. 숭배자들의 머리에는 후광 같은 것이 씌워져 있는 데 반해 붓다의 우슈니샤는 끝이 뾰족한 불꽃 형태를 띠고 있다.

258 모두 촉지인 자세를 하고 있는 'x' 사원의 불상들

260 여전히 제자리에 있는 링가가 보이는 'u' 사원

은 머리 모양에 역시 같은 영향을 받은 왕관을 쓰고 있다. 붓다의 위에서는 한 데바타가 거의 중국식으로 수직으로 내려오고 있다. 사실 지토(1975)에 따르면, 고전 시대 크메르

예술에서는 그렇게 날아다니는 데바타들이 하늘에서 수평으로 내려오지만 바욘 시대에는 이미 앙코르와트의 북서쪽에 있는 부조에 도입된 중국의 전통에 따라 데바타들이 대각선으로 내려온다고 한다. 붓다의 종자 찬다카는 말 칸타카가 주인을 잃은 슬픔에 죽을 것을 알고 칸타카에게 머리를 기대고 있는 아주 감동적인 모습으로 그려져 있다.

이런 도상학적 요소들을 앙코르와트에 있는 것들과 비교해보면, 이런 불교 부조들이 16세기의 것이라는 추측이 터무니없는 것은 아니다.

4. 'v' 사원(글레즈의 넷째 사원)

이 튼튼하게 지은 작은 사원에서는 커다란 링가가 눈에 띄는데, 이것은 그것이 원래 있던 장소로 추정되는, 성상 안치소의 북쪽 곁방에 그대로 있다(그림 260). 그곳에는 바닥에 조각 파편들이 많이 떨어져 있는데, 그것들은 대부분 나가이다.

5. 'y' 사원(글레즈의 다섯째 사원)

낮은 언덕에 있는 이 작은 사원에는 몇 가지 흥미로운 부조들이 있다. 서쪽을 바라보는 북쪽의 반쪽짜리 박공벽에는 크리슈나가 아수라 바나에게 거둔 승리(그림 261)가 그려져 있고, 서쪽을 바라보는 남쪽의 반쪽짜리 박공벽에는 비슈누의 세 걸음이 그려져 있다(그림 44, 71쪽). 남쪽 박공벽에는 수그리바와 발린의 싸움이 그려져 있다.

261 크리슈나가 아수라 바나와 싸워 거둔 승리. 'y' 사원, 서쪽을 바라보는 북쪽의 반쪽짜리 박공벽

와트 노코르

 전에는 바트 나가르라 불렸던 이 사원은 캄보디아의 동쪽 중앙에 있는 캄퐁 참 근처에 있다. 이것은 13세기 초 후기 바욘 양식으로 지역 예술가들에 의해 지어졌다. 처음에는 대승불교 사원이었던 이곳은 앙코르 시대 말에 버려지지 않고 상좌부 불교 사원이 되었다. 이 사원은 토대뿐 아니라 부조도 여러 번 복구되었는데, 그것은 대부분 16세기에 이루어졌으며, 이때 주요 탑의 상부 구조도 스투파 형태로 다시 지어졌다.

 이 사원은 1916년에 파르망티에에 의해 처음 연구되기 시작했으며 1967년에는 지토가 이곳의 이야기 부조를 분석했다. 오늘날에는 이 사원의 일부가 불교 사원에 포함되었다. 서쪽 입구 양쪽에는 그림 같은 사탕야자 나무가 줄지어 서 있다(그림 262).

262 사원으로 들어가는 서쪽 입구. 상부 구조처럼 보이는 탑이 보인다

앞서 이야기한 대로, 13세기에는 의도적인 성상 파괴 행위로 불교 도상이 드물었다. 따라서 16세기에 앙 창 왕의 열정으로 앙코르와트의 북동쪽 사분면에 있는 부조가 완성되었을 뿐 아니라 그 영향은 이 사원의 박공벽에도 미쳐 새로운 상이 도입되었다는 이야기도 그럴듯해 보인다.

서쪽 박공벽

잠든 여인들(그림 76, 100쪽)이 그려져 있는 이 박공벽에는 두 단이 있다. 윗단에는 누각에 세 인물이 있는데, 가운데 인물의 머리에 가느다란 불꽃 또는 끝이 뾰족한 막대 같은 것이 얹혀 있다. 그들은 모두 라잘랄리타나사 자세로 앉아 있으며, 자는 것 같다. 건물 양쪽에는 무릎을 꿇고 손을 얼굴에 대고 있는 여자 둘이 있는데, 그들 역시 자는 것 같다. 그리고 아랫단에는 열세 명의 여자가 단정치 못한 차림새로 얼굴을 한 팔에 괸 채 눈을 감고서 무릎을 반쯤 꿇은 자세로 앉아 있는데, 아마도 무희들이 잠들어 있는 모습 같다.

이 박공벽은 미래의 붓다가 그의 왕실에서 궁정 여인들과 무희들 사이에서 마지막으로 보낸 밤을 보여주는 것 같다. 미래의 붓다는 마지막으로 아내와 아들 그리고 그들을 한번 본 뒤 영원히 궁전을 떠난다.

북쪽 박공벽

여기에는 위대한 출발(그림 77, 100쪽)이 그려져 있으므로 당연히 앞의 일화 다음에 일어난 일이다. 역시 두 단이 있는데, 윗단에는 미래의 붓다가 그의 말 칸타카를 타고 네 개의 깃발과 우산을 든 사람들에 둘러싸여 오른쪽에서 왼쪽으로 가는 주요 장면이 그려져 있다. 네 사람 가운데 셋은 말 아래 있고 하나는 말 뒤에 있는 것 같은데, 여기서 주목할 것은 원래 이야기나 나중의 캄보디아 판본과는 달리 네 사람이 아무도 말굽을 받쳐들고 있지 않다는 것이다. 아랫단에는 줄지어 있는 숭배자들만 그려져 있다.

남쪽 박공벽

여기에서는 이어 미래의 붓다가 자기 말과 종자를 자유롭게 풀어주는 것을 보여준다(그림 75, 99쪽). 이 일화는 세 단에 걸쳐 구성되어 있는데, 미래의 붓다는 자신이 타던 왕실의 말에서 내려 비라사나 자세(반가부좌. 일명 영웅좌. 결가부좌와는 달리 다리를 포개기만 하고 엮지는 않는다 ― 옮긴이)로 앉아 왼손에 든 칼로 고삐를 잘라 말을 자유롭게 해준다(그러나 이 말은 슬픔으로 죽는다). 붓다가 자신의 머리를 자르고 있는 것도 어쩌면 바위의 침식 탓인지도 모른다. 두 줄로 서 있는 파라솔이 이 장면의 틀을 이루고 있으며, 그 양쪽에는 두 숭배자가 무릎을 꿇고 있다. 가운뎃단을 보면 말에 여전히 안장이 얹혀 있고 붓다의 종자가 그것의 고삐를 잡고 있다. 아랫단에는 왕관과 뒤통수에 시뇽 덮개를 쓴 숭배자 일곱 명이 지붕에 매달려 있는 연꽃 봉우리와 번갈아 늘어서 있다.

여기서 말이 조각되어 있는 방식은 북쪽 박공벽이나 말이 드러누워 마부의 보살핌을 받고 있는 프리아 피투의 'x' 사원의 경우와 다르다. 두 경우는 모두 타이 예술의 영향을 강하게 받았다.

동쪽 박공벽

붓다의 깨달음을 그린 이 박공벽(그림 80, 102쪽)은 알아보기 어렵다. 이것이 지금은 나중에 지은 비하라(불상을 모신 사당) 안에 있기 때문이다. 게다가 사람들이 여기에 석고를 발라 색칠을 하고 금박을 입혀놓았다. 이 박공벽에는 단이 없고, 열편이 있는 나뭇잎 모양의 박공벽 한가운데를 아주 높은 기단 위에 있는 누각이 차지하고 있다. 이것은 촉지인 자세로 앉아 있는 붓다에게 쉼터를 제공해주고 있다. 그의 우슈니샤에는 불꽃 모양 같은 것이 솟아 있으며, 아래에는 대지의 여신 브라 다라니가 붓다의 부름에 응하여 무릎을 꿇고 그의 깨달음을 지켜보고 있다. 그녀는 나중에 자신의 머리카락을 꼬아 홍수를 일으켜 사악한 마라가 붓다를 무너뜨리려고 보낸 악마들의 군대를 물에 빠뜨린다. 커다란 누각 아래 양쪽에는 수많은 괴물과 군인들이 붓다를 위협하고 있고, 이들 가운데 몇은 화살을 쏘는데, 이것은 금방 아무런 해도 없는 새로 변해버린다.

지토(1975)는 박공벽에 그려진 부조의 양식과 기법이 서로 일치하지 않는다는 것을 발견했다. 구도가 때로 생동감이 없고 옷차림이 다르다는 것은 이것들이 서로 다른 시기에 조각되었다는 것을 말해준다. 그래서 지토는 잠자는 여인을 그린 박공벽이 가장 오래되어 원래 이 건물을 지은 시기(13세기 초)에 지어졌을 것이며, 다른 세 박공벽은 13세기에 파손된 박공벽을 대체하기 위해 만들어졌을지도 모른다고 믿는다.

263   와트 노코르의 관세음보살은 니악 포안의 것과 양식이 비슷하다

　이것들은 또 쾨데가 1546년에서 1564년에 지어졌다고 말한 앙코르와트의 북동쪽 사분면에 있는 부조와 양식이 비슷하다. 이런 연대 추정은 1566년에 와트 노코르에서 새로운 기초공사를 하는 걸 기념해 새긴 비문에 의해 더욱 근거가 확실해졌다. 그렇다면 이 세 박공벽은 16세기 중엽에서 말까지, 앙 참 왕이 앙코르를 다시 점령했을 때 새겨졌을 것이다.

　서쪽 고푸라에는 관세음보살(그림 263)의 모습이 아주 훌륭하게 새겨진 박공벽 둘이 있는데, 이것의 양쪽 끝에는 아주 큰 머리가 달린 나가 열편이 있는 나뭇잎 모양의 틀을 이루고 있다. 이것은 니악 포안에 있는 부조와 양식이 비슷하다.

바티의 타 프롬

프놈펜에서 남쪽으로 20킬로미터쯤 떨어진 곳에 있는 이 사원의 토대는 아마 12~13세기에 세워졌을 것이다. 톤레 바티에서 가까운 이곳은 아담한 크기의 유적으로, 거의 홍토로 지어졌으며, 보존 상태는 좋지 않다(그림 264). 하지만 붓다의 죽음, 마하파리니르바나를 이야기하고 있는 부조의 존재는 주목할 만하다. 붓다는 베개에 머리를 베고 오른쪽으로 누워 있고, 두 종자가 슬픔을 드러내고 있다. 여기에는 또 세 단으로 된 파라솔 아래서 붓다가 명상을 하고 있는 모습도 그려져 있다. 지토(1975)는 이것의 양식적 특징상 이 조각 부조가 16세기에 새겨진 것 같다는 의견을 내놓았다. 이것들은 아마도 그전에 새겨진 듯한 비슈누의 부조 옆에 있다.

지금 사원을 둘러싸고 있는 정원에는 언제 새겼는지 알 수 없는 우유의 바다 휘젓기(그림 265)가 그려진 상인방과 전형적인 크메르 마차를 탄 가족을 파라솔을 들고 있는 사람들에게 둘러싸여 있는 상인방이 있는데, 후자는 『라마야나』에 나오는 어떤 이야기를 하고 있는 것 같다(그림 266).

주요 사원과 따로 떨어진 곳에 나중에 불교 사원에 흡수된 사당이 있는데, 이 불교 사원의 박공벽에는 숭배자들이 묘사되어 있는 세 겹의 상인방 위에 비슈누가 그려져 있는 박공벽이 있다(그림 267).

264 홍토로 지은, 바티의 타 프롬 사원
265 우유의 바다 휘젓기
266 『라마야나』에 나오는 듯한 장면이 그려져 있는 상인방
267 비슈누가 있는 장면이 그려진 박공벽

| 참고 문헌 |

따로 언급하지 않는 한 여기 열거한 출판물은 출판될 경우 전문 서점에서 구할 수 있을 것이다. 이 가운데 많은 책이 프랑스 책이며, '그 밖의 책들'에 열거되어 있는 책은 주로 공공 도서관에서 찾을 수 있다.

크메르 예술에 대한 개요

오랫동안 프놈펜 국립박물관 관장으로 일한 마들렌 지토(Madelaine Giteau)가 프랑스어로 쓴 두 책, 『크메르 예술에 관한 총서 Les Khmers, Bibliothèque des Arts』(Paris, 1965)와 『앙코르 예술에 관한 총서 Angkor, Bibliothèque des Arts』(Paris, 1976)는 크메르인의 예술과 생활에 대한 입문서로, 아주 재미있고 낭만적인 필체로 쓰였다. 그러나 안타깝게도 이 책은 모두 절판되었다. 그러나 역시 재미있는 입문서이면서도 훨씬 포괄적인 것으로 J. 부아셀리에(J. Boisselier)가 동남아시아에 관해 쓴 일련의 책 가운데 『캄보디아 Le Cambodge』(Picard, Paris, 1966)가 있다.

르 보뇌르(Le Bonheur)가 1989년에 프랑스어로 쓴 『앙코르 Angkor』는 크메르 역사와 예술의 전개 과정을 아주 체계적으로 완벽하게 제시하고 있으나, 안타깝게도 이것 역시 절판되었다. 클로드 자크(Claude Jacques)가 프랑스어로 쓴 정확한 연구 보고서 『앙코르 Angkor』(Bordas, 1993)는 가장 최근의 견해가 반영되어 있으며, 비문에 대한 저자의 폭넓은 지식에 의해 뒷받침되어 있다. 이것의 영어 개정판 『앙코르 : 도시와 사원 Angkor : Cities and Temples』이 최근에 템즈 앤드 허드슨 출판사(Thames and Hudson)에 의해 출판되었다. 여기에는 야소르바르만 1세와 라젠드라바르만, 수리야바르만이 다스리던 시대에 도시들이 성장·발전하고 확장된 내용이 아주 생생하게 그려져 있다.

크메르 예술과 생활을 이해하기 위해 반드시 읽어야 할 책으로는 세 권이 있는데, 먼저 하나는 13세기 말에 중국인 주달관이 쓴 기록을 영어로 번역한 『캄보디아의 관습 The Customs of Cambodia』이며, 이것은 1992년에 방콕의 시암 협회(Siam Society)에 의해 개정판이 나왔다. 둘째는 이 분야의 고전인 쾨데(Coedès)의 아주 훌륭한 책 『앙코르에 대한 입문서 Angkor, An Introduction』이다. 옥스퍼드 대학 출판부에서 펴낸 이 책은 재판을 여러 번 찍었다. 셋째는 주로 앙코르를 탐험하고 발견한 이야기가 아주 흥미롭게 펼쳐져 있는 브루노 다쟝스(Bruno Dagens)의 조그만 책 『앙코르 Angkor』(Thames and Hudson, 1989)이다.

P. 로슨(P. Rawson)이 쓴 아주 성공적인 책 『동남아시아 예술 The Art of Southeast Asia』

(Thames and Hudson, 1967)은 약간 체계가 없기는 해도 삽화가 많고, 크메르 예술을 이 지역의 맥락에서 살펴보고 있다. 이보다 좀더 체계가 있는 책은 1994년에 출판된 L. 프레더릭(L. Frederic)의 책(프랑스어)이다. 이 밖에 사진이 있는 에세이집으로는 M. 프리먼(M. Freeman)의 『앙코르, 숨겨진 영광Angkor, The Hidden Glories』(Houghton Mifflin, London, 1990)과 마크 스탠든(Mark Standen)의 『앙코르 일주A Passage through Angkor』(Asia Books, 1992)가 있다.

역사와 문화에 관한 책

크메르인과 그들의 문화에 대한 포괄적인 이해를 위해서는 데이비드 챈들러(David Chandler)의 『캄보디아의 역사A History of Cambodia』(Westview Press, 1992)와 재미있는 조사 보고서인 이안 마벳(Ian Mabbet)과 데이비드 챈들러(David Chandler)의 『크메르인The Khmers』(Blackwell, 1995)이 있다. 그리고 이보다 더 넓은 지역의 역사시대 이전과 초기 역사에 대해 다룬 것으로는 찰스 하이엄(Charles Higham)의 『동남아시아 대륙에 대한 고고학The Archaeology of Mainland Southeast Asia』(Cambridge University Press, 1989)이 있다.

이 지역의 역사를 다룬 것 가운데 중요한 책으로는 조르주 쾨데(George Coedès)의 『인도화된 동남아시아 국가들The Indianised states of Southeast Asia』(East-West Center Book, University Press of Hawaii, 1968)과 D. G. E. 홀(D. G. E. Hall)의 『동남아시아 역사History of South-East Asia』(MacMillan, 1981)와 N. 탈링(N. Tarling)이 편집한 『캠브리지 동남아시아 역사Cambridge History of Southeast Aisa』(Cambridge University Press, 1992)가 있다.

이야기 부조에 관한 책

크메르 부조만 전문적으로 다룬 책으로는 르 보뇌르의 『신과 왕, 인간에 대하여Of Gods, Kings and Men』(Serindia Publications, London, 1995)밖에 없다. 그러나 안타깝게도 여기 실린 사진은 야로슬라프 폰카르(Jaroslav Poncar)의 원래 사진을 그대로 살리지 못했다. 최근에 피노(Finot)와 쾨데, 골루베프(Goloubev)의 『앙코르 사원Le Temple d'Angkor』(S.D.I. Publications. Bangkok, 1995)이 둘째 권만 다시 출판되었으나 대부분의 사람들은 엄두도 못 낼 만큼 책이 비싸다.

신화와 전설에 관한 책

이에 관한 책은 현재 구할 수 있는 인기 있는 책들만 선정했다. 펭귄 시리즈(Penguin classics)에는 『힌두 신화Hindu Myths』(by M. Doniger O'Flaherty, 1975)와 『바가바드 기타The Bhagavad Gita』(edited by J. Mascaro, 1962), 『불교 경전Buddhist Scriptures』(edited by E. Conze, 1959)이 있다. R. P. 곰나드가 아주 멋지게 편집한 『발미키의 라마야나The Ramayana of Valmiki』(Princeton Library of Asian Translations, 1984~1990)에는 아주 풍부한 정보가 담겨 있

다. P. 리치먼(P. Richman)이 편집한 『많은 라마야나Many Ramayanas』(University of California Press, 1991)는 설명이 아주 명료하게 잘 되어 있다.

안내서

안내서로는 몇 가지 좋은 책이 있다. 가장 포괄적이고 자세한 것은 M. 글레즈(M. Glaize)가 쓴 『앙코르 유적Les Monuments du Groupe d'Angkor』이다. 이것은 원래 1944년에 쓰였으나 1993년에 메종뇌브(Maisonneuve)에 의해 최신 개정판이 나왔다. D 루니(D. Rooney)가 쓴 간결한 안내서 『앙코르 사원에 대한 입문서Angkor, An Introduction to the Temples』(Odessey, 1995)도 도움이 많이 된다.

시디롬

지금까지 세 개의 시디롬이 나왔는데, 둘은 프랑스어로, 하나는 영어로 되어 있다.

* J. 프리드먼(J. Friedman)이 편집한 〈앙코르, 왕족의 도시Angkor, Cite Royale〉(Infogrames Multimedia, Villeurbane-cedex, France).

* F. 세레잘레스(F. Cerezales)의 〈앙코르, 매혹의 천년Angkor, 10 Siecles de Fascinatiion〉(Comme un voyage, Paris, 1997).

* V. 로베다(V. Roveda)의 〈크메르 신화Khmer Mythology〉(21st Century Media Ltd, Hove, 1997).

그 밖의 책들

Alvares S. H., 'L'iconographie du temple de Bakong de sa fondation au XIII siècle', Histoire de l'Art, No.20, 1992.

A.P.S.A.R.A., Angkor, Past, Present and Future, Unesco, 1996.

Bath A. and Bergaigne A., Inscriptions Sanskirite du Champa et du Cambodge, Paris, 1885~1893.

Benisti M., 'Rapports entre le premier art khmer et l'art indien', EFEO, Mémoires archéologiques V, 1970.

Beylie de, General, Photographie des reliefs de Banteay Chhmar, Musée Guimet 1913.

Bhandari C. M., Saving Angkor, White Orchid Books, Bangkok, 1995.

Bhattacharya K., 'Les Religions brahmaniques dans l'ancien Cambodge d'après l'épigraphie et l'iconographie'. BEFEO, XLIX, 1961.

Boisselier J., *Asie du Sud-Est, Tome I, Le Cambodge*, Picard, Paris, 1966.

Boisselier J., 'Pouvoir royal et Symbolisme architectural: Neak Pean et son importance pour la royauté angkorienne', Arts Asiatiques XXXI, 1970.

Boisselier J., *Le Cambodge*, Paris, Picard, 1966.

Bonn G., *Angkor, Toleranz in Stein*, Dumont, 1996(in German).

Bosch, F. D. K., 'Un Bas-Relief du Bayon', BEFEO, XXXII, 1931~1932.

Bosch, F. D. K., 'Le Temple d'Angkor Vat', BEFEO, XXXII, 1933.

Chou Ta-kuan(Zhou Daguan), *The Customs of Cambodia*, The Siam Society, Bangkok, 1992.

Coedès G., *Le Temple d'Angkor Vat*, Paris 1932(in folio).

Coedès G., 'La date d'exécution des deux bas-reliefs tardifs d'Angkor Vat', Journal Asiatique, 1962.

Coedès G., 1989/1992, 'Articles sur le pays khmer', reprint of 63 papers from EFEO.

Coedès G., *Angkor*, Oxford University Press, re-issue 1990.

Comaille J., et Coedès G., *Le Bayon d'Angkor Thom. Bas-reliefs publieés par le soin de la Commission archéologique de l'Indochine*, Paris, Leroux, 1910 and 1914.

Coral-Rémusat, G. de, *L'Art Khmer, les grandes étapes de son évolution in Etudes d'art et d'ethnologie Asiatiques*, Vanoest, Paris, 1951.

Dagens B., 'Etude sur l'iconographie du Bayon(frontons et linteaus)', Art Asiatiques XIX, 1969.

Dagens B., *Angkor, la forêt de pierre*, Gallimard 'Decouverts' No.64, 1989.

Dagens B., *Angkor, Heart of an Asian Empire*, Thames and Hudson, London 1955.

Dagens B., 'Etude iconographique de quelques fondations de l'époque de Suryavarman I', Arts Asiatiques *17*, 1968.

Delvert J., *Le Cambodge*, PUF 'Que sais-je?', No.2080, 1983.

Deydier H., 'Etude d'iconographie buddhique et brahmique', BEFEO, XLVI, 1952~1954.

Dieulefils, P., *Ruins of Angkor in 1909*, River Books, 2002.

Dufour H., *Le Bayon d'Angkor Thom*, Ministère de l'Instruction publique et des Beaux Arts, Paris, Leroux 1913(Folio).

Dumarcay J. and Smithies M., *Cultural sites of Burma, Thailand and Cambodia*, Oxford University Press, Kuala Lumpur, 1995.

Dumont R., 'Trois examples d'architecture khmère', Dossier d'Histoire et archéologie,

No.125, 1988.

Filliozat J., *'Le symbolisme du monument du Phnom Bakheng'*, BEFEO, XLIV, 1954.

Filliozat J., *Le temple de Hari dans le Harivarsa*, Arts Asiatiques, Paris 1961, VIII, fasc.3, p. 196.

Filliozat J., *'Sur le civaisme et le bouddhisme du Cambodge'*, BEFEO, 1981.

Finot L., Goloubew V., et Coedès G., *Le temple d'Angkor Vat*, EFEO, Mem. Archeol. II, 1927∼1932.

Finot L., Parmentier H. et Goloubew V., *'Le temple d'Ishvarapura(Banteay Srei)'*. Publ. de l'EFEO, Mémoires archaélogiques, I, Paris, 1926.

Fontein J., *The sculpture of Indonesia*, Nat. Gall. of Art, Washington, H.N. Abrams Inc., NY, 1990.

Frederic L., *L'art de l'Inde et de l'Asie du Sud-Est*, Flammarion, 1994.

Freeman M., *Angkor Icon*, River Books, Bangkok 2003.

Freeman M., *Khmer Temples in Thailand & Laos*, River Books, Bangkok, 1998.

Geoffroy-Schneider B., Jaques C., and Zephir T., *'ABCdaire d'Angkor et l'art Khmer'*, Flammarion, Paris, 1997.

Giteau M., *'Iconographie du Cambodge postangkorien'*, EFEO, Vol. C, Paris 1975.

Giteau M., *'Une représentation de la Bhiksatanamurti de Shiva à Angkor Vat'*, Arts Asiatiques XI/1, 1965.

Giteau M., *Note sur les frontons du sanctuaire central de Vat Nagar*, Arts Asiatiques XVI, 1967.

Giteau M., *Histoire d'Angkor*, Kailash, Paris, 1996.

Glaize M., *La gopura de Prah Palilai*, BEFEO, XL, 1940.

Glaize M., *Le Guide d'Angkor: les monuments du groupe d'Angkor*, Paris Maisonneuve, 1963.

Goloubew V., *Le cheval Balaha*, BEFEO, XXVII, 1927.

Grison P., *Angkor au centre du monde*, Dervy-Livres, Paris 1980.

Groslier G., *Le temple de Phnom Cisor*, Arts et archéologie khmers, Vol. 1, 1921∼1922.

Groslier B. P., *Le temple de Prah Vihear*, Arts et archéologie khmers, Vol. 1, 1921∼1922.

Groslier B. P., *Indochine, carrefour des arts*, Paris, Michel 1960.

Groslier B. Ph., *L'Indochine*, in *L'Art dans le Monde*, Edit. A. Michel, Paris, 1961.

Groslier B. Ph., *'La cité hydraulique angkorienne'*, BEFEO, LXVI, 1979.

Higham C., *Early Cultures of Mainland Southeast Asia*, River Books, Bangkok, 2002.

Jacq-Hergoulc'h M., *L'armement et l'organisation de l'armée khmère*, Paris PUF, Publ. du Musée Guimet, Recherches et documents d'art et d'archéologie XII, 1970.

Jacques C. & Dumont R., *Angkor*, Paris, Bordas 1990.

Jacques C., *Angkor: Cities and Temples*, River Books, Bangkok, 1997.

Jacques C., *Ancient Angkor*, River Books, Bangkok, 2003.

Jessup H. I. and Zephir T., *Angkor et dix siècles d'art khmer*, Réunion des Musée Nationaux, 1997.

Klokke M. J., *Tantri reliefs on Javanse candi*, KITLV Press, Leiden, 1993.

Lan Sunnary, *Etude iconographique du temple khmer de Thommanon(Dhammananda)*, Arts Asiatiques 25, 1972, p. 177.

Le Bonheur A., *Cambodge. Angkor. Temples en péril*, Paris, Hershcer, 1989.

Mannikka E., *Angkor Wat: Meaning through measurement*, University of Michigan dissertation, 1985.

Mannikka E., *Angkor Wat, Time, Space, and Kingship*, University of Hawaii Press, 1996.

Marchal H., 'Monuments secondaires et terrasses buddhiques d'Angkor Thom', BEFEO, XVIII, 1918.

Marchal H., 'Le temple de Preah Palilai', BEFEO, XXII, 1922.

Marchal H., *Sur le monument 486 d'Angkor Thom*, BEFEO, XXV, 1925.

Marchal H., *Les temples d'Angkor*, 5th edit., A. Guillot, Paris 1955.

Maritini F., 'En marge du Ramayana cambodgien', BEFEO, XXXVIII, 1938.

Martini F., *La gloire de Rama, Ramakerti*, Collection Le Monde Indien, Paris, 1978.

Mazzeo D. and Silvi Antonini C., *Civilta Khmer*, Mondadori, Milano/Tokyo, 1972(in Italian).

Mazzeo D. and Silvi Antonini C., *Ancient Cambodia*, Grosset & Dunlap, New York, 1978.

Mus P., 'Le sourir d'Angkor', Artibus Asiae XXIV, 1961.

Nafilyan G., 'Angkor Vat. Description graphique du temple', EFEO, Mem. Archelo. IV, 1969.

Paris P., 'L'importance rituelle du Nord-Est et ses applications en Indochine', BEFEO, XLII, 1941.

Parmentier H., *L'art khmer classique, Monuments du quadrant nord-east*, Publication de l'Ecole Française l'Extrême Orient, Paris, 1939.

Parmentier H., *Wat Nokor*, BEFEO, XVI, 1916~1917.

Parmentier H., 'Les bas-reliefs de Banteai Chhmar', BEFEO, X, No.1, 1910.

Przyluski J., 'La légende de Rama dans les bas reliefs d'Angkor-Vat', Art et Archeologie

Khmere, Vol. 1, 1921~1922.

Przyluski J., *'The legnend of Krishna at Bayon'*, The yearbook of Oriental Art and Culture, 1927.

Przyluski J., *'La légende de Krishma dans les bas-reliefs d'Angkor Vat'*, Revue des Arts Asiatiques, V/II, 1928.

Pym C., *The ancient civilization of Angkor*, Mentor Book, 1968.

Ramayana of Valmiki, translated by Hari P. Sastri, Shanti Sadan, London, 1992.

Rawson P., *The art of Southeast Asia*, Thames and Hudson, 1967.

Ribeau M., *Angkor, the serenity of Buddhism*, Thames and hudson, 1993.

Rodriguez N., *'Variation autour d'un thème iconographique: Arjuna et le Kirata'*. EASAA, 6th Internat. Conf, Leiden, 1996.

Roveda V., *Sacred Angkor: The Carved Reliefs of Angkor Wat*, River Books, Bangkok, 2002.

Stencel R. & Moron E., *'Astronomy and Cosmology at Angkor Wat'*, Science, No.193, 1978.

Sterlin H., *Angkor, Architecture universelle*, Office du Livre, Fribourg, 1970.

Stern Ph., *Les Monuments khmers du style du Bayon*, Publ. Musée Guimet, IX, 1965.

Thierry S., *Les Khmers, Le Seuil*, Paris, 1974.

Zephir T., *L'art khmer*, in *L'art de l'Asie du Sud-East*, Citadelles & Mazenod, Paris 1994.

Zephir T., *L'empire des rois khmers*, Gallimard, Paris, 1997.

크메르 용어와 신화에 나오는 주요 인물에 대한 설명

가네샤: 코끼리 신으로 시바의 아들이다. 가나파티로도 알려져 있다
가루다: 새들의 왕이며 가루다의 탈것
고푸라: 사원으로 들어가는 입구로, 대개는 작은 건물로 확대되었다
고행자: 금욕을 실천한 현자들
관세음보살: 산스크리트어로는 아발로키테슈바라. 중생을 불쌍히 여기는 가장 자비로운 보살
나가: 바다에 사는 물뱀
나라카: 인드라에게 죽임을 당한 악마
나란타카: 라바나의 아들 가운데 하나
난디: 시바의 신성한 황소
날라기리: 붓다를 시기하는 사촌이 붓다를 죽이려고 보낸 미친 코끼리
니르티: 절망의 신, 남서쪽의 수호신
니악 타: 특정한 지역과 연관이 있는 신
닐라: 수그리바 군의 원숭이 장군
다샤라타: 코살라 왕국의 왕이며 라마의 아버지
데바: 신
데바닷타: 붓다의 사촌으로 그를 시기하였다
데바라자: 나라를 다스리는 신인 "왕인 신"
데바타: 여성 신
데비: 시바의 아내인 파르바티에게 부여된 칭호
두리오다나: 쿠룩셰트라 전투에 참여해 비마와 싸운, 드리타라슈트라 왕의 사악한 장남
드라우파디: 『마하바라타』에 나오는 아르주나의 아내
드리타라슈트라: 카우라바 족의 눈먼 왕
드바라팔라: 문과 출입구를 지키는 수호신
『라마야나』: 인도의 서사시
라바나: 랑카의 악마 왕
라자호타: 왕실 사제
라잘랄리사타나: 주로 위엄 있는 사람들이 한쪽 무릎을 세우고 앉는 자세

라후: 유성의 형태를 띠고 해와 달을 집어삼켜 일식과 월식을 일으킨다는 신비한 악마

락샤사: 악마

락슈마나: 라마의 형제 가운데 하나로, 라마가 추방당했을 때나 싸울 때나 가장 가까이서 그를 돕는다

락슈미: 비슈누의 아내, 행운의 여신

락시니: 여성 락샤사

랑카: 라바나가 다스리는 왕국

로카팔라: 주요 방위를 지키는 수호신

로케슈바라: 크메르인이 선호한, 아발로키테슈바라(관세음보살)의 또다른 이름

루드라: 『리그 베다』에 나오는 베다 시대의 신

『리그 베다』: 기원전 1200년쯤에 지은, 신들의 만신전에 바치는 찬가 모음집

리시: 위대한 현인 또는 깨달음을 얻은 존재

링가: 시바의 상징인 "남근"

마라: 욕망의 세계를 다스리는 신으로, 붓다의 적이다

마리카: 라마의 주의를 흐트러뜨리기 위해 사슴/영양으로 변신한 악마

마야바티: 카마의 아내, 라티의 화신

마카라: 악어의 몸에 코끼리 코를 가진 일종의 바다 괴물

『마하바라타』: 인도의 서사시

마하야나: 대승불교

마하우트: 코끼리를 부리는 사람

마하파리니르바나: 열반. 자아가 소멸하고 윤회를 초월하는 것

마헨드라스: 대양의 한가운데에 있는 신화 속의 산

마히파르바타: 신성한 산

만다라: 신들이 사는, 신화 속의 산. 산의 왕

메루 산: 신들이 사는 신

무찰린다: 명상을 하는 동안 붓다를 보호해주는 나가 왕

무쿠타: 아수라들이 쓰는 원뿔꼴 머리 장식

바나: 크리슈나와 싸운 아수라. 발리의 아들

바라이: 연못 또는 저수지

바루나: 대양의 신이며 서쪽의 수호신

바수키: 나가의 위대한 왕

바유: 북서쪽의 수호신

반야보살(프라지냐파라미타): 보살의 여성형
반티아이: 담으로 둘러싸인 사원, 성
발라라마: 비슈누의 형
발라하: 상인 심할라를 구하고 붓다의 전생 가운데 하나가 된 말
발리: 악마들의 왕
발린: 원숭이들의 왕, 인드라의 아들, 수그리바의 동생, 타라의 남편
발미키: 『라마야나』를 쓴 현자
벵: 연못
보살: 깨달음을 얻어 열반에 오를 수 있으나 고통받는 중생에 대한 동정심을 통해 그것을 연기한 존재
부미스파르사 무드라: 촉지인(觸地印) 자세. 붓다가 왼손은 두릎에 얹고 오른손은 땅에 닿아 있는 형태로 취하고 있는 자세
브라 다라니: 붓다의 깨달음을 목격하는 대지의 여신
브라흐마: 시바, 비슈누와 함께 삼위일체를 이루고 있는 힌두교의 신. 우주의 창조주로 알려져 있다.
비마: 쿠룩셰트라 전투에 나오는 판다바 형제 가운데 하나
비비샤나: 랑카를 떠나 라마와 손을 잡은, 라바나의 동생. 무서운 락샤사
비슈누: 우주 만물에 존재하며 우주를 유지하는 최고신
비슈마: 산타누의 아들이며 카우라바 형제의 "할아버지"
사라스바티: 브라흐마의 배우자
삼바라: 가뭄을 일으키는 악마, 인드라의 적
삼사라: 생사의 순환. 윤회
삼파티: 자타유스의 독수리 형제
삼포트: 남자들이 허리에 두르는 짧은 치마(여자들이 두르는 것은 사롱)
샤스트라: 인도 건축에 관한 기본서
소마: 달의 신, 북동쪽의 수호신
소마수트라: 정화수가 사당에서 바깥으로 흘러나가는 배수구(가고일)
수그리바: 원숭이 왕, 라마의 동맹자
수리아: 태양신. 수그리바의 아버지
수셰나: 원숭이 장군, 발린의 아내인 타라의 아버지
수자타: 붓다가 깨달음을 얻기 전에 그에게 공양을 한 어린 소녀
순다: 우파순다와 싸워 지상에 대혼란을 야기한 아수라
슈도다나 왕: 미래의 붓다의 아버지

슈르파나카: 라바나의 여동생인 락시니

스라: 연못, 물웅덩이

스와얌바라: 신부가 자신의 배우자를 뽑을 수 있는 의식

스칸다: 전쟁의 신. 시바의 아들

시바: 상서로운 신, 고행자들의 신, 우주의 창조와 파괴를 관장하는 신

시타: "고랑"이라는 뜻. 라마의 아내이며 자나카의 딸

아그니: 불의 신. 남동쪽의 수호신

아난타: 비슈누가 세상에서 벗어나 쉴 때 몸을 누이는, 머리가 여러 개 달린 뱀

아난타사인: 비슈누가 아난타 위에 누워 쉴 때의 모습을 형용하는 말

아르주나: 판다바 족인 하이아야스 부족의 왕. 그의 친아버지인 판두는 인드라를 그의 "천상의" 아버지로 택했다

아수라: 신들과 적대적인 관계에 있는 악마 같은 존재들

아요디아: 라마의 아버지 다샤라타가 다스린 코살라 왕국의 수도

아이라바타: 인드라 신이 타는 신성한 코끼리. 세상을 떠받치고 있는 네 마리 코끼리 가운데 하나이기도 하다

암리타: 마시면 불로장생하는 명약

압사라: 천상에 사는 물의 요정들. 간다르바(천상의 음악가들)의 아내들이다

앙코르: 수도(산스크리트어 "나가라"에서 온 말)

야마: 죽은 이들의 왕, 지옥의 지배자, 남쪽의 수호신

야소다: 크리슈나의 양어머니

야크샤: 쿠베라와 연관이 있는 반신(半神)

와트(또는 바트): 사원

우마: 히말라야의 딸, 시바의 아내. 파르바티로도 알려져 있다

우샤: 바나의 아름다운 딸

우차이슈라바: 우유의 바다를 휘저어 만들어낸 인드라의 백마

우파순다: 순다와 싸운 아수라

유가: 세계의 한 시기

인드라: 신들의 왕이며 동쪽의 수호신

인드라지트: 라바나의 아들

자나카: 시타의 아버지인 미틸라의 왕

자타유스: 독수리들의 왕

차크라바르틴: "세계의 지배자"를 뜻하는, 인도 왕실의 칭호

찬다카: 붓다가 처음 깨달음을 구하려고 궁궐을 떠날 때 그를 수행한 종자
치트라굽타: 인간의 행실을 기록하는 자
카르마: 업. 다음에 올 생의 모습을 결정하는 행동이나 행위
카마: 사랑의 신
카반다: 라마가 죽인 아수라 또는 악마
카우라바: 크룩셰트라 전투에서 판다바 형제들과 싸운 형제들
카운디냐: 인도의 첫번째 왕자
카일라사: 시바가 기거하는 신성한 산
칸타카: 붓다의 말
칼라: 입구 위에서 흔히 볼 수 있는 얼굴. 라후를 나타낸 것 같다
칼라네미: 신들의 적인 아수라의 하나
칼리야: 크리슈나에게 패한 나가
칼파: 시간의 한 주기
캄사: 크리슈나가 어렸을 때 그를 죽이려 한 그의 이모부
케투: 라후의 꼬리에서 태어난, 혜성과 유성을 만들어내는 괴물
쿠르마: 비슈누의 화신 가운데 하나인, 거북이들의 왕
쿠베라: 부와 인간과 요정의 신. 북쪽의 수호신
쿰바: 락샤사 쿰바카르나의 아들
쿰바카르나: 라마를 죽이려고 하는 라바나의 락샤사 형제
크리슈나: 비슈누의 화신의 하나. 『마하바라타』 서사시의 영웅
타라: 발린의 아내
타타카: 마리카의 어머니인 락시니
트리비크라마: 비슈누의 세 걸음
틸로타마: 두 아수라가 싸워 지상에 대혼란을 야기하자 그들을 달래기 위해 신들이 만들어낸 여신
파르바티: 시바의 배우자. 우마와 데비로도 알려져 있다
판다바: 쿠룩셰트라 전투에서 카우라바 가와 싸우는 집안
판두: 아르주나의 아버지. 판다바 가의 우두머리
프놈: 언덕
프라디움나: 크리슈나와 행운의 여신 락슈미의 아들
프라자다(또는 프라사트): 신상을 모셔놓은 탑
프랄람바: 아수라
프칵: 전형적인 크메르인의 무기로, 자루가 길고 모서리에 칼날이 두 개 꽂혀 있는 몽둥이

하누만: 마법의 힘을 지닌 하얀 원숭이 장군
하리하라: 시바(오른쪽)와 비슈누(왼쪽)의 조합
항사: 브라흐마의 탈것인 신성한 거위(또는 백조)
헤바지라: 탄트라 불교의 수호신
히랑가카시푸: 비슈누에게 죽임을 당한 악마

찾아보기

가나파티 27
가네샤 27, 175, 225
가네샤 27
가루다 25, 34, 36, 70, 75~76, 122, 152, 167, 172~174, 176, 191, 196, 200, 239, 253
골루베프 135, 230
관세음보살 29, 96, 105~106, 227, 237, 242~243, 245, 259
글레즈 37, 83, 97, 128, 226, 248, 252
나가 25, 28, 70, 120, 122, 168, 176, 223~224, 230, 239, 248, 251, 253, 259
날라기리 105, 250
니르티 58, 138, 190
니악 타 20~21
니악 포안 18, 97, 106, 128, 259
데바 34, 58, 70, 75, 88, 92, 162, 168, 172~173, 196, 223
데바라자(神王) 14, 24, 30~31
데바타 20, 37, 44, 121, 254~255
두르가 139
두리오다나 92, 94, 139
드바라바티 왕국의 강 축제 187, 222
라마 17, 26, 48, 50, 52~58, 60, 62~63, 65~68, 136, 138, 143, 145, 150~153, 155, 172, 178, 181~182, 186~192, 194, 200, 239
『라마야나』 40, 47~50, 52, 54~56, 58, 62, 65, 86, 92, 98, 106136, 138~139, 145, 148, 150, 152~153, 172, 181, 186~191, 194, 200, 233, 242, 260
라바나 52~54, 56~58, 60, 62, 65~68, 83, 136, 138, 143, 151~152, 172, 178, 181~182, 186, 188~189, 192, 194
라티 226
라후 119, 172, 225, 236
락슈마나 53~54, 60, 62~63, 67, 139, 143, 150, 152~153, 178, 188~192, 194~195
랑카 전투 66, 92, 150, 152, 176, 194
롤루오스 15~16, 130
르 보뇌르 38, 106, 172, 191
링가 14, 22, 24, 31, 81, 207, 227, 255
마라 101, 103, 251
마리카 53, 60, 62, 181
『마하바라타』 40, 47~50, 70, 81, 86, 88, 91~92, 139, 145, 150, 188, 226
메루 산 31, 34, 37, 94, 96, 191, 239
무찰린다 103, 122
문둥이 왕 테라스 18, 127
『바가바드 기타』 50, 93, 162
『바가바타 푸라나』 48, 74, 135, 147~148, 168, 182, 190
바나 75, 92, 173, 175, 255
바라이 15~16, 154
바루나 58, 72, 87, 175~176, 190
바욘 17~18, 29, 31~32, 34~36, 41, 50, 83~85, 96, 103, 108, 113, 116~117, 127, 132, 165, 233, 239, 255, 256
바유 58, 87, 175
바콩 127~128, 130
바티으 타 프롬 106, 128
바푸온 16, 20, 25, 39, 41, 63, 65~66, 68, 72, 74, 85, 108, 127~128
반티아이 삼레 24~25, 28, 77, 89, 97, 127~128,

132~133
반티아이 스레이 24, 58, 60, 62~63, 74~75, 83, 85, 87, 89, 92, 95, 227
반티아이 치마르 96~97, 127
반티아이 크데이 18, 97, 127
『발라 칸다』 56, 58
발라하 106, 237, 245
발린 53, 63, 67, 138~139, 152~153, 186, 192, 194, 200~201, 255
발미키 52, 55, 58, 63, 65, 177, 188
『베산타라 자타카』 48, 97~98, 198, 252
붓다 20, 29~30, 99~101, 103, 105~106, 122, 227, 233, 239, 242, 245, 248~251, 254, 257~258, 260
브라 다라니 103, 258
브라흐마 22, 26, 58, 72, 81, 83, 96, 138, 155, 175~176, 182, 198, 200~201, 225, 253
비마 94, 139, 142
비비샤나 54, 65, 172, 178, 188~189
비슈누 16~18, 22, 25~28, 48, 52, 55, 58, 70, 72, 75~76, 81, 88, 92, 122, 143, 145, 148, 154, 158, 168, 172~173, 176, 187, 190, 192, 195~196, 198, 200~201, 220~225, 227, 232, 253, 255, 260
비슈누 트리비크라마 25, 155, 196
비슈누 파 25, 96
비슈마 50, 92~93, 145, 162
사원-산 14, 16, 31~32
소마 87, 122
수그리바 53~54, 63, 65, 88, 138~139, 152~153, 172, 178, 186, 189~190, 200, 255
수리아 26, 58, 72, 87, 175~176, 237
수리아바르만 1세 16, 28, 154, 158
수리아바르만 2세 16~17, 36, 107, 158, 164, 168
수세나 54, 67, 192, 195
『순다라 칸다』 65
스칸다 58, 70, 138, 175~176, 190, 195, 198

시바 14, 16~18, 21~22, 24~28, 57, 62, 70, 75, 81, 83~85, 88~89, 119, 136, 138~139, 143, 145, 150, 155, 168, 175, 182, 186, 192, 198, 201, 220, 221, 223, 225~228, 230, 253
시바 파 18, 22, 96, 133
시타 52~54, 56~58, 60, 62~63, 65, 68, 138, 143, 145, 151, 153, 181, 188~189, 200, 239
아그니 26, 58, 87, 145, 173, 190
아난타 25, 28, 52, 70, 198
아르주나 50, 84~85, 93~94, 139, 145, 150, 153, 159, 162, 188, 226~227
아수라 34, 58, 70, 75, 88, 91~92101, 108, 131, 142, 168, 172, 175~176, 192, 194~196, 222~224, 255
아이라바타 34, 58, 70, 87~88, 168, 176, 191, 253
『아라냐 칸다』 62~63
암리타 75, 88, 168, 172, 224
압사라 37, 43~44, 88, 121, 142~143, 167~168, 190, 194, 198, 201, 207, 220, 222~224, 227, 243~244
앙코르 톰 17, 34, 108, 117, 247~248, 252
앙코르와트 17, 25, 30, 32~33, 35~36, 38, 41, 44, 50, 58, 60, 62~62, 65~68, 72, 74~77, 83, 89, 91, 94, 107~108, 116, 127~128, 194, 222~223, 226~227, 233, 252, , 255, 257, 259
야마 58, 70, 87, 90, 138, 175~176, 190, 195
야소바르만 1세 15~16, 96
야크샤 34, 58, 62, 182, 190
역사 속 행렬 107, 162, 164, 203
와트 노코르 20, 100~101, 118, 128, 259
우다야딧야바르만 2세 16, 145
우마 22, 26, 57, 83, 136, 138~139, 143, 155, 182, 186, 198, 201, 226
우유의 바다 휘젓기 25~26, 48, 88, 96, 155, 168, 182, 192, 196, 252~253, 260
『우타라 칸다』 56, 58, 68

『유다 칸다』 65~67
인드라 34, 37, 58, 70, 72, 75, 77, 83~84, 86, 88, 103, 108, 133, 135, 138, 155, 168, 175~176, 182, 187, 190~191, 196, 249, 253
인드라바르만 1세 15, 130
인드라타타카 바라이 15~16
자야바르만 2세 14, 16, 24, 30
자야바르만 4세 16
자야바르만 5세 16, 132
자야바르만 6세 17
자야바르만 7세 17~18, 28~31, 34, 36, 42, 55, 92, 96, 98, 105, 108, 154, 202, 232, 234, 236~237, 243, 245, 247~248
자야바르만 8세 18, 248
자타유스 53~54
주달관 11, 18, 22, 44, 113
지토 65, 254, 256, 258, 260
차우 사이 테보다 17, 127, 200
차크라바르틴 14, 30
참 족 17, 29, 34, 40, 56, 92, 108, 207
카마 83, 136, 186, 219, 226
카우라바(형제) 48, 50, 92~94, 142, 145, 162
카일라사 산 52, 57, 136, 182, 195, 200, 227
칸타카 100~101, 255, 257
칼라 118~120, 226, 253
캄사 72, 74, 135, 138, 147~148
코끼리 테라스 18, 116~117, 127, 237, 239
쾨데 36~37, 219, 222, 226, 259
쿠룩셰트라 전투 41, 48, 50, 92~93, 139, 145, 153, 159
쿠베라 58, 67, 70, 87, 155, 175~176, 189~190
쿰바카르나 65, 150, 178
크리슈나 17, 26, 48, 50, 70, 72, 74~77, 92~94, 134~135, 138, 142, 147~148, 153, 155, 159, 162, 173~175, 181, 186~187, 190~191, 196, 219, 255
키라타 62, 84~85, 145

『키슈킨다 칸다』 63
타 네이 97, 127
타 프롬 18, 29, 100, 127, 232, 233
텝 프라남 96, 248, 251
톤레 삽 9~10, 14
톰마논 17, 127, 200
틸로타마 91~92, 142
파르바티 84, 175
판다바(형제) 48, 92~94, 142, 145, 159, 162
푸슈파카 67, 145, 152, 189, 227
프놈 바켕 16, 20, 37
프놈 치소르 16, 127
프라사트 크라반 25, 28
프랑스 극동 학교 12, 128, 145
프리아 칸 17~18, 29, 66, 70, 77, 96~97, 103, 127, 232~233
프리아 팔킬라이 17~18, 101, 103, 105, 128, 248, 251
프리아 피투 17, 20~22, 25, 72, 84, 101, 128, 248, 258
프칵 94, 107, 142, 165
하누만 53~54, 56, 65, 107, 151, 153, 172, 178, 188~189, 194~195
『하리방샤』 48, 70, 74~76, 135, 173, 181~182
하리하랄라야(롤루오스) 14
항사 58, 70, 81, 176, 190, 227~228, 236
황소 난디 22, 37, 201, 226

옮긴이 **윤길순**
한국외국어대학교 영어과를 졸업하고 출판에 몸을 담았다. 현재 전문번역가로 활동하고 있다. 옮긴 책으로는 『이성과 혁명』 『우리말이 우리의 무기입니다』 『세계패션사 1, 2』 『건축이야기』 『작은 집이 아름답다』 『티나 모도티』 『아름다운 페미니스트, 글로리아 스타이넘』 『체 게바라 핸드북』 『네차예프, 혁명가의 교리문답』 등이 있다.

문학동네 교양선
앙코르와트

| 초판인쇄 | 2006년 11월 10일 |
| 초판발행 | 2006년 11월 20일 |

지은이	비토리오 로베다
옮긴이	윤길순
펴낸이	강병선
책임편집	오영나 강건모
펴낸곳	(주)문학동네
출판등록	1993년 10월 22일 제406-2003-000045호

주　　소	413-756 경기도 파주시 교하읍 문발리 파주출판도시 513-8
전자우편	editor@munhak.com
전화번호	031) 955-8888
팩　　스	031) 955-8855

ISBN 89-546-0237-1 03900

www.munhak.com